T0358798

BESTSELLER

Gaby Vargas es comunicadora en prensa, radio y televisión. Ha publicado más de 1 500 artículos en diversos periódicos y revistas; tiene 25 años en la radio y es autora de 16 libros sobre temas relacionados con bienestar, superación personal, desarrollo humano, autoestima y salud, todos ellos bestsellers.

Es conferencista y maestra certificada por HeartMath Institute y maestra certificada en Eneagrama por Enneagram Worldwide; desde 2016 imparte el seminario "Inteligencia del corazón" que ha compartido con cientos de alumnos. Creó, con otras personalidades altruistas, las fundaciones APAC, Marillac y Balón por valor.

Ha recibido numerosos premios y reconocimientos, entre ellos destacan: Mujer del año 2008 y Giving Woman Credit por ProMujer, en Nueva York, en 2013.

gabyvargas.com

GABY VARGAS

TODO SOBRE LA IMAGEN DEL ÉXITO

Viste para impactar y convencer; destaca en el arte
de escuchar y conversar; demuestra clase y estilo

DEBOLS!LLO

Penguin
Random House
Grupo Editorial

Todo sobre la imagen del éxito
Viste para impactar y convencer, destaca en el arte de escuchar y conversar, demuestra clase y estilo

Primera edición en Debolsillo: diciembre, 2023

D. R. © 2005, Gabriela Vargas

D. R. © 2023, derechos de edición mundiales en lengua castellana:
Penguin Random House Grupo Editorial, S. A. de C. V.
Blvd. Miguel de Cervantes Saavedra núm. 301, 1er piso,
colonia Granada, alcaldía Miguel Hidalgo, C. P. 11520,
Ciudad de México

penguinlibros.com

D. R. © Mariana Alfaro, por el diseño de portada
D. R. © Paola González Vargas, por la fotografía de la autora
D. R. © Adriana Quiroz de Arvide, por las ilustraciones

ISBN: 978-607-383-850-4

Impreso en México – *Printed in Mexico*

A Pablo, mi hijo,
por lo que nos ha
enseñado con
su sensibilidad y
espíritu de búsqueda.

Índice

Segunda parte. *Sobre el atuendo*

Tercera parte. *Sobre el protocolo*

Cuarta parte. *Secretos para el éxito*

Agradecimientos

Quiero agradecer a quienes me brindaron toda su ayuda para realizar este libro:

A Pablo, mi eterno amigo y esposo.

A mis hijos, Paola, Carla y Pablo, por su apoyo incondicional.

A mis hermanos Joaquín, Ernesto, Andrea, Francisco, Adrián y Alejandro.

A mis editores Armando Collazos, Vicente Herrasti y Karina Simpson. Y a Alejandra Romero por su dedicación.

Introducción

> *Los libros son, entre mis consejeros,*
> *los que más me agradan porque ni el*
> *temor ni la ambición les impiden decir-*
> *me lo que debo hacer.*

ALFONSO II

Todo sobre la imagen del éxito es un libro que revela los secretos de un estilo de vida que nos hará sentir a gusto en todo momento. No sólo es un manual de buenas costumbres, sino que también es un espejo en el que podemos proyectar lo mejor de nosotros mismos, reflexionar y modificar aquellas actitudes con las que nos sentimos insatisfechos, sin perder nunca el sentido del humor. Si bien mejorar nuestra imagen pudiera considerarse como un acto estrictamente personal, en la práctica es un gesto de consideración hacia los demás y ¡cómo nos enriquece hacer feliz a la gente que está cerca de nosotros!

Cuando escribí los libros *La imagen del éxito* y *Más sobre la imagen del éxito* prometí a los lectores que después de leerlos se sentirían más seguros en sus carreras profesionales y en sus vidas personales. Lo hice a riesgo de que alguien pudiera decepcionarse. Sin embargo, agradezco la respuesta que fue enormemente apabullante: ¡más de 300 mil ejemplares vendidos hasta hoy! Sin lugar a dudas, este es un tema que a todos nos interesa.

En esta nueva versión actualizada, el lector encontrará los temas principales de los dos libros anteriores, agrupados en tres conceptos básicos: comunicación, atuendo personal y protocolo. Hay temas específicos para hombres y mujeres, sobre todo en lo que se refiere a guardarropa, pero en general busqué el punto de encuentro de ambos sexos en asuntos como las relaciones personales, sociales y de trabajo. Asimismo, actualicé los asuntos de la moda y enfaticé los aspectos clásicos; ¡créeme, hay cosas que nunca cambian!

Durante más de veinte años me he dedicado al estudio de la imagen de la gente, de su comportamiento, gestos, modales, vestimenta y lenguaje, y encuentro que existen ciertas características comunes entre las personas que consideramos "carismáticas", aquello que las hace ser admiradas y respetadas por los demás, ya sea un líder o un amigo entrañable; es decir, la gente que de una u otra forma ha logrado el éxito en su vida. Lo que más me ha sorprendido es descubrir que, en esencia, la clave del éxito se basa en acciones extraordinariamente sencillas, como un saludo sincero y afectuoso.

Es muy importante recordar que la imagen del éxito no sólo se basa en vestirnos bien, saber comportarnos en público o relacionarnos con los demás, sino que reside en todos los aspectos profundos de nuestro ser.

Sigo creyendo que el genuino carisma no proviene de hacer bien o muy bien las cosas, no surge de una opinión exterior. Es un estado interior de ser, estar y sentirse bien. Es la armonía entre el alma y sus emociones que se nutre de amor, amistad, autenticidad e integridad. Es caerse bien, es entablar amistad con nosotros mismos, como resultado de saber que estamos dando nuestro "diez" en todas las áreas de nuestra vida. Ello requiere un esfuerzo constante por mantenerse bien, pues no es algo que aparece y permanece de manera constante.

La palabra "carisma" viene del griego *carismata* y quiere decir regalo de los dioses, o don de la profecía. En la época de los griegos se pensaba que se nacía con esta cualidad. Ahora sabemos que ese magnetismo mágico y misterioso es una habilidad que, como cualquier otra, todos podemos desarrollar. El problema hasta ahora es que nadie nos ha dicho específicamente cómo hacerlo. ¿Qué te parece si juntos develamos este misterio?

Al escribir este libro siempre tuve en mente exponer los conceptos, las sugerencias o los consejos de manera accesible, para que se puedan poner en práctica de inmediato. ¡Si un solo consejo de los que encuentres aquí te es útil para sentirte mejor y más seguro, cualquier esfuerzo habrá valido la pena!

Primera parte

Sobre la comunicación

Tu imagen, el mejor argumento

LA IMAGEN, ¿ALGO SUPERFICIAL?

Hablar de nuestra imagen, de cómo nos presentamos ante los demás o cómo vestimos, podría parecer algo superfluo o banal; sin embargo, estoy convencida de que no hay nada más alejado de la verdad.

Para entender mejor qué es lo que "la imagen" representa, apliquemos por un momento este concepto a otros terrenos.

¿Qué imagen tiene nuestro país? Recientemente tiene una imagen de cambio y democratización.

¿Qué imagen tiene hoy la ciudad de México? Cuando recibimos visitantes extranjeros o de otros estados quisiéramos que sólo vieran las bellezas que tenemos y pasar por alto la basura, la contaminación, el tráfico y la violencia. Habría que detenernos y preguntarnos si esa imagen que damos al exterior verdaderamente representa a los que vivimos en ella.

Nuestra colonia, ¿qué imagen tiene? Cuando camino por las calles del lugar donde vivo, agradezco ver que un vecino haya arreglado y pintado su fachada, que alguien más haya sembrado hiedra en la base de su barda o que la delegación haya mandado componer la banqueta que estaba rota desde hacía años. Esto mejora la imagen de la colonia donde habitamos y da dignidad a nuestra familia.

Cuando invitamos por primera vez a nuestros amigos o a los amigos de nuestros hijos a nuestra casa, ¿qué imagen tiene? Hay casas donde uno se puede llenar de la armonía que transmiten; en cambio, hay otras donde al entrar, sin saber exactamente por qué, se puede sentir que falta algo, especialmente amor. Lo que transmiten las paredes, la luz, la atmósfera, no se debe a lo que tenemos, sino a cómo tenemos lo que tenemos.

Como pareja, ¿qué imagen damos? ¿Cuántas veces vemos parejas que ya perdieron el interés en conquistarse? Cuando físicamente perdemos el interés de conquistar al otro, de alguna manera estamos mostrando que por dentro algo se nos está muriendo. ¿Cuántas personas conocemos que después de divorciarse empiezan a adelgazar, a hacer deporte y a preocuparse por su persona? ¿Por qué no lo hicieron antes? La imagen sólo refleja lo que sucede por dentro.

Ahora, piensa ¿qué imagen proyectamos como personas? Piensa en tu imagen como el empaque con el que te muestras a los demás, tanto en contenido como en presentación. El contenido es lo que somos, lo que llevamos por dentro; la personalidad se refleja en el brillo de los ojos, en la sonrisa encantadora, las palabras que expresan tus ideas y pensamientos, y en lo paciente que eres para escuchar, tu entusiasmo, tu actitud y tu trabajo.

La envoltura es nuestra apariencia: la limpieza, el cuidado que ponemos en nuestra persona, la complexión, el peso, la ropa que nos ponemos y la manera en que la llevamos, la postura, los lentes, los zapatos, el peinado, etcétera. Después de todo, nuestra apariencia es una forma de exteriorizar lo que llevamos dentro.

La venta de nosotros mismos comienza ahí. Podemos ganarla o perderla simplemente por el empaque.

Imagina que recibes un regalo cuidadosamente envuelto. Al verlo, ¿qué te imaginas que hay dentro?: algo bueno, bonito y de calidad, ¿no? Sin embargo, si ese regalo te llega con una envoltura rota, sucia y con la caja destrozada, al verlo, ¿no empiezas a preocuparte por el estado del contenido? ¿No es posible que inmediatamente pienses que es muy probable que sea un regalo reciclado del clóset? ¿O te imaginas que hay algo igual de bueno y bonito que en un regalo bien presentado?

Sin embargo, al abrirlo te das cuenta de que, perfectamente bien empacada, viene una pieza de cristal fino. ¿Te lo imaginabas? No, ¿verdad? Eso mismo sucede con muchas personas: estamos llenos de valores por dentro, llenos de cualidades. Pero, ¿cómo van a saberlo los demás si nos presentamos hechos una desgracia?

Viktor Frankl decía que ver una obra de arte lo remitía al espíritu del artista. Éste es el valor de la imagen.

Así, la imagen representa un valor estético importante que muestra lo que somos y tiene una enorme influencia en todo lo que nos rodea, de modo que valdría la pena detenernos y dedicarle un tiempo y un espacio; retomar esta parte que muestra el interior y buscar un cambio. La imagen es, simplemente, la puerta que abrimos a los demás para mostrar quiénes somos y hacia dónde nos dirigimos.

LA PRIMERA IMPRESIÓN

Cuando observamos a alguien caminando en la calle, en un acto público o en un restaurante, ¿qué es lo primero que llama nuestra atención?

En la universidad de Georgetown se realizó un estudio precisamente sobre esto: ¿qué es lo que vemos en un abrir y cerrar de ojos en los demás? El resultado se publicó en la revista *Public Opinion* y fue dividido por sexos.

Por ejemplo: ¿qué crees que sea lo primero que ve un hombre en una mujer?

En orden de importancia

LO QUE UN HOMBRE VE PRIMERO EN UNA MUJER

1. CUERPO
2. CARA
3. CÓMO VISTE

LO QUE LA MUJER VE PRIMERO EN UN HOMBRE

1. CÓMO VISTE
2. OJOS CARA SONRISA
3. CUERPO

LO QUE EL HOMBRE VE PRIMERO EN EL HOMBRE

1. LO QUE TRAE PUESTO
2. CUERPO (ESTATURA)
3. CARA

LO QUE LA MUJER VE PRIMERO EN LA MUJER

1. CÓMO VISTE
2. CABELLO
3. CARA (CUTIS FACCIONES MAQUILLAJE)

Como se puede observar, en lo que primero nos fijamos es en lo que traemos puesto. La forma en que vestimos comunica constantemente quiénes somos, nuestro estado de ánimo, nuestra autoestima y el respeto que tenemos por nosotros mismos y por los demás, pero sobre todo, transmitimos si somos una persona de éxito o no.

Las personas que se dedican a las ventas en ocasiones me preguntan cómo se deben vestir. La respuesta es:

debemos vestir lo suficientemente bien como para que no parezca que necesitamos la venta para subsistir, pero no tan bien, de manera que el cliente no se identifique con nosotros.

Respecto de vestir de manera tradicional o muy moderna, cualquiera de los dos extremos es muy arriesgado. Cuando vestimos de manera demasiado conservadora, podemos parecer estancados y poco flexibles para adaptarnos al cambio; por otro lado, si nos vestimos de manera demasiado moderna, por lo regular el cliente puede tener la idea de que lo que le estamos vendiendo ahora quizá sea irrelevante mañana. Es mejor verse actualizado pero no súper moderno; asimismo, evitar corbatas o accesorios muy llamativos, a menos que nuestro trabajo sea en el área creativa o cibernética.

La idea es que los demás recuerden lo profesional que nos vemos sin acordarse específicamente de nada en particular; vestir como si ya hubiéramos llegado a donde deseamos llegar. Hay que ver el vestir como una inversión en nosotros mismos, como una herramienta que nos ayuda a alcanzar nuestras metas.

Recuerda: "Nunca tenemos una segunda oportunidad para causar una buena primera impresión".

LA AUTOIMAGEN

Nuestra imagen afecta cómo nos perciben los otros, pero lo que es más importante aún, influye en cómo nos percibimos nosotros mismos. No podemos dar aquello que no tenemos. Cuando nos sentimos bien, nos vemos bien.

Todos hemos tenido esos días en que al ir caminando por la calle o al entrar en el elevador, nos encontramos con nuestra imagen reflejada en un espejo y nos sale del alma decir: "¡Qué bien estoy hoy! He adelgazado un poco, el traje me sienta bien, me siento atractivo." Son esos momentos mágicos que muchas veces quisiéramos atrapar y que se nos escapan entre los dedos.

Recordemos por un instante esos momentos. ¿Cómo estaban tus ganas de relacionarte con los demás? ¿Tus ganas de platicar, de sonreír? Bueno, ¡hasta el tono de voz al contestar el teléfono cambia!

En esos días nos sentimos así sencillamente porque nos gustamos, porque sabemos que nos hemos cuidado, hemos hecho ejercicio, estamos satisfechos con nosotros mismos. Sentirnos bien, gustarnos… se refleja en todo.

Sin embargo, todos hemos tenido esos días cuando al ver nuestra imagen reflejada en un espejo nos sale del alma decir: "Hoy, de plano, no es mi día. ¡Me siento gordo, los pantalones me aprietan! ¡Me estoy quedando calvo, este traje se me ve muy mal!" Qué sé yo, mil cosas que todos nos hemos dicho en alguna ocasión. Recordemos por un momento cómo nos sentíamos entonces, ¿de qué humor estábamos? No teníamos ganas de sonreír ni de comunicarnos. ¡Hasta nuestra forma de caminar cambia!

Cuando tenemos una autoimagen positiva nos gusta lo que vemos, se produce un efecto multiplicador, ya que, si uno se gusta a sí mismo, crece nuestra autoestima, proyectamos una mayor confianza y por lo tanto hay un mejor desempeño; se gana el reconocimiento de los demás y se forma un círculo virtuoso que nos motiva a seguir mejorando.

Todos hemos visto a personas perfectamente capaces, trabajadoras, talentosas, estancadas en sus carreras porque su pobre autoimagen y autoestima los inhibe para expresarse y ganar así el reconocimiento que se merecen.

Cuando proyectamos una mala imagen en el vestir, o físicamente no estamos en forma, asumimos un comportamiento desconfiado, lo que de hecho afecta nuestro desempeño.

Las demás personas perciben esta imagen negativa y, de pronto, nos vemos metidos en un círculo vicioso, porque nos damos cuenta de que no estamos siendo aceptados y esto deteriora aún más nuestra imagen.

¿Qué se interpone en nuestro camino hacia sentirnos completamente seguros de nosotros mismos? ¿Qué comentarios recibimos de nuestros amigos acerca de nuestra forma de vestir, nuestro peso, nuestra piel, que nos han molestado?

La autoimagen está en nuestras manos. Esforcémonos por cambiar nuestro exterior, de manera que al ver nuestra imagen reflejada nos salga del alma decir: "¡Qué bien me siento!"

Los cirujanos plásticos lo han comprobado. Casi siempre, al cambiar el físico de alguien, se transforma su personalidad, su conducta e incluso sus talentos y habilidades. Por ejemplo, el que era tímido porque tenía una cicatriz en la cara, que era su obsesión y que diariamente le molestaba verla al rasurarse, al corregírsela se convierte en una persona más segura, más abierta. Se siente mejor porque el problema no era puramente físico, sino también emocional, ya que afectaba su autoconfianza.

Para la gente con algún defecto facial, la cirugía plástica puede hacer milagros. En el momento en que el cirujano corrige el detalle, su bisturí funciona como un instrumento mágico que transforma no sólo el físico, sino también la vida entera.

Algo muy común, sobre todo entre los adolescentes, es que se imaginan feos simplemente porque sus facciones no son perfectas como las de Tom Cruise, Claudia Schiffer o Michelle Pfeifer. El problema es que, si nos sentimos feos, actuamos como feos y además, ¡nos vemos feos!

Si preguntaras a las personas si están contentas con su físico, 90 por ciento contestaría que hay algo que no les gusta. Pequeños cambios harán la diferencia. Bajar tres kilos, cortarnos el cabello de una manera diferente o usar los colores que sabemos que nos favorecen pueden hacer que nuestra actitud cambie por completo.

Estoy convencida de que no hay personas feas o guapas, las hay flojas. ¡Hay tanto a nuestro alcance para vernos mejor!

Pongamos interés en nuestro arreglo para que, cuando veamos nuestra imagen reflejada, nos salga del alma decir: "¡Qué bien estoy!"

LA AUTOCONFIANZA

Estamos viviendo una época de cambios en todos los planos: político, económico y social. Esto ha obligado a mucha gente a ajustarse a nuevos estilos de vida. Ha tenido que adquirir nuevas habilidades para conservar sus empleos. Ha recurrido a la imaginación para hacer más con menos. Esto, sin duda, ejerce mucha presión, y para hacerle frente a esa presión todos necesitamos de una buena dosis de autoconfianza. Sin embargo, ¿cómo obtenerla?

A veces, la publicidad en la televisión y en las revistas nos hace creer que la autoconfianza se obtiene de un sinnúmero de elementos: dietas, pastillas para el aliento, la última moda, un aparato para hacer ejercicio o un auto. Desgraciadamente no es tan sencillo. De lo que sí podemos estar seguros es de que se trata de un activo muy valioso que todos podemos tener, y que hay muchos caminos para lograrlo

La palabra confianza viene del latín *confidere*, que quiere decir creer. En algún libro leí que santo Tomás decía: "Ver para creer", pero ahora podemos decir que es al revés, que tenemos que creer para ver. A continuación comparto contigo algunas estrategias eficaces para fortalecer nuestra confianza.

1. *Creer en nosotros mismos*. Eso es lo primero; para ello, podemos tener nuestra "reserva de logros" de los cuales nos sentimos orgullosos en nuestro pasado, y examinar esa reserva cuando andamos con la autoestima baja, ya que con frecuencia, cuando nos sentimos así, pasamos por alto aquello que nos animó en otras ocasiones. Visualicemos lo que queremos lograr y venzamos esa tendencia natural a predisponernos al fracaso; hay que eliminar por completo esa vocecita interior que nos dice: "Está muy difícil, no vas a poder, eres malísimo para eso."

Cuando la mente no cree o duda, atrae todas las razones para sustentar el fracaso. ¿Sabes cuál es la definición de mediocre? Aquel que "medio cree" en sí mismo. En el momento en que yo cambio mis creencias, el mundo cambia inmediatamente.

Esta tendencia natural del ser humano la describe sor Juana en uno de sus sonetos:

Si es mío mi entendimiento,
¿por qué siempre he de encontrarlo
tan torpe para el alivio,
tan agudo para el daño?

Cada vez que te descubras a ti mismo pensando en algo negativo sobre tu persona, detente de manera tajante. Piensa en frases como: "Hoy no salieron las cosas como quería, pero algo aprendí", o bien, "Esto me está costando un poco de trabajo, pero lo voy a lograr."

Lo que decimos y pensamos son órdenes para nuestro cerebro. Así que cuidemos nuestras palabras.

2. *Disciplina.* En la medida en que uno se disciplina en las pequeñas cosas que le cuestan trabajo, se respeta más. En esa misma proporción crece la autoconfianza. Cuando posponemos el placer inmediato, éste se acrecienta y se transforma en seguridad. La disciplina da seguridad, nos hace sentir que tenemos el control de nosotros mismos.

3. *Asumir las actitudes que anhelamos.* Cuando nos preguntan: "¿Cómo estás?…" y no andas muy bien, lo mejor que puedes hacer es contestar: "De maravilla, ¿y tú?" El solo hecho de decir esto nos hará sentir de maravilla. Jamás, jamás contestes como esas personas que pertenecen al "club de la lágrima perpetua", que se la pasan de queja en queja. A ellas aplícales la ley de la glorieta: dales la vuelta, porque una actitud negativa es muy contagiosa. Cuando te sientas nervioso, actúa como si te sintieras tranquilo. El comportamiento cambia el pensamiento.

Recordemos que: "Los pájaros no cantan porque sean felices, sino que son felices porque cantan."

¿Qué comunica
tu persona sin hablar?

CÓMO VENDERTE

¿Venderme a mí mismo? Claro, porque todos somos vendedores, desde que tenemos uso de razón hasta el fin de nuestros días. El niño que quiere convencer a su mamá de que lo deje ver una hora más de televisión está vendiendo una idea. La novia que quiere convencer al novio de ver una película en lugar del futbol vende una opción. El adolescente que quiere sacarle el permiso al papá de llevarse el auto el sábado tambien vende. La mamá que habla de los beneficios del brócoli a sus hijos en realidad vende su idea.

Cuando alguien le pide un aumento de sueldo a su jefe está tratando de hacer una venta. El galán que al despedirse de la niña en la puerta la deja con el ritmo cardiaco acelerado también está haciendo una venta. Como ves, todos los días, sin importar qué hagamos ni dónde nos encontremos, estamos constantemente vendiendo. Quizá no estemos conscientes de esto; sin embargo, es cierto.

Véndete a ti mismo

Según Joe Girard —récord en el libro *Guinness* como el vendedor número uno de autos en el mundo, y quien vendió 1425 autos nuevos en un año, antes de vender a otros sus ideas, sus productos o servicios, primero debes venderte a ti mismo. Debemos creer en nosotros mismos, tenernos fe y confianza, y la absoluta seguridad de que somos valiosísimos e irrepetibles.

Debemos reforzar lo anterior hasta que penetre al consciente y al inconsciente. Los tres pasos que él recomienda para vendernos a nosotros mismos son:

1. Nunca hagas nada, en ningún lado, de lo cual después te sientas avergonzado.
2. No dudes en darte una palmada en la espalda cada vez que te anotes un logro personal.
3. Ten una actitud tal hacia la vida de manera que, si tuvieras un amigo como tú, estarías contento.
4. Trata a tu cliente como si fuera la persona más importante del mundo.

Véndete a otros

Nada se vende sin un comprador. Así que antes de salir de tu casa ponte en los zapatos del comprador, mírate al espejo y pregúntate por un momento: "¿Alguien me compraría?" Ya que siempre nos estamos vendiendo de alguna manera, ninguno quisiéramos ser "marca desconocida". La marca desconocida no se vende.

Para vendernos con éxito, debemos presentarnos con el mejor y más atractivo paquete. Estás tratando de convencer a alguien de algo; de que vean las cosas como tú quieres. Para que esto suceda, primero tienes que gustarles. Piensa en la envoltura y en el contenido. Nuestra imagen exterior debe reflejar las cualidades que queremos vender a los demás. Si la envoltura les provoca desconfianza o preocupación, puedes decirle adiós a todo lo que vendas. Así que vendámonos primero a nosotros mismos. Y recordemos: no hay nada que atraiga más el éxito que la imagen del éxito. Por lo tanto, actuemos, vistámonos y pensemos como triunfadores.

EL ARTE DE PERSUADIR

Cualquier cosa que hayamos hecho en el pasado o hagamos ahora es porque alguien nos persuadió de hacerlo. Suena tajante, sin embargo, es la verdad. Observa cómo las cosas que nos rodean están ahí porque algo o alguien nos persuadió de obtenerlas.

La habilidad de persuadir es la compleja red en donde el mundo se sostiene, ya que nuestro mundo entero depende de la capacidad que tengamos para persuadir a los demás o de la habilidad que tengan ellos para persuadirnos. Así que vale la pena que aprendamos del juego de la persuasión. El objeto es inducir al otro jugador a que piense o actúe de la manera en que deseamos. En las investigaciones realizadas por los expertos se ha comprobado que, para abrir o cerrar la mente de una persona, se cuenta sólo con dos minutos en los cuales evaluamos lo siguiente: cómo viste, cómo habla, qué dice y cómo escucha. En una conversación, 85 por ciento de la información se percibe *no verbalmente*, así que antes de decir "mucho gusto", inconscientemente evaluamos qué está diciendo su ropa, su higiene, su apretón de manos, su forma de caminar y de expresarse y sus gestos.

Primero que nada, para hacer receptiva a la persona que nos va a escuchar, tenemos que crear una impresión favorable. En el libro vamos a ir viendo poco a poco cómo lograrlo.

Según el experto Roger Dawson, en su libro *Secretos del poder de la persuasión*, hay siete razones por las cuales podemos persuadir a los demás de hacer algo:

1. *Podemos persuadir a los demás si piensan que podemos premiarlos.* Esto es obvio: a un niño lo puedes persuadir de comer espinacas, si al final puede comer helado. En las campañas políticas, la promesa de obtener un beneficio nos persuade a votar o no por un partido.

   Sólo que, si ofrecer un premio a alguien es la forma más rápida de persuadir, también es la más cara, y el valor de lo premiado se devalúa inmediatamente, ya que tenemos que estar aumentando constantemente el valor del premio para obtener el mismo resultado.

2. *Podemos persuadir a los demás si piensan que podemos castigarlos.* Esta razón es muy poderosa, ya que dispara el más primario de los instintos: el miedo. Muchas veces, por temor a perder algo importante, cedemos en muchas cosas. Si alguien nos pone una pistola en la cabeza, de inmediato le entregamos la cartera. Y más rápido que la luz, nuestra mente empieza a crear toda clase de tragedias. Sin duda el miedo es el factor de persuasión más poderoso. Esto de alguna manera también lo hemos visto en las campañas de algunos partidos. Asimismo, hay algunos miedos más sutiles, como el miedo al ridículo, que nos impide hacer mil cosas. El miedo a la soledad puede hacer que una relación continúe aunque ya no haya amor y afecto entre los miembros de la pareja.

3. *Aplicar el premio y la amenaza juntos.* Los papás: "Si te vas a acostar en este momento, te leo un cuento." El vendedor: "Comprar esto le conviene muchísimo. Si lo compra ahora le sale más barato y lo va a tener primero que su competencia." El político: "Si votas por nosotros, tendrás estabilidad; si no, tal y tal", y nos mandan un mensaje que más parece la amenaza encubierta de que puede estallar una bomba en quince segundos.

4. *Podemos persuadir a los demás si hemos creado lazos.* Crear lazos es un término que usan los psicólogos para describir el cambio que ocurre cuando una mamá toca a su bebé recién nacido. Entre más me acerco a una persona, más puedo influir en ella.

Ésta es la razón de las frecuentes visitas de los candidatos a los mercados y a las colonias, en donde tocan y saludan a la gente para crear lazos.

5. *Podemos ser persuadidos si hay una situación de poder que limita nuestras opciones.* Es decir, cuando no nos queda de otra. Por ejemplo, por jerarquía, a veces las personas tienen poder sobre nosotros: un jefe, un papá, un maestro, etcétera.

6. *Las personas podemos ser persuadidas si asumimos que el otro es experto en algo.* Si nos convencen de que él o ella sabe mucho más del tema que nosotros, estamos ante un enorme factor de influencia. Recuerda cómo te sentías frente a un reconocido experto en la materia cuando empezaste tu carrera. Los médicos y abogados proyectan este poder usando un lenguaje que a veces no entendemos. ¿Por qué razón lo hacen? Porque al impresionarnos con su conocimiento especializado influyen sobre nosotros más fácilmente.

7. *Podemos influir en los demás si somos congruentes.* ¿Cuál es el factor más poderoso de todos? ¿Es el premio tangible? ¿Es el reconocimiento o el miedo? Ninguno de ellos. Lo que más influye en persuadir a los demás es la congruencia.

Cuando somos congruentes con nuestros valores y principios en forma consistente, se produce un enorme efecto en los demás. Los otros medios de persuasión, aparentemente poderosos, además de ser momentáneos pueden regresar como *boomerang*. El papá que siempre persuade al niño con premios, un día se da cuenta de que no será obedecido si no hay premio. Podemos amenazar a alguien con despedirlo si no hace tal o cual cosa, pero tampoco tendría un gran efecto, porque las personas se acostumbran a vivir con esa amenaza o encuentran cómo salirse de ella.

Sin embargo, el poder de la congruencia crece y crece. Y mientras más congruencia tengamos con nuestros valores, más credibilidad ganaremos. De esa credibilidad surge una tremenda habilidad de persuasión.

El reconocimiento también es otro factor poderosísimo de persuasión. Coincidirás conmigo en que no hay nada que nos motive más para seguir con una conducta que el hecho de que nos reconozcan que estamos haciéndolo bien.

Así que no olvidemos reconocer en otros los avances logrados. Recordemos que si somos congruentes entre nuestro ser, lo que pensamos, la forma en que nos presentamos y actuamos, seguro llegaremos a ser unos expertos en este juego de la persuasión.

¿SABES EXPRESAR LO QUE DESEAS? SÉ ASERTIVO Y APRENDE A DECIR "NO"

Voy a comentar algo que seguramente a todos nos ha pasado. Después de pasar una situación tensa te dices a ti mismo: "Debí haberle dicho esto", "¡No pude decirle que no!", "¿Por qué no le dije tal cosa?", "No me atreví." ¿Cuántas veces te ha pasado que piensas hacer desde un pequeño favor, hasta cosas de mayor importancia?

Cada vez que nos quedamos con esa frustración personal ("Debí haber hecho o dicho"), se va degradando poco a poco nuestra confianza, como una roca que se va erosionando lentamente con la caída de una gota de agua. Además, cada vez que una persona reacciona pasivamente o se retira con una sensación de frustración, empieza a culpar a los otros de su infelicidad y va creando cuentas por cobrar.

La solución, por supuesto, no es ser agresivo o contestar agresivamente a alguien, ya que cuando esto sucede se hiere a esa persona, física o emocionalmente, lo que a la larga tiene consecuencias desfavorables y termina uno también sintiéndose igualmente frustrado y con mal sabor de boca.

La solución es aprender a ser asertivo. Ser asertivo no es algo espontáneo; es decir, no nacemos sabiéndolo, sino que tenemos que aprender a serlo.

La palabra asertivo viene del latín *ase tum*, que significa "afirmar mis derechos positivamente, con seguridad y sencillez, sin atacar ni huir". El ser asertivo significa:

- Expresar un desacuerdo con tranquilidad.
- Atreverte a decir "no".
- Exigir un derecho con aplomo y decencia.
- Hablar claro, sin rodeos y sin agredir.
- En pocas palabras, acertar, atinar, tener tino.

Es muy común no ser asertivo. El doctor Moriaty, con sus alumnos de psicología en Nueva York, hizo pruebas para ver lo asertiva que puede ser una persona. Provocó en los estudiantes pequeñas situaciones en don sus derechos eran irrespetados para así observar su reacción.

Ponía a uno de ellos con música de rock pesado a alto volumen, mientras que otro cerca de él tenía que concentrarse en una importante y compleja tarea. El 80 por ciento de los que se tenían que concentrar no se quejaron, aunque después admitieron lo molesto y agobiante que les resultaba.

El quince por ciento le pidió al del rock que le bajara, pero no se lo volvieron a solicitar después de que éste les contestó con un poco de agresividad. Sólo cinco por ciento se atrevió a pedírselo por segunda vez, logrando que le bajara al volumen.

¿Por qué tememos expresar un derecho o un desacuerdo? Quizá porque no nos gusta pelearnos, porque tememos al rechazo y nos damos miles de excusas mentales como: "No quise hacer grandes las cosas", o "Bueno, sólo lo ha hecho una vez", "Total, nunca lo voy a ver en mi vida" o "¿Para qué?" Estas excusas nos dejan una sensación de frustración que nos convierte en víctimas voluntarias.

Por ejemplo

Llevas media hora haciendo fila para comprar boletos, llega un señor y se forma con toda tranquilidad adelante de ti. Ante esta situación tienes tres opciones:

1. Te quedas callado con tu coraje y no haces nada.
2. Indignado vas y le reclamas.
3. Asertivamente le dices: "Señor, todos llevamos media hora formados, creo que no es justo que usted se

meta, le pido que por favor se vaya a la cola." Si no te hace caso, le puedes poner un ultimátum asertivo: "Ya le pedí que se vaya al final; si no lo hace, voy a llamar a un policía para que lo haga."

Otro ejemplo

Un amigo siempre te pide que lo lleves en tu auto a su casa, y una vez lo haces con mucho gusto, pero a él ya le acomodó la situación y a ti te está empezando a enojar porque te tienes que desviar de tu ruta y no sabes cómo decírselo, es tu amigo y no quieres ofenderlo.

Tienes tres opciones

1. Lo sigues llevando a su casa.
2. Te escondes para salir, o dejas el auto en casa y te vas a pie.
3. Asertivamente le puedes decir lo siguiente: "Te he dado muchos aventones y lo he hecho con mucho gusto, pero llego por lo menos veinte minutos más tarde a mi casa, lo que no me gusta así que te voy a pedir que de hoy en adelante por favor tomes un taxi".

Lo que tenemos que hacer es identificar lo que nos molesta, lo que sentimos y decirlo sin rodeos y sin perder el objetivo. Los mexicanos somos muy dados a darle vueltas a las cosas y a hablar en diminutivo para que se escuche más suave, y de esta manera las cosas acaban siendo poco claras.

No es fácil aprender a ser asertivo; esta habilidad se va desarrollando mejor entre más la ponemos en práctica, pues es la única forma en que se hace un hábito.

Beneficios

- Nos volvemos protagonistas de la vida, no espectadores pasivos, esperando a que sucedan las cosas.
- La autoestima y el respeto por nosotros mismos se elevan. Nos sentimos tranquilos porque hay congruencia entre lo que pensamos y lo que hacemos.
- Nos sentimos libres al aprender a decir "no", y al decir "sí" estaremos convencidos de lo que estamos haciendo.
- Aprendemos a respetar el derecho que tienen las otras personas a ser asertivas y a decirnos que no a una petición.

Así que, como ves, vale la pena ser asertivo.

¿TÍMIDO? POR QUÉ Y QUÉ HACER

Mucha gente tendemos a jugar el juego de "yo pienso que tú piensas..." cuando somos tímidos, y sobre todo cuando tememos ser rechazados. Pero muchas veces suele ocurrir que al estar tan conscientes de "qué es lo que la gente va a pensar de mí", estamos saboteando nuestras propias oportunidades de crecimiento tanto personal como profesional.

El tímido puede ser simpático cuando tiene dos años de edad, pero no cuando es adulto. Lo que llama la atención es que muchísima gente padece de este mal. En un mundo donde constantemente tenemos que enfrentar nuevas situaciones y retos, ser tímido puede ser la piedra en el camino que nos detenga para conseguir un mejor trabajo, conocer gente nueva o realizar nuestros sueños y fantasías.

Cuando un tímido va a una reunión social (a la cual odia asistir) y tiene que enfrentar gente desconocida, las manos le sudan, se pone rojo, en ese momento es y se siente torpe; pero sobre todo, el sentimiento que lo embarga es de "estar solo" y de querer huir lo más rápido posible. Desconoce que ese sentimiento no es particular de un "tímido"; si supiera cuánta gente siente lo mismo, quizá no se sentiría tan paralizado por su propio miedo.

¿Qué hacer?

Mira, la única forma de superar la timidez es practicar no ser tímido hasta que dejes de serlo de una forma natural. Así que cuando tengas que enfrentar una situación te sugiero que hagas lo siguiente:

- Respira hondo, detén el aire y exhala diez veces.
- Localiza a una persona que parezca amable.
- Haz contacto visual y sonríe.
- Preséntate tú primero.

Si eres una persona tímida, esto te parecerá muy difícil y probablemente te sientas raro la primera, la segunda y la tercera vez… Pero te sentirás feliz cuando hayas descubierto el antídoto contra la timidez: "Lanzarse sin miedo." Ya lograste vencer estos primeros pasos. Ahora, ¿qué dices? Muy sencillo, tienes que abrir con una buena frase. Si estás en una reunión, puedes preguntarle a alguien de dónde conoce al anfitrión, o puedes empezar hablando del clima o de algún deporte que esté en ese momento de moda, etcétera. Sólo asegúrate de que tu frase de entrada sea positiva, nada que sea sarcástico ni seductor; comentarios sinceros y honestos son tu mejor opción.

Ejemplos: "Me siento un poco incómodo, pero me gustaría conocerte", "Qué bonito suéter", "¿Qué te pareció tal cosa?", "¿De dónde conoces al anfitrión?"

Tener una conversación agradable no es sólo cuestión de química. Necesitamos practicar hasta que nos sintamos cómodos hablando con quien sea de lo que sea. Descubriremos todo lo que nos puede enriquecer de las otras personas. Así que ¡ánimo!

¿QUÉ ES LA EMPATÍA?

Cuando dos amigos se encuentran y se ponen a platicar, generalmente adoptan una postura corporal similar, y si además son amigos íntimos y tienen la misma opinión o punto de vista sobre algún tema, llegan a estar tan a gusto y a sentirse tan vinculados que en ocasiones parecen una copia exacta el uno del otro. Fuman juntos, toman juntos, recargan la misma pierna en la barra o si están tomando una taza de café, apoyan el mismo codo sobre la mesa. Si alguno quiere romper ese encanto le basta con adoptar una postura diferente: rígido y reservado, nervioso y tenso, etcétera.

Incluso cuando somos niños o adolescentes y admiramos mucho a alguna persona o artista llegamos a hablar, a movernos, a reír o a caminar como ella.

Cuando como adultos lo realizamos en forma inconsciente, no es un intento de imitación. Lo que estamos haciendo es algo que se conoce como "postura eco" o "espejo". Es algo que realiza el cuerpo de una forma natural, cuando nos sentimos en total empatía con alguna persona.

Es como si dijéramos secretamente: "Mira, soy como tú." Es un mensaje que mandamos de manera inconsciente y que es recibido de la misma forma. ¿Haz visto jugar a los niños? ¡Es una maravilla! Todo lo que hacen es "espejear" al otro.

Todos hemos experimentado empatía, cuando a lo largo del día intercambiamos una mirada, una frase, o cuando recibimos una palmada cariñosa en la espalda, lo que hace que nos sintamos vinculados con el otro. Sin embargo, lo que no sabemos es que crea empatía hacia los demás y, como cualquier otra habilidad natural, es algo que todos podemos aprender a manejar.

¿Qué es la empatía? La empatía es entrar al mundo de otra persona, viajar por el mismo tiempo, sentirnos entendidos por ella.

Poder conectarnos con las personas es muy importante, ya que está comprobado que tener éxito en nuestras relaciones de trabajo o sociales es una consecuencia directa de la empatía que logremos crear.

No importa quiénes seamos ni qué tan maravilloso sea el producto o servicio que ofrecemos. Si no somos capaces de compenetrarnos, de conectarnos con los demás, de nada sirve. La empatía en las relaciones es como la gasolina para el coche: sin ella, nada más no camina.

En el trabajo y en las ventas esto también influye muchísimo. ¿Cuántas veces hemos dejado de comprar un producto que deseamos o que necesitamos por falta de empatía con el vendedor? ¿Cuántos negocios se dejan de hacer por falta de esa habilidad? Simplemente, si no hay empatía no hay venta.

En lo familiar, ¿cuántas veces por falta de empatía nos cuesta trabajo comunicarnos con nuestro hijo adolescente?

Te platico tres formas muy sencillas de crear empatía.

1. *Espejo corporal.* Llega tu hijo con cara triste del colegio porque algo le sucedió. Si sólo preguntas: "¿Qué pasa?", mientras continúas haciendo cualquier cosa, la respuesta lógica es: "Nada". Sin embargo, si te acercas, te sientas junto a él adoptando su misma postura y después le dices: "Te veo triste... ¿quieres contarme qué te pasa?", te aseguro que el niño sentirá la invitación a abrirse y contarte.

   Todo médico sabe que puede empezar a ganar la confianza de un paciente simplemente imitando su postura. En Rusia se hizo un experimento de telepatía y observaron que ésta se facilitaba enormemente cuando ambas personas tenían físicamente la misma posición. Una cadena de restaurantes de Estados Unidos entrenó a sus meseros para ponerse en cuclillas y estar al mismo nivel de sus comensales al tomarles la orden, con el fin de que se sintieran más cómodos, evitando así el mensaje de superioridad que se transmite cuando el mesero está de pie y mirándonos "hacia abajo".

Esto mismo podemos hacer cuando, por ejemplo, queremos convencer a un cliente de algo, o con una persona que nos acaban de presentar: adoptar su misma postura. Esto hay que hacerlo paulatinamente, teniendo cuidado de que no sea obvio, burdo, o que parezca imitación (porque podría molestar); puede dar resultados.

También se puede realizar el espejo de manera cruzada; por ejemplo, si la otra persona recarga el codo derecho sobre la mesa, uno recarga el izquierdo; si cruza la pierna derecha, uno cruza la izquierda, etcétera.

Al ofrecer a alguien un espejo de su comportamiento, enviamos al inconsciente de la persona el mensaje: "Mira, soy como tu", lo cual le proporciona un sentimiento de bienestar, de empatía, ya que a todos nos gusta vernos a nosotros mismos. Es el silencioso compañerismo de los cuerpos.

2. *Espejo de la voz.* Otra forma es espejear el tono, el ritmo y la velocidad de la voz de la otra persona. Generalmente, todos hablamos a la misma velocidad que nos gusta escuchar. Si un cliente llega hablando rápido y le contestamos con mucha lentitud, con toda seguridad no se va a sentir identificado y se va a desesperar; lo mismo sucedería si él hablara en forma reflexiva y lenta y nosotros le contestáramos rápidamente.

3. *El espejo de la respiración.* La tercera forma es observar la profundidad, la frecuencia y la amplitud de la respiración de la otra persona, e imitarla.

Estas tres clases de espejeo: corporal, de la voz y de la respiración, sólo son algunas de las maneras que existen de crear empatía con los demás. Con ellas reflejamos a la persona que tenemos enfrente lo que está sintiendo por medio de la voz, de las palabras, del lenguaje corporal, con el fin de que se sienta muy cómodo al estar con nosotros, que al fin y al cabo es algo que todos buscamos, ¿o no?

EL CONTACTO FÍSICO

Una de las formas más importantes de comunicarnos, indispensable para el desarrollo integral del individuo, es el calor humano, el contacto físico.

El mundo de la tecnología ha entrado a nuestras casas disfrazado de videojuegos, computadora, teléfonos celulares, agendas electrónicas, Internet y no se diga la televisión.

La pantalla tiene una atracción hipnótica. Sin embargo, coloca una barrera entre la imagen y la persona, y la realidad es que entre más nos conectamos, menos nos comunicamos, ya que al no haber contacto físico con las personas, un intercambio de miradas, por ejemplo, se toma como una actitud pasiva, y esa pasividad desemboca en la ausencia de comunicación.

Según un estudio publicado en el *New York Times*, en las universidades estadounidenses el número de clases impartidas por maestros en vivo ha disminuido en los últimos años 50 por ciento.

Más de la mitad de los *campus* residenciales tienen una conexión por alumno dentro de cada dormitorio, y estas universidades se sienten muy orgullosas de ello; pero lo que no habían planeado es que los dormitorios llegaran a convertirse en cuevas de alta tecnología.

La vida social de las universidades se ha transformado. ¡Los estudiantes ya no salen de sus cuartos! Un estudiante resuelve todos sus problemas, toma una clase, le pregunta sus dudas al maestro, consulta la biblioteca, juega, platica y encarga pizza, todo sin levantarse de su silla. Los estudiantes ya no se reúnen en la cafetería ni en otros puntos donde solían hacerlo.

Este fenómeno, que se presenta en los países del primer mundo, lo podemos comprobar si analizamos las horas que pasamos frente a la televisión. Nos sustrae del mundo y hace que vivamos los programas de tal manera que lloramos o sufrimos con los personajes, sin percatarnos de que nos estamos desvinculando de las personas reales, porque cuando apagamos la pantalla, trátese de computadora o televisor, nos damos cuenta de que estamos solos.

Esto nos hace reflexionar: comunicarnos no es nada más pasarnos información sino tener algo en común. Es pasar de uno a otro, ejercer la capacidad real de darnos vida mutuamente. Que algo mío habite en ti y que, de alguna manera, tú me habites. Si al poner mi mano en tu hombro pasa algo a través de tu piel y te llega, yo te habito.

"Si el beso que le doy a mi hijo es sólo un saludo, entonces todo es mentira. Si ese beso le hace sentir que estoy con él, que le llega mi apoyo y mi compañía, entonces él tiene algo de mí."

El investigador Harlow realizó un experimento para probar que el contacto físico es un elemento indispensable para vivir. Encerró a tres monos bebés, cada uno en una jaula. Al primero le colocó una mamila técnica para que comiera cada vez que tenía hambre. Al segundo, una enfermera que entraba sólo a darle la mamila, y al tercero no lo separó de su madre.

El primer mono, a los cuatro meses, se estaba dejando morir, ya no acudía por el alimento. El segundo tenía retraso en su desarrollo psicomotor, y no había velocidad en sus respuestas, lo cual se traducirá más tarde en un carácter huraño y poco adaptable. El tercero, por supuesto, era un monito feliz y contento. Con el solo hecho de cargar a un bebé y ponerlo en nuestros brazos ya creamos un lazo afectivo con él.

La madre Teresa afirmaba que la mejor medicina que le podía dar a los leprosos era tocarlos.

Tengo una amiga que se fue a vivir a Estados Unidos. Cuando regresó, después de estar un año fuera, la abracé y le dejé la mano en la espalda. Cuando se la iba a quitar me dijo: "No me la quites, no sabes lo que extraño el calor humano que aquí nos damos. ¡Allá nadie se toca!" De repente nos sentimos alejados de nuestros amigos y de nuestros familiares y aunque haya cariño en las palabras, en la mirada o en una carta, son poco comparables con un buen abrazo, ¿no crees?

> *Todo puede decirte algo que tú no*
> *sabes.*
>
> PROVERBIO ÁRABE

Hay detalles cotidianos que, sin que lo advirtamos, tienen una enorme influencia en la manera en que nos sentimos, en nuestra forma de relacionarnos, en cómo somos percibidos y percibimos a los demás. Detalles que indican sutilmente el poder, el estatus, la familiaridad. Información constante, enviada y recibida de manera subconsciente.

Esto es lo que estudia la proxemia —término acuñado por el estadounidense Edward T. Hall—, disciplina que estudia el uso del tiempo y el espacio como poderosas herramientas de comunicación no verbal.

La proxemia analiza el espacio en todas sus formas: territorial, temporal, simbólico, lingüístico y sonoro.

Espacio territorial. El lugar que ocupemos en una ceremonia, como la mesa que se nos asigna en una boda, nos hace sentirnos importantes o no.

Una vez llegamos una pareja de amigos, mi esposo y yo a la mesa donde una señorita asignaba los lugares que debíamos ocupar en la recepción de la boda; al preguntarnos nuestro nombre, nos dijo: "Los señores González (nosotros) por favor pasen a la mesa 4, los Rubio en donde quieran." ¿Te imaginas cómo se sintieron mis amigos? ¡Horrible! Hay que evitar los detalles que hacen sentir mal a la gente. Por ejemplo: que la silla de un comensal sea más chaparra que la de los demás. Asimismo, el lugar que tomemos en una sala de juntas dice mucho. Si te sientas en la cabecera con vista hacia la entrada, denotas que eres el más importante. Todos estos detalles tienen efectos en cómo nos sentimos y en nuestra interacción con los demás.

Algunos puntos aparentemente insignificantes, como apoderarse del descansabrazos en el cine o en un avión, son importantes para marcar un territorio. Hay personas que al sentarse colocan los dos antebrazos arbitrariamente y nunca los quitan, o peor, en el avión extienden las páginas del periódico como si estuvieran solos. Con el simple hecho de mirar o no a alguien hacemos que se sienta incorporado o ignorado en la conversación. El grado en que nos acercamos a una persona para hablar con ella comunica algo, y también si la tocamos o no y de qué modo lo hacemos.

Según Hall, se pueden establecer distancias o cercanías de postura corporal, volviéndonos hacia la persona o cruzando la pierna opuesta para cerrar un círculo invisible, o acercándonos para que la otra persona pueda percibir nuestro olor.

Espacio temporal. La edad de los objetos que nos rodean comunica algo: lo muy moderno o muy antiguo es percibido como una categoría superior a lo contemporáneo. Cuando entramos a una casa u oficina llena de objetos y muebles antiguos, de inmediato provoca que percibamos el lugar y las personas que lo viven de manera diferente. Entre las personas, el tiempo que se deja entre una frase y otra, comunica una mayor o menor importancia de quien habla o de lo que se va a decir. Sin embargo, conozco personas que abusan de estas pequeñas pausas (no sé si a propósito) y lejos de parecer importantes, desesperan. Detalles como el tiempo que nos lleva responder al saludo de una persona pueden reflejar el grado de estima o de respeto que le tenemos. Observa cómo contestamos de inmediato y en forma espontánea cuando nos saluda alguien a quien queremos o estimamos mucho. Pormenores como quién se aproxima primero a saludar al otro, según Hall, pueden indicar jerarquía, ya sea por edad o por posición, y quién es el que debe acercarse primero a saludar. Sin embargo, aquí entra en juego otro detalle: la sencillez. Si la persona que saluda primero es socialmente más importante, deja ver sus dotes de liderazgo.

Espacio simbólico. Invitar a alguien a tomar un café representa un compromiso menor que invitarlo a cenar. Si comparamos las invitaciones a desayunar o a comer, la segunda implica más tiempo y más dinero, por lo cual la preferimos cuando existe ya una relación con alguien o nos interesa un acercamiento mayor. Invitar a alguien a tomar una copa tiene mayor significado que invitarlo a tomar un café, ya que tomar alcohol produce estados de mayor cercanía y menor inhibición.

Espacio lingüístico. Con las palabras marcamos diferencias de rangos, distancias sociales o familiaridad. Todos hemos experimentado cómo el que simplemente nos hablen de tú o de usted provoca que toda la relación cambie inmediatamente; es como si de pronto se bajara una barrera invisible que puede ofender o, al contrario, convenir dependiendo del caso. El uso de una jerga especializada entre colegas les confiere una identidad especial, no obstante los aleja de todos los que no la comprenden; como ocurre entre médicos, expertos en cómputo y abogados. Apelativos como señor, licenciado o doctor no son sólo descriptivos, sino proxémicos, marcan distancias.

Espacio sonoro. Subir la voz en una discusión refleja una carga emotiva que puede tener el efecto de alejar e intimidar al otro. Hablar en voz baja obliga a los demás a acercarse. En una discoteca, el alto volumen envuelve a todos los presentes borrando los límites entre sí, lo que ocasiona la pérdida de la individualidad. La música romántica, por su parte, invita a las personas a la cercanía.

Proxemia es una palabra que nos puede sonar extraña; sin embargo, si aprendemos a reconocer sus mecanismos habremos desarrollado una gran fórmula de acercamiento, comunión y contacto con los demás.

EL ESPACIO VITAL

El espacio vital es una burbuja que llevamos con nosotros constantemente y que representa nuestro territorio. Este espacio es sagrado y respetable, y en una cultura latina como la nuestra tiene un tamaño aproximado de un brazo de largo alrededor nuestro. Esto varía de acuerdo con las culturas. En la cultura anglosajona, por ejemplo, este espacio es más amplio.

Cuando alguien que no es pariente nuestro entra en este espacio nos sentimos amenazados e incómodos, así como nos sentimos rechazados cuando alguien se coloca muy lejos de nosotros.

Cuando alguien está muy entusiasmado con lo que está contando, tiende a acercarse (pero en el sentido de cercar), y uno se va haciendo para atrás, hasta que topa con algún mueble o pared. Esto es muy incómodo y además ya no ponemos atención a lo que el otro dice. Y lo que pasa es que la otra persona está tan concentrada en lo que está contando que no percibe las señales no verbales de rechazo. Para que una conversación mantenga su cómoda fluidez, es necesario respetar este espacio mínimo, que varía según las personas con quienes estemos conversando y con la situación.

Por lo general, entre más diferencia de jerarquía hay entre los interlocutores, más espacio se hace entre ellos. Esta conducta es instintiva.

Cuando alguien no muy conocido se nos acerca demasiado podemos sentirlo muy agresivo, como sucede en las caricaturas cuando el grandote quiere mostrar quién domina y se le acerca al chiquito, intimidándolo.

Cuando dos personas se paran una frente a otra con los pies ligeramente separados y reducen su espacio al conversar, digamos en un cóctel, están mandando el mensaje de que están sosteniendo una conversación privada.

Piensa, por ejemplo, en lo incómodos que nos sentimos al subir a un elevador lleno de gente. El único espacio vital que encontramos está mirando hacia arriba. Cuando el espacio físico es invadido forzosamente, como en las aglomeraciones en el metro, el elevador o en la discoteca, la mente humana construye un espacio moral donde nadie puede entrar, y los cuerpos de los vecinos se convierten, de presentes en lo físico, en inexistentes en espíritu. Nos ignoramos mutuamente.

Nuestro espacio vital también se extiende a nuestras pertenencias. ¿Cómo te sentirías si alguien que te va a ver a tu oficina empieza a jugar con tus plantas, o con los marcos de fotos que tienes sobre tu escritorio? Eso no te gustaría.

El problema del espacio vital se presenta también cuando tenemos que compartir una información escrita con algún compañero, jefe o cliente. En esos casos, es necesario tener copias para cada cual, ya que es muy incómodo compartir una lectura con alguien.

Cuando llegamos a un lugar marcamos nuestro espacio, nuestro territorio (como los animales), y lo hacemos de la forma más sutil: por ejemplo, poniendo nuestra taza de café, un saco, la bolsa, etcétera.

Asimismo, al ir a comer con alguien a un restaurante, implícitamente cada uno tiene "su territorio" en la mesa. Si te quieres divertir un rato, haz el siguiente experimento.

Siéntate frente a tu compañero de mesa y saca tu cajetilla de cigarros y tu celular y colócalos en la mesa sobre la zona que le correspondería a tu compañero. Verás cómo él aparentemente no reacciona.

Después recorre paulatinamente tu copa, tus platos y cubiertos hacia él. Si te traen una botella de vino, cerveza o refresco, colócala en su mitad. Además, inclina el cuerpo al hablar hacia la otra persona.

Llegará un momento en que tu compañero no podrá más. Observa su reacción, que será inconsciente;

se inclinará para atrás, recorrerá su silla y jalará los platos y cubiertos hacia él ¡manifestando lo incómodo que se siente! Cuando llegue a este punto, confiésale tu broma.

El punto es hacernos conscientes de lo importante que es respetar el espacio vital en nuestras relaciones, tanto laborales como sociales.

EL OLFATO Y SU INFLUENCIA

¡Qué agradable es saludar a una persona que huele a limpio!

Al terminar nuestro baño de la mañana, no olvidemos aplicarnos una loción o perfume, ya que la impresión que podemos crear en los demás será más favorable.

El olfato es uno de los cinco sentidos y el que mayor memoria tiene. A través de éste recibimos y enviamos importantes mensajes para nuestras relaciones. Según el aroma que una persona escoja, nos revela datos de su personalidad, tales como:

- Si el aroma es verde, muy fresco, se trata de alguien con espíritu libre, que gusta de estar en el exterior, y que probablemente sea atleta o deportista.
- Si el aroma es muy seco, con olor a maderas y a musk, tanto en el hombre como en la mujer reflejará una persona sofisticada, calculadora, práctica.

Hay personas a las que identificamos por el perfume o loción que usan o, al detectarlo en alguien más, nos la recuerda; esto es así porque la memoria olfativa es muy aguda y no se borra. Cuando queremos recordar al ser amado, la mejor forma es a través de un objeto que huela a él. Cuando estabas de novio, ¿no te encantaba oler alguna prenda de tu novia?

También hay olores que nos recuerdan nuestra infancia, por ejemplo: el olor de las tortillas recién hechas al llegar del colegio, o el olor del pastel de chocolate que recuerda siempre a la abuelita que se lo hacía. El sentido del olor es muy privado, cada cual tiene asociaciones muy diferentes.

Asimismo, por el aroma podemos saber la edad del que usa el perfume, y esto puede ser porque las personas mayores parecen tener un gusto distinto de las jóvenes, o porque se aferran al mismo perfume o loción que han usado durante años. También en los perfumes hay cambios en la moda.

Los aromas pueden influir en el pensar, el sentir y en la forma de comportarnos... ¡Nos hacen soñar! Todos hemos experimentado esa sensación maravillosa que nos provoca oler un campo recién llovido, el aroma del café al molerse, o una flor "huele de noche".

Se han escrito varios libros sobre este efecto, uno de los cuales es *El perfume*, de Patrick Süskind; al leerlo tomamos conciencia del fuerte poder que tienen los aromas en nosotros. Y el aroma de alguien puede ser un factor determinante para establecer una buena relación o un rechazo inmediato.

Muchas veces no sabemos conscientemente por qué nos subyuga alguien o por qué lo rechazamos, y frecuentemente es por su olor. Desde luego que debemos perfumarnos sin exagerar; hay personas a las que saludamos y después de una semana nos sigue oliendo la mano a su aroma (es una exageración), pero esto puede ser agresivo para el otro, ya que no necesariamente el gusto por el aroma coincide.

Ahora que, como sabes, el aroma es un estímulo al hipotálamo, el cual está en comunicación con las glándulas sexuales que producen las feromonas y provocan en los animales la atracción para el apareamiento. Sin el acoplamiento entre aroma y sexo, la Tierra sería un planeta desierto. El ser humano también segrega feromonas que provocan esa atracción entre hombre y mujer. Casi todos los perfumes contienen ingredientes que mimetizan estas señales sexuales olfatorias, como el sándalo, el pachuli, el *ylang* y el *musk*.

Todos tenemos un olor específico que cambia de acuerdo con nuestra alimentación y con nuestro estado físico y mental.

El olfato es un sentido del cual se ha demostrado que tiene enorme influencia en nosotros, así que procuremos oler agradablemente todos los días. Te aseguro que no sólo nos sentiremos muy bien, sino que los demás nos lo van a agradecer infinitamente.

EL PODER DE LA VOZ

Ahora vamos a referirnos a una herramienta que todos usamos la mayor parte del día, y de cuya repercusión no estamos conscientes, ni del grado en que afecta la percepción que los demás tienen de nosotros.

La imagen "vocal" que proyecte una persona puede hacer una enorme diferencia en el éxito que obtenga en su vida profesional y personal. Muchas veces conocemos a alguien que al escuchar su voz literalmente nos hipnotiza.

En cambio hay personas de quienes algo nos incomoda, pero que no sabemos qué es hasta que descubrimos que es su tono de voz o su forma de hablar.

Las investigaciones han demostrado que al conocer a una persona influye en nosotros: 55 por ciento su imagen, 38 por ciento su tono e inflexión de voz, y sólo siete por ciento atendemos al contenido de sus palabras.

Dado que la imagen vocal tiene una enorme influencia, vamos a ahondar un poco más en el tema.

Galeno, el médico griego, afirmaba: "La voz es el espejo del alma." Y la voz es un importante termómetro de cómo se siente una persona. En un momento de tensión podemos aparentar mucha seguridad, pero en la voz es difícil ocultar el nerviosismo.

La organización Gallup realizó un estudio acerca de la importancia de la voz, en el cual se preguntó a hombres y mujeres si creían que la forma en que hablaba una persona podía afectar sus oportunidades de trabajo e incluso su vida sentimental. La respuesta fue unánime a las dos preguntas: sí. También se les preguntó qué era lo que más les irritaba al escuchar a alguien. Los resultados fueron los siguientes:

- *Que una persona hable en tono bajo.* Hay gente que siente que llama la atención al hablar con tono bajo, y la verdad es que es muy irritante.
- *Que una persona hable muy fuerte.* Con esto da la impresión de que se quiere hacer notar, y por supuesto llama la atención, pero en una forma negativa.

- *Escuchar una voz monótona.* Es un somnífero, no se percibe emoción, ni convicción, aunque a lo mejor la tenga.
- *Las muletillas que se usan indiscriminadamente como:* este…, sí…, emm…, ¿no?

Los resultados de esta encuesta nos muestran que por lo general sí juzgamos a la gente por cómo habla.

Así que cuidemos el tono de voz; hablemos con inflexión, pero sobre todo, hablemos con convicción y contenido.

¿QUÉ DICEN LOS COLORES?

> *Los colores son al ojo lo que los valores al alma.*
>
> ANÓNIMO

Los colores influyen en nosotros más de lo que creemos. Por las mañanas, cuando nos vestimos, escogemos la ropa de acuerdo con el clima o nuestro estado de ánimo. Sin embargo, pocas veces somos concientes del poder que puede ejercer en nosotros y en los demás utilizar determinado color. La preferencia por un color o el rechazo por otro significan algo específico y, sobre todo, reflejan un estado mental. Según los expertos, esta asociación del color es universal y existe en todas las razas, sexos o ambientes sociales.

A continuación te comento en términos generales acerca de algunos colores, su influencia física, su efecto psicológico positivo y su efecto psicológico negativo más notables.

- *Azul.* Incluye todos los tonos de azul, menos los tonos *acqua*. Símbolo del agua en reposo.
  INFLUENCIA FÍSICA: disminuye la presión de la sangre y el ritmo cardiaco y respiratorio. Tiene un efecto relajante.
  EFECTO PSICOLÓGICO POSITIVO: los tonos más oscuros de azul proyectan autoridad, orden, confiabilidad y logro. Los tonos azul medio en una mujer son los más apropiados si queremos inspirar confianza, equilibrio, ternura y sensibilidad.
  EFECTO PSICOLÓGICO NEGATIVO: el azul oscuro denota a alguien predecible, conservador. No lo uses en un medio donde se busque la creatividad, como el diseño, la mercadotecnia o la publicidad.
- *Rojo.* Incluye los rojos quemados, los brillantes y los puros. Expresa fuerza vital.
  INFLUENCIA FÍSICA: el pulso se acelera, aumenta la presión sanguínea y el ritmo respiratorio.
  EFECTO PSICOLÓGICO POSITIVO: crea una sensación de impulso, de deseo, de voluntad de vencer, de vitalidad. Una mujer vestida de rojo atraerá siempre la atención en forma inmediata. Usa el rojo cuando quieras elevar tu energía. En pequeños acentos como la corbata o una mascada proyecta autoridad sin amenaza.
  EFECTO PSICOLÓGICO NEGATIVO: denota agresividad, dominio autoritario. Evítalo cuando no estés preparado para llamar la atención. Si eres mujer no lo uses cuando vayas a conocer a tus futuros suegros, porque

los vas a asustar. Tampoco lo utilices en tu primera entrevista de trabajo, pues te verás como una persona que no sabe trabajar en equipo o que sólo piensa en sí misma. También evítalo cuando te sientas tenso.

- *Café.* Incluye todo tipos de tonos de café. Se trata de un color diluido es una mezcla que carece de impulso creador y de vitalidad. Es pasivo, receptivo.

INFLUENCIA FÍSICA: se relaciona con malestares físicos en el organismo.

EFECTO PSICOLÓGICO POSITIVO: es muy apropiado para el campo. Si eres mujer y estás segura de que te favorece el café, úsalo en los negocios y para dar la impresión de calidez.

EFECTO PSICOLÓGICO NEGATIVO: es un color aburrido y poco sofisticado. Tiene la connotación de pertenecer a los mandos medios. Ningún hombre que se considere importante usa trajes color café. Da la impresión de que trabajas mucho y cobras poco. Evítalo cuando vayas a ver a un amigo que tiene muchos problemas, ya que te los contará todos.

Nunca vistas con este color en una noche elegante. En un vestido úsalo sólo cuando éste sea maravilloso. Evítalo cuando aspires a un cargo de autoridad y poder, así como cuando asistas a una presentación o recepción.

- *Verde.* Incluye olivo, pino, pasto, verde musgo y verde militar. Símbolo de la naturaleza.

INFLUENCIA FÍSICA: tranquiliza y relaja los nervios.

EFECTO PSICOLÓGICO POSITIVO: indica perseverancia, tenacidad y firmeza. La persona que se viste de verde refleja consistencia de criterio, rasgos de dominio y

alta autoestima. Según los expertos, la gente que prefiere el verde es analítica, crítica y muy lógica; son
personas muy controladas en su vida interna.

Efecto psicológico negativo: sugiere resistencia al
cambio, aburrimiento, ser predecible y necio. No vistas de ese color cuando recaudes fondos, cuando soli-
cites un préstamo bancario, ni cuando busques socios
financieros. Las investigaciones han comprobado que
ante este color la gente pone pretextos para no cooperar, incluso a los de *Greenpeace*. Evítalos si estás en
campaña política, pues refleja estancamiento de ideas.
Nunca lo uses de noche, y en vestidos sólo cuando sea
de un tono verde esmeralda maravilloso.

- *Blanco.* Incluye los colores nieve, perla y marfil. Representa la página nueva, los rayos del sol.

Influencia física: crea efectos de salud, paz y vida.

Efecto psicológico positivo: simboliza lo puro, limpio y fresco y el futuro. Quien usa el blanco refleja
higiene, cuida la salud, inspira confianza. Por eso los
médicos visten de blanco. Cuando se combina con
un color opuesto, como el negro o el azul marino,
proyecta autoridad y elegancia. Como mujer vístete
toda de blanco si quieres llamar la atención de manera
paulatina y positiva.

Efecto psicológico negativo: es frío y muy clínico.
Evítalo si tus actividades no te permiten traerlo impecable.

- *Amarillo.* Incluye desde los tonos pálidos hasta los
dorados. Símbolo de luz y alegría.

Influencia física: aumenta la presión sanguínea, el
pulso y la respiración, de la misma forma que el rojo,
pero de manera menos estable.

EFECTO PSICOLÓGICO POSITIVO: representa la claridad, lo nuevo, lo moderno. La persona que usa amarillo envía el mensaje de que es muy activa, sin inhibiciones, alegre y optimista. Es la mejor manera de levantar el ánimo, particularmente en un día nublado, o para festejar tu cumpleaños número cuarenta o más. Es ideal para las personas que trabajan con niños, ya que a ellos les encanta este color. Es más sugerente que estimulante y combinado con otros colores provoca que lo localicen rápido en una multitud.

EFECTO PSICOLÓGICO NEGATIVO: la persona que lo use puede parecer impulsiva, volátil o poco constante. No es el más apropiado cuando te interese sostener una conversación seria con alguien, ya que no serás tomado en serio. Evítalo en un lugar muy soleado, ya que con luz intensa molesta la vista. Evítalo también cuando estés a dieta, ya que te volverá proclive a actuar impulsivamente.

- *Negro.* El negro es la negación del color. Simboliza el fin de algo o la muerte.

INFLUENCIA FÍSICA: sugiere depresión.

EFECTO PSICOLÓGICO POSITIVO: es formal, sofisticado, misterioso y fuerte. Es el color adecuado cuando queremos mostrar respeto por la muerte de alguien. Resulta excelente para hacer contraste con cualquier color. En un traje de hombre es apropiado sólo después de las seis de la tarde. Es muy elegante por las noches, y para la mujer resulta especialmente bueno si no quiere correr el riesgo de ir mal vestida. Un vestido negro no falla.

EFECTO PSICOLÓGICO NEGATIVO: sugiere distancia, pesimismo, luto. Origina una barrera de comunicación con las personas, especialmente con los niños y con gente mayor. Quien elige el negro cotidianamente manifiesta una actitud extrema de renunciar a todo, como una protesta inflexible contra una estructura en la cual se siente que nada es como debería ser. Una persona así está en rebelión en contra del destino, o al menos contra su propio destino, y puede actuar en forma precipitada de acuerdo con esa rebelión.

- *Violeta.* Incluye el morado, el ciruela y los tonos de lila. Es símbolo de encantamiento, de un estado mágico en el cual los deseos se cumplen.

INFLUENCIA FÍSICA: invita a soñar, es el preferido entre los preadolescentes de once a trece años, lo que refleja que para ellos el mundo es todavía un lugar mágico.

EFECTO PSICOLÓGICO POSITIVO: sugiere una persona imaginativa, sensitiva, intuitiva, original. Quien prefiere el violeta quiere alcanzar una relación mágica: no sólo desea ser hechizado, sino que también quiere embelesar, conquistar a los demás, fascinarlos. En grandes cantidades sólo es adecuado para la mujer. Es excelente para situaciones que requieren diplomacia, o cuando se quiere sugerir una nueva solución para un viejo problema. De noche produce un efecto elegante y seductor.

EFECTO PSICOLÓGICO NEGATIVO: un hombre debe evitar cualquier prenda formal en tonos morado o lila, pues crea desconfianza. El ciruela es apropiado para corbatas. Una mujer debe evitarlo cuando la situación amerita vestir de manera discreta o cuando tenga que enfrentarse a una entrevista de trabajo, ya que podría dar la impresión de ser muy individualista o poco adaptable. No debes usar tonos morados o lila para la venta de seguros o si te dedicas a las inversiones bancarias, ya que difícilmente proyectarás seguridad. Si estás deprimida, estos colores te deprimirán aún más.

- *Gris.* Incluye todos los tonos de gris. Es la tierra de nadie.

EFECTO PSICOLÓGICO POSITIVO: se trata de un color neutral, respetable, balanceado. En los negocios es el color más seguro. Resulta menos autoritario que el negro o el azul marino. Quien lo prefiere da la impresión de ser una persona profesional, ecuánime (sin embargo, no recordarán qué traías puesto). Si vas a ser moderador en una discusión, el gris es excelente.

EFECTO PSICOLÓGICO NEGATIVO: puede sugerir ausencia de compromiso, anonimato, incertidumbre. Si eres mujer, evítalo en una cita romántica, pues el gris no va a inspirar a tu pareja y eso no te conviene. Si trabajas en el sector creativo, el gris te hará verte fuera de contexto a menos que lo combines con un color original.

Cuando te vistas en las mañanas, permite que tu instinto te guíe para escoger el color más adecuado para ese día y utilízalo para proyectar tu optimismo o para compensar una baja en tu estado de ánimo.

Conocer los diversos efectos psicológicos de los colores será una herramienta más en nuestras relaciones humanas.

¿De qué color te vas a vestir hoy?

Existe algo verdaderamente apasionante que nos sirve a todos para poder conocer mejor a una persona, crear una buena empatía e incluso darnos cuenta de si alguien nos está diciendo la verdad o no.

Todo esto podemos verlo a través de los ojos, porque los ojos hablan, pero ¿cómo? Hablan a través de los movimientos que hacemos. Mientras platicamos o pensamos, estamos moviendo constantemente los ojos.

La neurofisiología ha comprobado que según hacia dónde miramos se activan las diferentes partes del cerebro donde se encuentran nuestros sentidos. Es como si los ojos fueran el cursor de una computadora y al moverlos señaláramos hacia distintas direcciones de nuestro pensamiento.

Mirar hacia arriba

Hagamos un experimento. Piensa cómo describirías a tu maestra favorita de primaria.

Después de un momento fíjate hacia dónde moviste los ojos. Estoy segura de que los moviste hacia arriba y hacia la izquierda. Cuando miramos hacia arriba y a la izquierda, el cerebro está recordando imágenes.

Cuando miramos hacia arriba y a la derecha el cerebro está creando imágenes o soñando.

Si realizaras una entrevista de trabajo y le preguntaras al candidato que tienes delante si tiene experiencia, y éste al responderte mirara hacia arriba y a la derecha, significará que está mintiendo.

Sin embargo, un vendedor puede detectar que está cerca de cerrar la venta, si al hablar de su producto al cliente, él ve hacia arriba y a la derecha, porque está soñando.

Cuando vemos hacia arriba, ya sea a la derecha o a la izquierda, estamos entrando en el ámbito de las imágenes.

Mirar de manera horizontal

Cuando miramos fijamente de frente estamos escuchando. En este nivel se activa el campo auditivo, y si movemos los ojos a la izquierda estamos recordando sonidos que ya conocemos; por ejemplo, la campana del recreo, una melodía, etcétera.

Pero si los movemos a la derecha, se trata de sonidos nuevos que estamos escuchando o creando. Seguramente te ha pasado que cuando estás en una pista de baile y escuchas el inicio de un ritmo o canción que no conoces, inmediatamente volteas los ojos a la derecha.

En ventas, si un cliente mira fijamente al vendedor significa que le interesa, que ya quedó impresionado, le está diciendo "véndame, le escucho". Si sus ojos lo evaden significa que no lo convenció, que no le vendió. Cuando un cliente no habla está interesado... Los ojos callados no hablan pero compran.

Mirar hacia abajo

Si notas que alguien está mirando abajo a la izquiersa, es muy probable que esa persona esté teniendo un diálogo interior, y esté reflexionando o considerando algo. Este diálogo frecuentemente se tiene antes de tomar una decisión crucial.

Cuando miramos hacia abajo y a la derecha estamos abriendo el canal de las emociones, los sentimientos y las sensaciones del cuerpo (sabores, olores, texturas) y emociones (amor, tristeza, preocupación).

En ventas, si el cliente ve hacia abajo y a la derecha, quiere decir que compra tocando, probando, buscando un contacto con cosas tangibles.

Bien dicen que los ojos son las ventanas del alma, y yo agregaría que del cerebro también.

Así, al conocer los patrones de movimiento de ojos podremos traducir mejor la complejidad de nuestra comunicación no verbal, que al fin y al cabo, es la única que no sabe mentir.

UNA SONRISA CAUTIVADORA

Hay algo envidiable en algunas personas, la cima de la expresión humana, que hace a quien la posee una persona de quien los demás fácilmente se enamoran: una sonrisa cautivadora.

Mientras que algunas sonrisas son francas y contagiosas, hay otras coquetas o enigmáticas (como la de la Mona Lisa) o pueden ser irónicas, despectivas y sarcásticas, ya que, como decía Shakespeare, "se puede matar con una sonrisa".

La sonrisa es inaudible, pero existen varios tipos de sonrisa, y cada una revela un claro mensaje:

- *Una sonrisa sin mostrar los dientes* muestra autosuficiencia, un ligero placer, o que la persona se está sonriendo a sí misma, perdida en sus pensamientos.
- *Una sonrisa que muestra los dientes superiores*, acompañada de contacto visual, es de bienvenida, de "me da gusto verte".
- *La sonrisa que sólo deja ver los dientes de abajo* es rara, pero se asocia con una persona que envía señales de soledad, que se siente inferior, o de que se le dificulta hacer contacto social.

- *Cuando sonreímos de una manera amplia,* bonita, mostramos las dos hileras de dientes y generalmente no hay contacto visual, excepto al final cuando la sonrisa acaba.
- *Cuando una sonrisa es fría y falsa* se nota inmediatamente, ya que quien sonríe parece estar como esperando pacientemente a que el fotógrafo dispare la cámara, y por lo general esta sonrisa va acompañada de una mirada inexpresiva.

    Los chicos tienen un dicho: "Cuídate de aquél que no mueve los músculos del estómago cuando se ríe."
- *Una supersonrisa* es aquella que surge del corazón que, cuando la vemos, sentimos por instantes una probada de paraíso; de esas que valen un millón de dólares, por el placer y la alegría que las causan; es cuando arrugamos la nariz, achicamos los ojos y mostramos los dientes y las encías.
- He notado que las personas muy espirituales constantemente tienen *un dejo de sonrisa en la cara* y en los ojos. Este no es un gesto bobalicón: al contrario, es de inteligencia e introspección.

La primera sonrisa la esbozamos a los nueve meses de nacidos, y es un gesto que hacemos naturalmente, porque aun los niños ciegos sonríen cuando se sienten contentos.

Conforme crecemos sonreímos menos. Éste es el resultado quizá de madurar, de envejecer, o de rodearnos de amigos fatalistas que sonríen poco, y fácilmente se nos contagia ese patrón de conducta.

El mexicano, en general, no sonríe frecuentemente, en especial los políticos. Yo creo que piensan que entre más serios están más importantes se ven. Si supieran que la alegría es el gran secreto del líder ya que contagia ganas de vivir. ¿Sabes cuántos músculos movemos para sonreír? 38. ¿Y para hacer un gesto de enojo? 42. Entonces vamos a sonreír aunque sea por economía.

Alguna vez me comentó un señor que tenía un carácter muy serio, que en realidad no le nacía sonreír. Pero como se dice por ahí: "Más vale una sonrisa fingida que un mal encarado natural." ¿No crees? Así que sonríe…

Beneficios

Además de que la sonrisa es el mejor regalo que podemos darle a alguien, es también un regalo para quien sonríe, ya que es como un perfume delicioso que no puede rociar a los demás sin que nos toque a nosotros también.

Yo te reto a que pienses en alguien que no te cae bien; ahora sonríe al mismo tiempo… Te aseguro que tu disgusto se desvanece. La sonrisa quita los sentimientos negativos, como una toalla limpia una mancha.

Una sonrisa es, además, la forma más económica de mejorar nuestra imagen. Es el signo visible de que nuestra alma está abierta de par en par.

Una sonrisa es la fuerza principal que nos impide convertirnos en unos malhumorados, molones y negativos.

Si sonreímos, el único riesgo que corremos es que nos regresen la sonrisa. La pregunta sería: ¿una sonrisa cautivadora es un don? ¿Se construye como una casa?

Supongo que es una mezcla de las dos cosas, pero principalmente de la segunda.

Hay que construirla paciente y laboriosamente. ¿Con qué? Con equilibrio y paz interior, así como con un sincero amor por los demás. Sonríe… Cuando sonreímos le estamos diciendo a la otra persona que estamos haciendo un esfuerzo por hacerla sentir mejor, ya que cuando sonreímos transmitimos confianza, aceptación y estímulo.

No olvidemos que la gente no nos ama por lo que somos, nos ama por cómo la hacemos sentir.

¿TIENES MAGIA CORPORAL?

¡Qué elegante es esa persona! ¡Qué bien luce la ropa! ¿Cuántas veces no hemos pensado esto cuando vemos pasar a alguien?

Esto se llama tener "magia corporal". Algunos la tienen, otros la podemos conseguir, no sin poco esfuerzo, pero sin duda es algo que funciona como imán hacia los demás y provoca admiración.

¿Qué es? Es una forma especial de caminar, de sentirnos en nuestro cuerpo, que proviene de la seguridad de poseer una figura atractiva, en forma y tonificada. Es tener una actitud positiva hacia uno mismo y hacia la vida que se transmite por cada poro de la piel.

La mayoría de la gente nace con cuerpos perfectamente formados y está en nosotros lo que hagamos de él. Podemos convertirlo en "auto deportivo último modelo" o en un "auto viejo descompuesto". Y eso lo vamos formando día a día con lo que comemos, con el ejercicio que realizamos, pero sobre todo con nuestra actitud.

Debemos sentirnos "atractivos", vernos a nosotros mismos como alguien "especial" de quien vale la pena ocuparse. Esa actitud es la que se verá reflejada en la forma en que llevamos o portamos nuestro cuerpo.

¡Cuánto cuesta lograr lo anterior! Significa esfuerzo, trabajo, constancia y sacrificio. Todos lo sabemos, pero cuando logramos tener una probada de la recompensa vemos que vale la pena, ya que la primera que se ve beneficiada es nuestra autoestima.

¡Si nos sentimos bien, nos vemos bien! Esto se manifiesta en nuestro humor, nuestro trato con la gente, la familia, etcétera.

Nos gusta relacionarnos con gente de apariencia física atractiva, ¡es verdad! No importa qué tantas cualidades tengamos: en este mundo tan cambiante somos juzgados a primera vista por nuestra apariencia, nuestro cuerpo y nuestra forma de conducirnos.

Nuestra tendencia natural es hacia la comodidad y el placer, pero si nos dejamos dominar por esto, tarde o temprano se nos presenta la factura. El satisfactor inmediato de darnos gustos sale muy caro y se cobra con nuestra salud, nuestro ánimo y nuestra apariencia.

Para animarnos habría que recordar la frase que alguna vez leí en un libro y que me parece muy buena: "Por cada kilo de peso que perdemos, aumenta un kilo nuestra autoestima" y viceversa. Sólo habría que amarrar al instinto en los momentos de tentación y recordar que el caballo trae jinete, ¿o no?

Además, las oportunidades aumentan. ¿Qué oportunidades? Las que usted quiera: hacer amigos, ser promovidos, mejorar nuestras relaciones, lucir la ropa, etcétera.

Se ha comprobado en los estudios de relación cuerpo-mente que los cuerpos que están rectos, balanceados y flexibles son el resultado de una realización, un amor por uno mismo y una urgencia por llegar a las alturas de los logros humanos. Así también, las personas con una gran energía y estima retan al mundo y no se dan por vencidas ante las adversidades.

Estar en forma afecta todos los aspectos de nuestra vida, así que decidámonos y hagamos algo por ello.

Este cuerpo que tenemos es y será nuestro compañero fiel toda la vida. Cuidémoslo y así lograremos no sólo vernos, sino sentirnos mejor.

¿QUÉ ES EL PORTE?

"¡Esta persona es importante!" Cuántas veces pensamos o decimos esto al ver caminando a una persona por la calle, o al ver un grupo de ejecutivos salir de un elevador! Inmediatamente se reconoce quién es el importante por el porte que tiene al caminar.

El otro día me pasó exactamente eso. Tenía una cita en las oficinas de Aeroméxico con uno de los directores y nos habíamos conocido solamente por teléfono. Llegué cinco minutos antes de la cita, y al ver salir a un grupo como de cinco señores del elevador, supe quién era la persona con quien tenía la cita, porque su actitud y su porte eran de director.

Yo estoy convencida de que lo primero que se necesita para triunfar es caminar derecho.

¿Cuándo hemos visto un triunfador jorobado, desgarbado o arrastrando los pies con flojera?

El porte es la expresión personal de cómo nos vemos a nosotros mismos, lo que transmitimos por cada poro de nuestra piel y proyectamos en nuestra forma de caminar.

¿Has visto algún día un desfile de modas profesional? ¡Qué manera tan atractiva de exhibir las prendas! Y hay veces en que las prendas están horribles, pero la forma en que las portan las modelos y su modo de caminar hacen que las veamos espectaculares. Hay algunas personas que cuando las vemos parecen actores y otras que aparentan ser parte del escenario; no se notan porque ellas no se sienten importantes.

La palabra "importante" viene de in, dentro, portar, llevar, lo que llevas dentro de ti; así que para vernos importantes tenemos que llevarnos, conducirnos, portarnos de manera importante.

- Lo primero y lo más importante que tenemos que hacer es sentirnos mentalmente muy atractivos.
- Contraer el estómago constantemente. Imagínate que te están viendo en traje de baño (no falles, la reacción es inmediata).
- También hay que alargar el talle, pues eso nos da por lo menos dos centímetros más de altura y nos vemos tres kilos más delgados.
- Imaginemos que somos una marioneta y alguien nos está jalando del centro de la cabeza.

Ya no se usa estar derechos como cuando éramos chicos, que nos decía nuestra mamá: "Párate derecho", y significaba echar los hombros hacia atrás sacando el pecho. Ahora el control lo llevamos en la mente, el abdomen y en el talle.

- Nunca, nunca caminemos con la cabeza hacia abajo, pues nos da un aire de tristeza o de inseguridad. Al caminar no es necesario ver el suelo, a menos que estemos en un terreno lleno de piedras, porque el ojo tiene una mirada periférica, y al ir viendo de frente estamos también viendo el suelo.

- Por último, al dar un paso, démoslo con toda la pierna desde la cadera, ya que la mayoría de la gente tiende a dar el paso sólo moviendo la rodilla hacia abajo, y esto no es elegante.

- Portemos nuestro cuerpo de tal manera que las personas al vernos digan: "Esa persona es importante".

CÓMO HACER UNA ENTRADA TRIUNFAL

En esta era donde la información se produce cada vez más rápidamente, nuestra efectividad para comunicarnos determinará nuestros logros en el mundo de los negocios.

El doctor Albert Mehrabian, catedrático de la universidad de Los Angeles, considerado como especialista en comunicación no verbal, ofrece un estudio donde muestra, como anteriormente vimos, que en la primera impresión la imagen nos afecta en 55 por ciento, 38 por ciento el tono e inflexión de la voz y sólo siete por ciento las palabras. Como diría Ralph Waldo Emerson: "Tus acciones hablan tan fuerte que no escucho tus palabras."

Cada vez que somos observados disparamos inmediatamente una cadena de reacciones emocionales en los demás. Estas varían desde la confianza hasta el miedo. Al mirarnos suponen nuestra inteligencia, educación, qué tan competentes, confiables o prósperos somos.

Estos detalles los proyectamos con el gesto de la cara, la postura, la seguridad con que entramos a un lugar, el contacto visual que hacemos. Estas reacciones son automáticas e inconscientes.

Dentro de lo compleja que es la comunicación no verbal, es importante saber cómo entrar a un lugar mostrándonos siempre seguros.

Todos sabemos lo intimidante que puede ser entrar a un lugar lleno de personas, y no se diga pararse frente a un auditorio.

Siempre tenemos que transmitir que estamos en control de la situación y no que la situación es la que nos controla. ¿Quién quiere contratar, promover o conocer a alguien inseguro? ¡Nadie! Y la verdad es que todos en alguna área de la vida nos sentimos inseguros.

Cuando estamos nerviosos tendemos a protegernos de manera inconsciente, poniendo algún objeto frente al cuerpo, ya sea un portafolio, carpeta, una bolsa, papeles o lo que sea. Y si no tenemos nada, simplemente ponemos los brazos, ya sea cruzados o con las manos entrelazadas.

Así que, para vernos en control de la situación, es muy importante:

- Entrar con el cuerpo abierto. Si llevamos llaves, celular, bolsa o portafolio, organicemos nuestras cosas de manera que la mano derecha nos quede libre para saludar.

- Mentalmente tienes que convencerte de que eres una persona importante y que tienes una razón importante para estar ahí.
- Hay que entrar despacio, pausadamente y viendo a las personas. Fíjate cómo hay veces en que entramos a un lugar buscando a alguien que a lo mejor está ahí frente a nosotros y simplemente no lo vemos porque estamos conscientes de que estamos siendo observados.
- Nunca hay que meter las manos en las bolsas del pantalón o del vestido, ya que el mensaje que enviamos es de indiferencia o de absoluta timidez.
- No hay que arreglarnos nada en el momento de entrar, como el pelo, la corbata o el saco o quitarnos virutas inexistentes, ya que nos veremos muy autoconscientes, además de proyectar inseguridad (observemos a James Bond).
- Por último, es importante llegar temprano ya que así, desde cualquier punto de vista, tienes las de ganar.
- Hay que relajarse, respirar hondo, enderezarse y, lo más importante, sonreír. Tengamos siempre en mente que, cuando visualmente pedimos respeto, lo obtenemos.

EL SALUDO DICE MUCHO DE TI

¡Decimos tantas cosas! Aparentemente, el saludo es algo que no tiene mayor relevancia. Sin embargo, es el primer contacto físico que establecemos con una persona.

Este momento es muy importante, ya que tenemos la oportunidad de decir en dos segundos mucho acerca de nosotros mismos y, al mismo tiempo, de aprender mucho de la otra persona.

Desde tiempos remotos el saludo ha sido una señal de paz. Ofrecer abiertamente la mano indicaba que no se llevaba un arma. Ahora esto es considerado universalmente como un gesto de aceptación, de educación, de bienvenida. Sin embargo, hay que saber saludar bien.

- *Es imprescindible tener contacto visual con la persona que estamos saludando,* darle unos segundos de atención y con los ojos comunicarle: "Te vi, te noté, eres importante." Pero esto debe ser breve y no pasarse del tiempo exacto, ya que es muy fácil  intimidar o agredir con la mirada. Si alguien te saluda sin verte a los ojos, de entrada te causará pésima impresión.

- *Sé el primero en ofrecer la mano,* eso da el control de la situación, pues así tomas la iniciativa, siendo abierto y directo. Sin embargo, tampoco hay que retener la mano más de lo necesario.

- *El apretón debe ser firme.* Si alguien, sin importar su aspecto, nos saluda con la mano floja, en ese momento su imagen se desintegra ante nosotros. Una mano floja refleja falta de carácter, falta de entusiasmo y falta de seguridad. ¿Quién va a querer hacer un negocio o relacionarse más íntimamente con alguien que saluda con mano de pescado? Cuando estamos nerviosos por lo general nos suda la mano, y algo que tendemos a hacer es dar la mano como en concha, porque nos da pena que esto se note. En los casos en que sabemos que nos sucede con frecuencia, un poco de bicarbonato frotado evita la transpiración. Si se te olvida hacerlo, límpiate discretamente la mano antes de saludar con un pañuelo, y si no te da tiempo, pues más vale darla sudada pero con franqueza.

- *Hay que abrazar la mano de la otra persona para que haya un franco paso de energía.* El saludo es como unir dos cables para que pase corriente. Si las manos no tienen un buen contacto, no hay paso franco de energía y por lo tanto de información.

- *¡Por favor: distingue entre una mano firme y una mano trituradora!* Hay veces en que los hombres son demasiado enérgicos en el saludo y casi llegan a lastimar la mano del otro, sobre todo cuando es mujer.

En los negocios, un saludo demasiado fuerte puede transmitir reto, resentimiento o extrema competitividad, impresiones que no conviene dar.

El saludo de sándwich, es decir, cubriendo la mano del que saludamos con ambas manos, es un gesto de mucho afecto y por lo general se hace entre dos amigos o con una persona mayor que respetamos. Cuando no es el caso, la gente se siente incómoda pues por lo general este gesto se siente falso y, por supuesto, en los negocios no se ve bien.

Los jóvenes han adoptado la moda de saludar de palmazo y luego resbalar la mano cambiando varias veces la posición (como si fuera un código de identificación). Esto sólo es adecuado entre amigos.

También hay gente que quiere marcar superioridad y tiene la mala costumbre al dar la mano de voltearla hacia abajo, como gesto de dominio. Esto no debe hacerse nunca. Sin embargo, cuando alguien nos la ofrece con la palma hacia arriba, está mostrando el deseo de aceptar un papel subordinado.

Los nunca

• Nunca dejemos a alguien con la mano extendida. ¡Se siente horrible!

• Nunca debemos bombear la mano como si estuviera sacando agua. Es ridículo.

• Nunca veamos al de junto o al de atrás mientras aún estrechamos la mano de otro. No se sentirá importante.

• Nunca saludemos de mano a alguien mientras está comiendo o cuando está tomando la copa. Es mejor esperar a que termine.

• No saludemos ostentosa y alborotadamente a alguien de lejos cuando lo encontramos en un restaurante. Es mejor acercarse a su mesa, a la hora del café.

• No olvidemos que la última impresión es muy importante, y ésta la dejamos cuando nos despedimos de mano. Deja una buena imagen y despídete correctamente.

La retroalimentación desempeña un papel fundamental en la comunicación. Cada gesto, cada movimiento que haga una persona, por pequeño que sea, es muy importante. Nos indica de momento a momento y de movimiento en movimiento exactamente cómo las personas o grupos están reaccionando.

La retroalimentación puede avisarnos que tenemos que cambiar, retirarnos, suavizar o hacer algo diferente para obtener el resultado que queremos. Al no ser sensibles a esa retroalimentación, hay una fuerte posibilidad de que la comunicación falte o que simplemente no se dé.

Veamos dentro de ese enorme campo de la comunicación no verbal lo que quieren decir las distintas formas de sentarnos.

Las sillas donde nos sentamos, como vimos en la proxemia, tienen una enorme influencia en el desarrollo de la conversación y el aumento de estatus. El poder depende de los siguientes factores: el tamaño del asiento, sus accesorios, la altura de la silla y la ubicación: por lo general, un alto ejecutivo tiene un sillón de cuero con respaldo alto y la silla de visita tiene el respaldo más bajo.

Los sillones giratorios representan más poderío que los fijos, puesto que permiten libertad de movimiento, sobre todo cuando se está bajo presión, lo cual las sillas fijas no permiten.

También influyen en nuestra forma de sentarnos el hecho de que la silla tenga brazos o no, ya que si los tiene podemos recargar el codo o el brazo, lo que da un aspecto de mayor tranquilidad al hablar.

Una forma de sentarse que muestra superioridad y dominio del territorio es cuando la persona recarga la cabeza en el respaldo y cruza los brazos detrás de la cabeza. Sin embargo, no es muy cortés para quien lo ve.

Se ha observado que cuando una persona se recorre al borde de la silla, está lista para una acción ya sea positiva o negativa: o está mostrando mucho interés, quiere comprometerse, aceptar y cooperar, o está nerviosa, tensa y ansiosa por irse.

Si hacemos una larga antesala al ir a ver a alguien al principio nos sentamos bien, pero después de media hora, cuando esta persona abre la puerta, si nos encuentra mal sentados en el sillón, de entrada ya perdimos.

Tampoco hay que mostrar nerviosismo y sentarnos todos tiesos y simétricos, como si estuviéramos a punto de entrar al dentista, con los brazos pegados al cuerpo, las manos sobre los muslos y las piernas juntas.

Las formas en que proyectemos personalidad y seguridad al sentarnos son las siguientes:

• Tócate el hombro, ahora la clavícula, traza un triángulo y siente un punto frágil. En este punto yo me imagino un círculo por donde canalizamos energía exterior. Si este círculo está cerrado porque nos encorvamos o echamos los hombros hacia adelante, entonces la energía no sale y nos vemos totalmente sin personalidad. Sin embargo, si abrimos bien esos canales de energía, ya sea cuando estamos sentados o parados, nos vemos más seguros de nosotros mismos. Eso es lo primero que hay que atender.

- Después siéntate asimétricamente, ya sea con una pierna cruzada o recargando un brazo en el sillón. Separar los brazos del cuerpo nos hace vernos seguros. Es como el boxeador, que cuando se protege pega los brazos al cuerpo. En cambio, cuando estamos con nuestros amigos, los separamos.

- En el momento de una negociación, tratemos de no cruzar los brazos o las piernas. No hay un solo caso del que se tenga récord en el que se haya logrado una negociación si una de las partes tiene la pierna cruzada, o el saco abrochado, durante el convenio. Ahora que si esta persona tiene los brazos y las piernas cruzadas, tienes a un verdadero adversario.

- Las probabilidades de llegar a un acuerdo aumentan si los exponentes descruzan las piernas y se acercan, o simplemente si se desabrochan o se quitan el saco.

- Cuando una mujer cruza la pierna y mueve el pie como si estuviera pateando algo, de seguro está aburrida.

- El sentarse con los pies arriba del escritorio, además de ser una enorme falta de educación, revela a alguien

arrogante y pedante. Es una muestra evidente de superioridad y defensa de territorio.

- Cuando una persona quiere decir algo pero reserva su opinión, por lo general toma con fuerza los brazos del sillón y cruza los tobillos.
- Cuando una persona muestra franqueza y honestidad, se va a sentar con los brazos y piernas separados, las palmas hacia arriba, un pie adelantado, la cabeza en alto, el saco desabrochado e inclinada hacia delante con una sonrisa.

En la medida en que comprendamos los significados de la comunicación no verbal, en esa misma medida nos comunicaremos mejor. Vale la pena aprender a observar.

EL LENGUAJE SECRETO DE LAS MANOS

¿Qué es lo que se puede leer en las manos? Hay quienes leen la suerte o el futuro de las personas en la palma de la mano; sin embargo en las manos se puede leer mucho más que esto si aprendemos su lenguaje secreto.

Todos mandamos mensajes mediante nuestro lenguaje corporal, pero especialmente con las manos; en esta ocasión vamos a analizar sólo cuando las manos van del cuello para arriba.

Mejilla

- Poner la mano en la mejilla, como el niño que ve desde la escalera a los adultos que están abajo, nos habla de que la persona está pensando, meditando, o aburrida.

- Cuando colocamos el dedo índice en la sien es señal de que estamos analizando algo.
- Si está la mano a la altura del mentón y continúa con el dedo índice hacia arriba, acompañado de inclinarse para atrás, se convierte en una postura de evaluación crítica y negativa.
- Cuando exponemos algo y entre los asistentes hay varios que asumen la posición que acabamos de describir, significa que va a ser un grupo difícil de persuadir.
- Cuando colocamos toda la palma abierta sobre la cara, bajamos los párpados a la mitad y no parpadeamos, nos estamos mostrando total y absolutamente aburridos, y que nos parece indiferente lo que estamos presenciando.

Mentón

- Cuando nos frotamos el mentón es una pose que indica "déjame considerarlo", y lo hacemos cuando estamos diciendo algo. Esta postura la podemos observar frecuentemente en un jugador de ajedrez mientras decide la jugada. Una vez que se decidió, deja de frotarse el mentón. Algunos hombres de negocios lo hacen muy ligeramente tratando de disimularlo, y acompañan este gesto con un movimiento de cerrar ligeramente los ojos como si observaran la respuesta a distancia.

Nariz

- Cuando las manos se llevan a la nariz y se acompañan de un cerrar de ojos, comunica que está en contacto consigo mismo, pensando seriamente un asunto o preocupado acerca de la decisión que está tomando.
- Cuando bajamos la cabeza y nos pellizcamos el puente de la nariz, es que estamos seriamente preocupados. Cuando se ve que alguien hace ese gesto, hay que callarse y esperar a que exprese sus sentimientos.
- Cuando sólo se toca o se talla ligeramente la nariz, es un signo de duda o de rechazo. Pregunta a un adolescente algo que sea difícil de contestar y observa qué tan rápido hace este movimiento de tocar o tallar la nariz. A veces se talla la nariz porque tiene comezón, entonces no hay que tomar esto tan literalmente; aunque en realidad sí hay una diferencia, porque cuando se hace por comezón se hace muy rápidamente, y cuando es duda, se acompaña de un gesto de enconchamiento.
- Otra variación de la duda es cuando ponemos el dedo atrás de la oreja o cerca de la boca porque estamos sopesando una respuesta; si nos tallamos un ojo estamos diciendo de alguna manera que no vemos claramente las cosas.

Boca

- Cuando una persona se lleva la mano a la boca al hablar denota que quizá está mintiendo o está insegura de lo que dice. Ahora que también hay que considerar las circunstancias, ya que a lo mejor viene del dentista con la boca dormida, o alguien le dijo que tenía mal aliento. Sin embargo, si ésa es su manera frecuente de hablar, seguro se trata de un gesto de asombro, que también puede darse cuando acabamos de decir algo de lo que nos arrepentimos, casi como si quisiéramos comernos las palabras. O nos tapamos la boca cuando decimos algo que no queremos que los demás noten.

Asimismo, llevarse objetos a la boca, como una pluma o la patita de los anteojos, nos dice que la gente busca más alimentación, posiblemente en forma de información, o busca tiempo para pensar. Usualmente se hace para ganar tiempo. Como no podemos hablar con objetos en la boca, nos da tiempo para pensar las cosas antes de hablar.

Cuello

- Cuando experimentamos un conflicto interior, frustración o enojo, solemos tallarnos la parte posterior del cuello. Y de hecho es un gesto reprimido, ya que la tendencia es a levantar la mano para golpear un objeto, una pared o a alguien.

Frente

- Cuando llevamos la mano a la frente es porque de pronto nos percatamos de que cometimos alguna torpeza o que se nos olvidó algo.

Con las manos mandamos signos positivos, de honestidad, de inseguridad o de prepotencia.

Cuando llevamos la mano sobre el puente de la nariz es sinónimo de reflexión.

El secreto del lenguaje de los brazos y las manos es que envían mensajes de una forma inconsciente, y bien leídos los podemos descifrar en una forma consciente.

Si eres un buen observador, te darás cuenta cómo:

- Un cliente con las manos bien metidas en las bolsas está reticente a comprar nuestro producto o nuestras ideas.
- Una persona que es tacaña o mezquina se frota las manos como si las estuviera lavando.
- Cuando una persona tiene riqueza de lenguaje no siente la necesidad de utilizar tanto las manos.
- Cuando una persona se pone las manos en las solapas denota poca humildad, prepotencia y arrogancia.
- Lo mismo sucede cuando se pone las manos cruzadas detrás de la cabeza y se inclina hacia atrás. Ni siquiera el dueño o presidente de la empresa debe adoptar esta postura. Muestra una total superioridad, está diciendo: "Te puedo ganar sin meter las manos". Ahora, si

quieres que una persona así baje los brazos, nada más quédatele viendo abajo del brazo fijamente y vas a ver cómo de inmediato cambia de postura.

Es interesante observar cuando una persona se cruza de brazos, y al mismo tiempo puede estar diciendo que sí le parece tal cosa, pero con esa postura en realidad nos indica que está cerrado a las ideas, que está incómodo o a la defensiva.

- Fíjate cuando están dos personas en una negociación y una de ellas cambia favorablemente su opinión; de inmediato deja de cruzar los brazos e instintivamente se desabrocha el saco.

- Otro gesto que a la mayoría de las personas nos molesta mucho es el dedo apuntador, ya que es amenazante y agresivo. Es común observarlo en discusiones acaloradas y se usa casi como espada (procuremos evitarlo). Cualquiera que tenga un perro ha comprobado qué eficiente es este dedo para comunicar órdenes o disciplina. El animal, aunque no entiende palabras, entiende el dedito.

- Una persona que tiene las manos atrás y el mentón levantado refleja una posición de sargento revisando a la tropa, estilo Mussolini.

- Ahora, si tiene la cabeza baja y las manos atrás con el puño cerrado, podemos darnos cuenta de que la persona está bajo mucha presión, tensa o angustiada.
- Si las manos están atrás, a la altura de la cintura, en la mujer es señal de timidez.

¿Te acuerdas del niño arrastrando su cobija en las caricaturas de Carlitos y Snoopy? Buscar seguridad en una cobija o trapito no sólo es un gesto de niño chiquito: los adultos también lo hacemos y lo manifestamos de varias formas:

- Metemos las manos en las bolsas.
- Nos quitamos nerviosamente la cutícula o los pellejitos de los dedos.
- Nos pellizcamos la parte blandita de las manos (es más frecuente en las mujeres, pero los hombres también lo hacen).

¿CUÁNTO ME DIJO?

- Cuando una mujer escucha algo que le incomoda, graciosamente y muy despacio coloca la mano en la garganta, como si estuviera verificando un collar imaginario. Cuando una mujer hace ese movimiento, podemos darnos cuenta de que no es totalmente segura de lo que está sucediendo o de lo que está escuchando.

Podemos aprender mucho de los libros, pero el aprendizaje más importante, la sabiduría del mundo, la adquirimos si aprendemos a leer a los seres humanos, especialmente lo que nos comunican con sus manos.

Los ademanes positivos

- *Las manos en pirámide.* Pegar los dedos en forma de pirámide con el pulgar apuntando al centro de la cabeza, es un gesto de orgullo que utilizan mucho los psicólogos, los políticos y los sacerdotes; nos comunica que es una persona centrada y que está muy segura de lo que está diciendo.

  Si estas jugando póquer y alguien asume esta posición, más vale que tengas una excelente mano; si no, salte del juego o ya sabes cómo "blofear".

- *Las manos al pecho.* Fíjate cómo siempre que un hombre habla desde el fondo del corazón y quiere mostrar lealtad, honestidad o devoción se lleva una mano al pecho. Una mujer rara vez usa este gesto. Ella se lleva una mano al pecho con gesto protector, cuando algo la sorprende o impresiona.

Como termómetro de lo que gente piensa, los ademanes son más confiables que las palabras. Un consejo: siempre ten las uñas cuidadas y lávate frecuentemente las manos.

Me gustaría terminar con una frase del Talmud: "¿Por qué será que nacemos al mundo con las manos cerradas y lo dejamos con las manos abiertas? Ojalá que sea por haber sido muy generosos con los demás."

> *Al cuerpo se le da la forma, se le disci-*
> *plina, se le honra, y con el tiempo se*
> *confía en él.*

MARTHA GRAHAM

Como hemos visto, el cuerpo no miente, es un libro abierto para quien tiene la sensibilidad de descifrarlo. Si lo sabemos leer con inteligencia emocional, podemos conocer mucho acerca de una persona: lo que siente, lo que piensa, qué tan a gusto se encuentra, que tan tímida o abierta es, entre otras cosas. Esta es información muy valiosa para relacionarnos mejor, para vender más, para influir o sabernos retirar en el momento adecuado.

Gerhar Gschwandtner, en su libro *El poder no verbal de la venta*, nos indica las principales pautas de comportamiento y sus significados, de los cuales hablo a continuación:

1. Poder, dominio

Las personas que por alguna razón necesitan mostrar su poder recurren a ciertos movimientos muy específicos. Cuando estemos ante una persona así, estos movimientos no deben intimidarnos (imagínatela en ropa interior).

- Manos en la cadera.
- Manos atrás de la nuca.
- Piernas sobre la silla.

- Dedos gordos en el cinturón.
- Pies sobre el escritorio.
- Saludo con la palma hacia abajo.

2. Nerviosismo

Cuando estemos con una persona que haga los siguientes gestos, tratemos de tranquilizarla con nuestra actitud.

- Movimientos inquietos como tamborileo con los dedos.
- Manos sudorosas que se frotan constantemente.
- Parpadeo frecuente.
- Movimientos repetitivos de un lado a otro.
- Recuperación agitada.

3. Enojo, desacuerdo o escepticismo

Estos movimientos los hará una persona de inmediato como reacción a algo que dijimos. Son señales de que hay que cambiar de estrategia inmediatamente.

- Piernas o brazos cruzados.
- Dedo entre el cuello de la camisa y la piel.
- Ceño fruncido.
- Cuerpo volteado o pie apuntando a la salida.
- Dedo índice apuntador.
- Sonrojo y mandíbula apretada.

4. Desinterés, aburrimiento

Si al platicar con alguien notamos cualquiera de los siguientes signos, hay que hacer urgentemente algo para retomar la atención y el interés de nuestro oyente.

- Mira hacia la puerta o al reloj.
- Simula tocar el piano.
- Mira al vacío.
- Baraja los papeles.
- Mece el pie.
- Hace como que baila tap.
- Hace garabatos.
- Se despide con una mano floja como de pescado.

5. Deshonestidad, sospecha

Cuando una persona está mintiendo, lo delata su comunicación no verbal. Estemos atentos.

- Se toca la nariz.
- Se jala la oreja mientras habla.
- Se tapa la boca.
- Muestra incongruencia en sus gestos.
- Entrecierra los ojos.
- Ofrece una sonrisita de complicidad.

6. Incertidumbre, necesita tiempo

Muchas veces hablamos sin parar y no nos percatamos de que la otra persona necesita tiempo para asimilar la información. Sabemos que éste es el caso si:

- Hace algún ritual con el cigarro.
- Se rasca la cabeza.
- Se muerde el labio.
- Tiene mirada de desconcierto.
- Se mece de atrás para delante.
- Limpia sus anteojos.

7. Evaluación

Sabemos que la persona está tomando una decisión y que necesita ganar un poco de tiempo si:

- Se lleva la mano a la nuca.
- Muerde la armadura de los anteojos.
- Se lleva el índice a los labios.
- Se toma la barbilla con el dedo índice levantado.
- Se frota el mentón.
- Dirige la oreja hacia quien habla.

8. Confianza, honestidad, cooperación

Estos son algunos de los gestos y movimientos que siempre son bien recibidos, pues denotan interés y apertura.

- Inclinación hacia adelante.
- Espalda derecha al sentarse.
- Piernas sin cruzar.
- Sonrisa.
- Contacto visual.
- Saco desabrochado.
- Saludo con mano vertical.
- Manos abiertas.

Hemos usado la comunicación no verbal inconscientemente toda la vida. Para ser buenos comunicadores aprendamos a usarla y a leerla conscientemente. Recordemos lo que dice el doctor Albert Mehrabian: "Las palabras sin los aspectos paralingüísticos representan sólo siete por ciento de la comunicación." Escuchemos el paralenguaje, es decir los silencios, las pausas, el tono de la voz, los gestos y pongámoslos en contexto. Te sorprenderás de cómo podemos comprender mejor a las personas y cómo mejora nuestra persuasión con los demás.

EL ARTE DE ESCUCHAR

Podría parecer que el lenguaje de la imagen sólo se refiere a lo visual, pero cuando estamos conversando con una persona conocemos mucho más de ella, no por lo que dice o cómo lo dice, sino por cómo escucha.

Si observamos a las personas cuando estamos en una fiesta, podemos ver que una está contando anécdotas, otra más se está quejando de algo y otra quizá está presumiendo alguna cosa.

Todo mundo está ansioso por hablar, contar su historia. Sin embargo, si nos damos cuenta en realidad nadie escucha. Mientras todo mundo habla, los que escuchan están distraídos, viendo quién entró, cómo entró y con quién. Quizá están ensayando mentalmente lo que van a comentar, porque secretamente han acordado algo: "Si yo te oigo, tú me oyes."

La gente que no escucha es muy aburrida. Parecen no estar interesados en nada más que en ellos mismos. Hablan siempre en primera persona: yo, mi, me, conmigo. Desaniman a amigos potenciales mandando el mensaje: "Lo que tienes que decir no me interesa, el importante soy yo." Como resultado, frecuentemente se sienten solos y aislados.

Lo peor es que la mayoría de la gente que nos escucha no se da cuenta de qué es lo que pasa.

Cambian su forma de vestir, se esmeran en captar la atención siendo chistosos y hablan de temas actuales e interesantes, pero el problema sigue. De alguna manera rechazamos platicar con esa persona porque nunca escucha.

Hay tres niveles para "escuchar"

Nivel 3. Escucho en intervalos, pongo cara de que oigo pero no oigo, estoy pendiente de lo que sucede alrededor y sigo la discusión sólo para tener oportunidad de decir lo que pienso.

Nivel 2. Escucho sus palabras, mas no el significado, hago muy poco esfuerzo en comprender su intención. Me concentro más en el contenido que en el sentimiento y no me involucro emocionalmente. Como no le pongo toda la atención a quien me habla, es fácil que malentienda lo que oigo, y que dé consejos que no vienen al caso porque ni siquiera entendí y en realidad no ayudé en nada a quien me habló.

Nivel 1. Le escucho con todo mi cuerpo. Trato de ponerme en los zapatos del otro, sentir lo que siente, ver lo que ve; y se lo hago saber. No me distraigo con el exterior, no pienso en mí, me concentro en lo que me está diciendo con sus palabras y lo que me dice con su cuerpo, con su cara, con sus silencios. Sobre todo, no necesita justificarse porque le escucho con el corazón. Le hago sentir que lo que le pasa de verdad me importa, hago preguntas prudentes y en el momento oportuno. Esto hace que se sienta aceptado, comprendido, y que tengamos una relación más estrecha y profunda.

Sentirnos escuchados es algo que todos necesitamos desesperadamente. Además, escuchar nos hace crecer como personas. Es lo mejor que podemos darle a la gente.

Escuchar no es nada más sentarse quieto con la boca cerrada. Eso hasta un muerto lo puede hacer.

¿Qué es escuchar?

Para contestar hay que hacernos dos preguntas: ¿cómo se siente cuando escuchamos verdaderamente a alguien? ¿Qué sentimos cuando alguien verdaderamente nos escucha?

El otro día me encontré un fragmento anónimo que me encantó:

Cuando te pido que me escuches y me empiezas a aconsejar, no estás haciendo lo que te pedí.

Cuando te pido que me escuches, y me dices que no me debería sentir así, estás hiriendo mis sentimientos.

Cuando te pido que me escuches, y sientes que debes hacer algo para solucionar mi problema, me decepcionas… aunque esto te suene extraño.

¡Escúchame!… Es todo lo que te pido, no hables, no hagas nada, sólo escúchame.

Quizá es por eso que hablar con Dios nos consuela tanto. Porque Dios no habla, no da consejos…

Dios sólo escucha y permite que encuentre la solución por mí mismo.

La naturaleza es muy sabia; por eso nos dio dos oídos y una boca, para que escuchemos el doble de lo que hablamos.

EL ARTE DE CONVERSAR

¡Qué agradable es pasar el rato con un buen conversador! El tiempo parece detenerse y nos olvidamos por momentos de las preocupaciones cotidianas. Hay personas que cuando platican parecen tener algo que nos atrae, que nos hipnotiza... ¿Qué es?

¿Qué es lo que hace ser a alguien un gran conversador y por lo tanto muy popular? ¿Qué cualidades tiene?

El ser un buen conversador en lo social es un don, una gracia, y en los negocios es una muy buena herramienta.

Y como todo elemento de la personalidad, el ser un buen conversador es un arte, una habilidad que todos podemos aprender.

1. Un buen conversador, antes que nada, se interesa genuinamente por la persona con la que está platicando; se puede adaptar fácilmente al tema o a la forma de exponerlo, de acuerdo con quien esté hablando.

Por ejemplo puedes hablar con un pintor y preguntarle por los materiales de pintura, cómo maneja la luz, cuántos años tiene pintando, etcétera; y con una esposa joven que te tocó al lado en el avión, de las actividades e intereses de los niños.

Sabes escuchar con atención, ya que estás convencido de que se puede aprender algo de cualquier persona.

2. El buen conversador nunca empieza su tema con la palabra yo: yo hice esto, hice lo otro, etcétera. En cambio orienta su conversación hacia el interés de los demás, y no sólo habla de los temas que él domina o prefiere, como los autos, los caballos, el trabajo o los niños. Un buen conversador les cede a otros el micrófono.

Los temas de conversación son como cajones, hay que tener la sensibilidad de cerrar alguno de ellos cuando vemos que el tema está agotado o incomodando. Entonces hay que abrir otro cajón y sacar un tema fresco. Si escogemos temas que son importantes para la otra persona, mucho mejor.

Ahora, cuando sentimos que no tenemos nada de qué hablar y que se hace un silencio incómodo, siempre tengamos cajones de reserva para abrir, como:

- Un nuevo restaurante al que acabas de asistir.
- Una película muy divertida que acabas de ver.
- Un buen libro que todos disfrutarán leer.
- El último descubrimiento en ingeniería genética.

¿Ahora de qué platico?

- No hablemos jamás de enfermedades ni de asuntos personales, ni de intimidades ajenas. En general, a nadie le interesa que le platiquen de los resultados del examen anual de salud de la persona, de su colesterol o del estado de sus alergias.

Cuando alguien nos pregunta sobre nuestra salud, esta persona agradecerá infinitamente que le contesten: "Muy bien, gracias"; o si se trata de la salud de algún pariente, dar muy rápida y escuetamente el reporte, sin enumerar una lista interminable de achaques.

- Nunca hay que hablar de dietas, y menos cuando está el mesero a punto de llegar con el plato calórico que pedimos.

Estemos pendientes de cuando aburrimos a nuestro auditorio y cambiemos de tema.

- Nunca debemos hablar de cuánto cuestan las cosas, o de cuánto dinero tiene o no tiene fulano, ya que esto hace sentir muy incómodos a los demás.

- Y algo muy importante: no hablemos mal de nadie, sobre todo cuando esto puede dañar seriamente la carrera o la integridad de alguien.

- Sepamos cómo y cuándo hablar de negocios o de asuntos personales (esto requiere tener buen sentido de la oportunidad).

- Evitamos hablar de temas que no conocemos a fondo (se nota de inmediato). Para estar bien informados, la mejor receta es cultivarnos, leer periódicos, revistas, ir al cine y a museos, para ser capaces de hablar de varios temas. Y así nos convertiremos en grandes conversadores.

Recomendaciones

- Cuando estamos ante varias personas que presencian la plática, tengamos el cuidado de incluir con la mirada a todos y evitemos sólo ver a uno, así como interrumpir a alguien para terminar sus frases, aunque sepamos de antemano el final.

- Me encanta escuchar a las personas que son un poco actores, ya que saben modular y enfatizar la voz cuando es pertinente, son claras en sus ideas y muy expresivas con sus gestos.

- Que alguien tenga sentido del humor es una cualidad maravillosa, sobre todo que se pueda reír de sí mismo y hacer reír a los demás sin ofender a nadie.

- Evitemos ser de las personas que opacan el relato o las noticias que otros comentan: que siempre han leído un libro mejor que el que se está comentando, o que conocen un lugar más bonito, o sus hijos son los mejores del mundo... ¡Son odiosas!

- El atributo más importante de un buen conversador es saber escuchar, lo que no significa poner cara de estar oyendo. Eso se nos nota en las preguntas que hacemos al final, si estas vienen al caso y si son o no inteligentes. Hagamos sentir a la persona que lo que dice es en verdad muy interesante. Y sobre todo, que nos dejó muy bien impresionados.

Cualquier tonto puede contestar cuando se le pide un consejo, pero sólo una gran persona puede preguntar.

PROVERBIO JAPONÉS

"¿Cómo crees que se pueda mejorar?", "¿Tú qué opinas?", "¿Qué debo hacer?" La gente que ha llegado a la cima no necesariamente tiene más respuestas que los demás, sin embargo tiene un gran secreto: pregunta más. Preguntar hace que las personas, al sentirse importantes y saber que las tomamos en cuenta, apoyen más nuestras decisiones.

Preguntar es una habilidad que ha llevado a muchas personas a la cumbre de su carrera. Podríamos decir que nadie puede llegar a ser líder si no tiene la sabiduría y la capacidad de preguntar.

Hay personas a quienes no les gusta preguntar, tal vez por orgullo o por temor a verse disminuidas. Sin embargo, mientras más progresa una persona más se aleja del transcurso cotidiano de su empresa y quizá hasta del diálogo con sus amigos y familiares. Así, nunca demos por sentado que sabemos todo acerca de una situación: preguntemos siempre.

Las ventajas de preguntar

- *Logramos la cooperación de los demás.* Como es lógico, toma mucho menos tiempo y esfuerzo decirle a las personas lo que deben hacer que preguntarles su punto de vista. Sin embargo, si les preguntamos su opinión, los demás se sienten incluidos y eso hace crecer su interés y cooperación en el asunto por resolver. Y como participan en su solución, voluntaria o involuntariamente se sentirán más comprometidos. Ésta es una fórmula casi mágica. Pruébala.

- *Preguntar fortalece las relaciones personales.* **Preguntas** como éstas: "¿Cómo sigue la gripe, ya mejor?", "¿Te tocó mucho tránsito?", "¿Cómo te fue en el examen?", hacen que las personas sientan que tenemos un interés particular por ellas. Además, al hacerlo las colocamos bajo la luz del reflector por unos minutos, lo cual es como una bienvenida y favorece un acercamiento más personal.

- *Cuando preguntamos podemos obtener resultados en forma amable.* Preguntar evita conflictos y confrontaciones. Por ejemplo, si una persona trabaja con nosotros y con frecuencia llega tarde, podemos decirle lo siguiente: "Lupita, ¿sabes que tienes que llegar a las ocho de la mañana, verdad? ¿Sabes que tienes como tolerancia tres retardos al mes y que ya pasaste la cuota? ¿Sabes también que si esto continúa así vas a perder tu trabajo? Gracias, sólo quería estar segura de que lo supieras." Esto mismo podemos hacerlo en nuestras relaciones familiares.

- *Las preguntas compran tiempo.* Esto se aplica sobre todo cuando tenemos que decidir algo sobre la marcha, pues son particularmente efectivas cuando algo nos sorprende. En esos casos, simplemente pregunta en tono tranquilo: "¿Qué quieres decir con esto?"

Siempre hay que cuestionar cualquier propuesta de cambio que recibamos en materia de políticas o procedimientos. Aunque estemos convencidos de que son adecuados, quien los propone se compromete más a que se realicen verdaderamente si lo interrogamos sobre ellos.

- *Las preguntas dirigen la conversación hacia donde nosotros queremos.* En una conversación ten muy claro hacia dónde quieres dirigirte y deja que las preguntas te lleven ahí. Recuerda que quien controla una conversación no es el que habla, sino el que escucha.

  En ventas, preguntas como: "¿Qué quiere lograr?", "¿Qué piensa de…?", "¿Cómo se siente con…?", son básicas para detectar necesidades. Así que sólo pregunta y escucha.

- *Preguntando se aprende mucho.* Muchas veces nos da pena preguntar para no parecer incultos o desinformados. Sin embargo, no hacerlo es lo menos inteligente que podemos hacer. Los "sabelotodo" no caen bien a nadie. Además, corremos el riesgo de que se den cuenta de nuestra ignorancia y probablemente otros tengan las mismas dudas por lo cual nos lo agradecerán.

  Siempre nos sorprenderemos de todo lo que podemos aprender si tenemos la humildad de preguntar. Además, a la gente le encanta explicar lo que sabe ya que la hace sentirse importante.

  Así que no te preocupes por preguntar. Conocerás más a las personas, te relacionarás mejor y te verás como una persona inteligente y sencilla que posee el secreto de los que han llegado a la cima: preguntar.

> *No soy más diestro con las notas que*
> *muchos pianistas, pero en las pausas*
> *entre las notas, ah, ahí es donde reside*
> *el verdadero arte.*

ARTHUR SCHNABEL

Si observamos a nuestro alrededor nos damos cuenta que estamos rodeados de pausas; pausas que quizá no notamos pero que son importantes y necesarias. Hay pausas en la música, en el trabajo, en el baile y en la literatura (donde gracias a los puntos y comas un escrito adquiere forma y significado).

Cuando una persona que confía en sí misma entra a un lugar, se nota: no porque entre con una actitud de "véanme, soy especial"; se distingue porque de alguna manera, de su postura, su mirada y su aplomo emana un mensaje: "Sé quien soy, qué quiero y hacia dónde me dirijo. No importa lo que pase, lo sabré manejar." La envuelve una especie de aura de seguridad, de tranquilidad y de control de la situación envidiable. Cuando entra parece de inmediato evaluar la situación, percibe a la gente que se encuentra en el sitio y el ambiente predominante.

¿Por qué? ¿Qué hace que percibamos a una persona de esa manera? Tres cosas:

• Tiene una excelente presentación.
• Mediante su postura refleja seguridad y orgullo de sí misma.

- Y lo más importante: sabe hacer pausas.

No me refiero a una pausa de duda, de confusión o indecisión. Es un tipo de pausa tranquila, hecha a propósito, en forma estratégica.

¿Has notado que cuando estamos nerviosos y nos sentimos inseguros por alguna razón, tendemos a hablar más rápido, caminamos aceleradamente y nuestros movimientos son abruptos y precipitados? Este tipo de conducta lo único que hace es delatar nuestro nerviosismo.

Una persona confiada hace pausas. Una pausa que impresiona no necesariamente es una pausa larga, algunas veces no dura más de medio segundo.

Cuándo es importante hacer una pausa

- Haz una pausa al entrar en cualquier lugar. Sirve para medir la situación en general, considerar hacia dónde vamos y con quién queremos ubicarnos. Hazlo en forma directa y deliberada. Nunca entremos a hurtadillas o con cara de disculpa aunque hayamos llegado tarde. Lo ideal es detenerse brevemente en la puerta para que, sin interrumpir, noten nuestra presencia. Al salir tampoco hay que levantarnos como correcaminos. Es mejor hacerlo de manera pausada.
- Al conversar, un segundo de silencio estratégico es muy útil para destacar un punto importante, ya que así captamos la atención de quienes nos escuchan.

Todos hemos podido comprobar cómo la clave de un buen cómico es saber hacer una pausa en el momento adecuado. Cuando tengamos una entrevista, es conveniente hacer una breve pausa al inicio, ya que si no logramos captar la atención del interlocutor, es probable que siga pensando en lo que dijo la persona de la cita anterior. (Aquí es importante no exagerar, porque si abusamos de las pausas es probable que la persona piense que te pasmaste, se desespere y el efecto resulte totalmente negativo.)

- Hay que hacer una pausa al dirigirse a un auditorio, sobre todo al inicio de la plática para dar tiempo a los otros de entrar al mismo canal de comunicación y captar su atención. Esta pausa tiene que verse a propósito, controlada, de ninguna manera debe verse como pausa nacida de la duda o la indecisión. Incluso un breve silencio en esos momentos clave nos ayuda a mostrarnos más seguros.

Las ventajas de hacer una pausa

- Atrae la atención de los demás en forma positiva.
- Anuncia nuestra presencia de manera no verbal.
- Ayuda a que nos veamos como personas competentes y confiadas.
- Nos da la oportunidad de evaluar tranquilamente una situación.
- Nos da la oportunidad de reflexionar antes de hablar.

Así que tómate tu tiempo. Proyecta orgullo en tu persona. Preséntate muy bien y emana ese halo de seguridad haciendo una pequeña pausa estratégica.

El teléfono es, además de la entrevista personal, el medio más importante utilizado en el mundo de los negocios.

La forma en que conteste una recepcionista, tú o tu secretaria, dice mucho acerca de tu compañía y de su eficiencia.

La voz que contesta puede expresar una actitud positiva, negativa, o una actitud de "no me importa". Recordemos que cuando hacemos una llamada telefónica no deja de ser una interrupción y una intromisión en el muy ocupado día de cualquier persona. Así que tengamos una buena razón para hacerla. Por otro lado, no hay cosa más desesperante que nos tengan horas esperando, y no se diga si nos urge hablar con alguna persona o si llamamos desde un celular (sólo vemos mentalmente pasar el signo de pesos).

Qué tal cuando llegamos a un lugar donde esperamos atención y servicio, y nos encontramos con una señorita pegada al teléfono, hablando cómodamente, sin el menor apuro.

Tampoco creo correcto que al estar en consulta con un médico al cual esperamos pacientemente y nos está costando, conteste ocho llamadas en la media hora que se suponía nos iba a atender (hace que nos sintamos poco importantes).

Hay algunos detalles que debemos cuidar al hacer una llamada:

- En una llamada de negocios vayamos al grano, seamos breves, concisos. (La gente que trabaja siempre está muy ocupada.)

- Las llamadas de negocios hagámoslas sólo a la oficina, nunca a la casa de la persona y menos fuera de horas de trabajo (así le tengas toda la confianza del mundo).

- Un grave error que se debe evitar cuando se es un joven ejecutivo es pedir a la secretaria que lo comunique con un directivo más alto jerárquicamente o de mayor edad y no estar en la línea cuando la persona conteste.

- No hablemos al mismo tiempo con alguien más ni hagamos algo que requiera concentración (para aprovechar el tiempo) mientras estamos en el teléfono; la gente nota que estamos distraídos y es una descortesía.

- Si nos interrumpen mientras estamos en la línea, digamos: "Permíteme, tengo que ver algo" y disculpémonos al retomar la llamada.

- Si la persona extiende su conversación interminable, podemos decirle: "Sr. Fulano, no le quiero quitar más su tiempo, es usted muy amable, hasta luego y gracias" (sé despiadado con ellas).

- Demos más importancia a la gente que está físicamente frente a nosotros que a la que está en la línea.

- No tratemos de manejar dos asuntos en una misma llamada, sobre todo cuando uno de estos asuntos es agradecer algo. Es preferible volver a llamar.

- Si marcamos un número equivocado, disculpémonos amablemente, en lugar de colgar de manera brusca.

- Cuando una persona ha tomado la llamada, pregunta si es un buen momento para hablar o si te comunicas más tarde.

- Evitemos comer o masticar chicle al hablar por teléfono; los sonidos que producimos le llegan amplificados al que escucha y es muy molesto, además de que damos la impresión de no estar atentos.
- Sonriamos cuando hablemos por teléfono. Aunque la gente no nos ve, sí puede "escuchar" nuestra sonrisa. (Ojalá todas las telefonistas lo hicieran.)
- No permanezcamos callados cuando alguien nos está platicando algo; esto saca de balance a la persona. Debemos hacer comentarios que le hagan saber que "lo estamos siguiendo", como: "¿De veras?", "Sí", etcétera.
- Si hacemos una llamada y se corta la comunicación, es nuestra obligación llamar otra vez.

Si estamos de visita en una oficina y le entra una llamada urgente a la persona, debemos ofrecer salirnos. Si nos dice que no es necesario y que sólo le tomará un minuto, entonces revisemos algún papel personal o el periódico; no nos quedemos viendo a la persona o sin hacer nada. (Ahora que, si empieza a tardar y notas que no es importante, quédatele viendo, a ver si lo presionas y cuelga.)

Si la conversación toma un giro personal hay que salirnos inmediatamente, haciendo una señal de que esperamos afuera. La persona agradecerá nuestra sensibilidad.
- Iniciemos y terminemos la conversación con un comentario amable.

Si tomamos en cuenta estos detalles aparentemente sin importancia, hará que nuestras relaciones públicas mejoren. Y ¿quién pude aspirar a tener amigos o ascender en una carrera profesional sin ellas?

LOS TELÉFONOS CELULARES...
¿UNA IMPRUDENCIA?

No cabe duda que el teléfono celular es uno de los avances más prácticos y maravillosos de la tecnología. ¿Qué hacíamos antes sin celular? ¡No sé cómo pudimos subsistir! Sin embargo, no podemos negar que también se ha convertido en una invasión terrible que debemos dosificar.

Cuando estamos en un restaurante, ¿cuántas veces a lo largo de la comida escuchamos sonar un celular? Y todo el mundo revisa si no es el propio. Hay personas que creen erróneamente que poner un celular en medio de la mesa de un restaurante es algo que da "categoría". Por el contrario, lo ideal es dejarlo en el auto, a menos que estés esperando una llamada muy, pero muy importante.

Asimismo, no debemos hacer llamadas a un celular a la hora de la comida, pues es un momento de descanso que sirve para comunicarnos físicamente con el otro, y esto se interrumpe al sonar el celular.

Resulta muy práctico usarlo en los tiempos muertos del día, por ejemplo durante las horas de tráfico utilizando el "manos libres", en la antesala o esperando a alguien. Pero por favor, no marques, manejes y hables al mismo tiempo porque vas a chocar.

Cuando lleguemos a ver a un cliente o amigo a su oficina, apaguemos el teléfono. La persona que nos está recibiendo nos está dando su tiempo y no debemos cometer la imprudencia de contestar la llamada de nadie.

Hay lugares en donde jamás debemos dejar el celular prendido, como en juntas, en la misa, en el cine, teatro, en un concierto, en una conferencia o clase y en el gimnasio. Contrata un servicio de los que toman los recados y repórtate después. Cuando el teléfono suena saca a todo mundo de la concentración o atención que tenía. Es verdaderamente una agresión al prójimo. Hay los que entran a una cita con el teléfono en la bolsa y cuando suena dicen: "¿Sí, sí? Estoy en una junta, luego te hablo." ¿Esto los hará sentirse importantes?

Si esperas realmente una llamada muy urgente y estás en el teatro o el cine un buen detalle sería quedarte cerca de la puerta de entrada y ponerlo en modo de vibrador, de manera que cuando suene puedas salirte inmediatamente.

Haz personalmente una llamada cuando sea a un celular y sea breve. Si lo hace una secretaria debes estar en la línea de inmediato.

Ahora, ¿cómo y en dónde se lleva el celular?

Hay gente que usa el celular como escudo o como apoyo a su seguridad personal y entra a cualquier parte con él en la mano, o se lo cuelga del cinturón, o en la correa de la bolsa, de manera que se vea. Si tienes portafolio debe ir adentro de éste. Si no usas y necesitas traer el celular, puedes ponértelo quizá en el cinturón, por atrás, o si es chiquito, dentro de la bolsa de la camisa o en el bolso de mano: la idea es que sea discreto.

Aunque el teléfono celular sea uno de los grandes avances de la tecnología, no olvidemos que hacer un mal uso de él puede llegar a ser una imprudencia.

MEJORA TU COMUNICACIÓN

Habla, para que yo te vea.

SÉNECA

¿Por qué a veces se nos dificulta comunicarnos con alguna persona en especial?

Cada uno de nosotros piensa, habla y actúa según su percepción de la realidad. Cada quien tiene distintas percepciones de la misma situación, y eso es lo que produce la mayor parte de las dificultades en la comunicación. Es como si dos personas intentaran describir un auto, uno viéndolo desde arriba y el otro desde abajo.

Tratar de entender las cosas desde una perspectiva diferente de la propia es un ejercicio difícil. Sin embargo, si sabemos cómo hacerlo, la comunicación se facilita extraordinariamente, ya que es más sencillo comprender las cosas si las recibimos por el canal adecuado.

Esto estudia la programación neurolingüística creada por el psicólogo lingüista John Grinder y el matemático Richard Bandler en 1972. Ellos afirman que experimentamos la vida a través de los cinco canales sensoriales, en una combinación de lo que los ojos ven, los oídos escuchan y los demás sentidos sienten, huelen y saborean.

Todo nuestro entendimiento y nuestra conciencia pasa a través de estas ventanas del cerebro. Aunque utilizamos todos los sentidos, hay uno que es el dominante, el más sensible en la forma de percibir el mundo.

Si representamos nuestras experiencias visualmente, con imágenes y fotografías, podemos decir que somos visuales. Si percibimos nuestro alrededor a través del sonido, somos auditivos. Asimismo, si lo hacemos a través del sentido del tacto y las sensaciones, somos kinestéticos.

Aunque todos somos una mezcla de las tres categorías, podemos identificar cuál es la predominante en el otro observando con qué palabras se comunica.

Las personas visuales

Las personas visuales son los intérpretes de la geometría del mundo: son quienes describen con toda claridad la escena de una película, de un libro, o nos hacen imaginar vívidamente un lugar que no conocemos. Admiran más la cara de alguien sonriendo que el sonido de la risa misma. Se dejan llevar por cómo se ven las cosas más por que por lo que en realidad pasa. Prefieren ir al teatro más que a un concierto. Para expresarse, usan expresiones visuales como:

- Lo *veo* claramente.
- *Visualiza*.
- Quiero que tengas una mejor *perspectiva*.
- Vamos a *enfocarnos* en esto.
- ¡Por fin veo la *luz*!

- Esto es *blanco* o *negro*.
- ¿Cómo la *ves*?
- Échale una *ojeada*.

Las personas auditivas

Por su gran sensibilidad con el sentido del oído, los sonidos pueden provocar que las personas auditivas entren en éxtasis o en la locura total. Pueden distraerse con los sonidos agradables o desagradables más leves. Disfrutan enormemente escuchar una buena música. Muy buenos conversadores, les gusta entablar el diálogo con las personas y consigo mismos. Son excelentes oyentes. Usan con frecuencia expresiones auditivas, como por ejemplo:

- *Dime*, ¿te gusta?
- Me *suena* de maravilla.
- *¿Escuchas* lo que te digo?
- Mantén alerta el oído.
- Estamos en la misma *frecuencia*.
- A palabras necias, oídos sordos.
- Lo escuché *fuerte* y *claro*.
- Me hizo *click*.

Las personas kinestésicas

Perciben el mundo a través de los sentimientos. Aprecian la sensibilidad por encima de todo. Son personas que tienen una enorme habilidad para comprender y sentir lo que le pasa al otro, alegría, tristeza, amor, etcétera. Tienen un sexto sentido para darse cuenta si lo que están haciendo es apropiado o no. Usan expresiones que hacen referencia a sensaciones, como las siguientes:

- ¿Cómo *sientes* las cosas?
- Me *late* que sí.
- Échame una *mano*.
- *Aguántame* un minuto.
- Es una persona *cálida*.
- Esto no me *huele* bien.
- Tuve una discusión *acalorada*.
- Lo *siento* en los huesos.
- Estamos en *contacto*.

Retén mentalmente las palabras o la forma de hablar que indique la preferencia del otro. Trata de expresarle las cosas mediante su sentido predominante, intercalando las mismas palabras que él usa en su lenguaje.

Entender la forma en que los demás perciben las cosas no sólo nos permitirá comunicarnos mejor, sino también saber qué mueve a los demás y cómo podemos influir en ellos.

Te presento un pequeño cuestionario para que descubras qué clase de persona eres:

1. *Cuando te acuerdas de alguien que te atrajo enormemen-te, ¿qué fue lo primero que te llamó la atención?*
   a. Cómo se veía.
   b. Algo que te dijo o el tono de voz que empleó.
   c. La forma en que te tocó o lo que sentiste.

2. *Cuando manejas, ¿cómo te orientas?*
   a. A través de mapas y señalizaciones del territorio.
   b. Preguntas a las personas para que te indiquen.
   c. A través de un sentido natural sabes dónde está.

3. *Cuando estás conversando con alguien, todo tu marco de experiencia cambia:*
   a. Si las luces aumentan o disminuyen.
   b. Si cambia de ritmo la música.
   c. Si la temperatura del cuarto cambia.

4. *Con qué grupo te identificas más:*
   a. Fotografía, pintura, lectura, dibujo, cine.
   b. Música, instrumentos musicales, el sonido del mar, el viento, los conciertos.
   c. Tallado de madera, masaje, juegos de pelota, textura de una piel suave.

   a. _ VISUAL
   b. _ AUDITIVO
   c. _ KINESTÉTICO

Cuando apuntes con el dedo, recuerda
que otros tres dedos te señalan a ti.

PROVERBIO ÁRABE

Hay algo muy fácil de hacer en este mundo, algo que todos practicamos y para lo cual nos sentimos preparados y con derecho de hacerlo: criticar. No cabe duda de que es una de nuestras actividades favoritas: criticamos al gobierno, a nuestros amigos, a nuestros papás, a nuestros hijos, a todo el mundo. Encontramos una especie de satisfacción al hacerlo, mostrando esa veta de malicia escondida en nosotros.

La realidad es que después de haber hablado mal de alguien, cuando nos quedamos solos con nosotros mismos, nos sentimos muy mal. Sin embargo, pocas veces nos callamos. Cuando estamos conscientes de no haber señalado lo negativo de alguien y llegamos a casa, ¡qué bien nos sentimos!

No obstante, hay ocasiones en que por cuestiones de trabajo, por amistad o simplemente porque somos padres, tenemos que dar un consejo o hacer una crítica a alguien. Para que la persona a la cual nos dirigimos no se sienta mal, habrá que hacerlo con el mismo cuidado y delicadeza con que le curaríamos una herida, partiendo de la base, por supuesto, de que a nadie le gusta ser criticado y de que todos tenemos fallas.

Hay varias reglas sabias y decisivas en el arte de criticar, sugeridas por Dale Carnegie y López Caballero, que comparto contigo:

- La crítica hay que hacerla cara a cara. No hay nada más bajo que la acusación anónima.

- La crítica se debe hacer en privado, a puerta cerrada y en un lugar tranquilo. No hay nada más contraproducente que criticar a alguien frente a los demás.

- Empieza elogiando las cualidades que encuentras en esa persona antes de proceder a criticarla.

- Habla de tus propios errores antes de mencionar los del otro.

- Nunca se debe criticar haciendo comparaciones con otras personas. Lo peor que le podemos decir a alguien es: "Aprende de fulanito", ya que la persona criticada se sentirá tan mal que ya no escuchará lo que decimos (además de que odiará a fulanito).

- Hay que decir las cosas negativas en una forma clara, tranquila y pausada para que no haya duda de que la otra persona comprende la conversación claramente. Si uno de los dos está alterado, lo más probable es que agrandemos la herida en lugar de curarla.

- Critiquemos los hechos, no a la persona. Nunca critiquemos con el tono de quien da una cátedra, sino como alguien que busca aprender algo junto con el otro.

- La crítica debe ser específica, objetiva y no exagerada. Es necesario evitar las palabras "siempre" y "nunca". Nadie se equivoca siempre.

- Alienta a la persona haciéndola sentir que sus errores son fáciles de corregir.

- Critica una sola cosa a la vez. Si de pronto soltamos todos los rencores guardados durante meses, lo que conseguiremos es discutir y no curar.

- Permite que la persona salve su propio prestigio, dándole todo el tiempo que necesite para protestar o explicar su conducta.
- Antes de criticar, pongámonos en el lugar del criticado. Como dice el proverbio: "No puedo juzgar a mi hermano sin antes haber calzado durante un mes sus zapatos". Juzgamos con una facilidad que espanta. Si supiéramos cómo y por qué caminos se ha llegado al error que criticamos, 99 de cien veces nos callaríamos.

Graham Greene decía: "Si supiéramos el último porqué de las cosas, tendríamos compasión hasta de las estrellas."

Como podemos ver, saber criticar sin ofender es un verdadero arte. ¡Inténtalo!

LAS PALABRAS Y SU INFLUENCIA

> *Los límites de mi lenguaje son los límites de mi mente. Todo lo que sé es lo que puedo poner en palabras.*
>
> LUDWIG WITTGENSTEIN

Las palabras no se las lleva el viento, pueden troquelar formas de vida. Las palabras nos pueden hacer reír o llorar, pueden herir o consolar, nos ofrecen desolación o esperanza.

A lo largo de la historia, los grandes líderes y pensadores han usado el poder de las palabras para motivarnos, para transformar nuestras emociones y por lo tanto nuestras acciones. Sin embargo, pocos estamos conscientes del poder que tienen nuestras palabras para movernos emocionalmete, para retarnos o fortalecer nuestro espíritu.

Cuando tenemos riqueza de lenguaje para expresar nuestras experiencias, podemos realzar nuestras vivencias y emociones. Según los expertos en lingüística, Cervantes usaba un promedio de 10 000 palabras, mientras que un joven el día de hoy usa un promedio de 200. Esta reducción del lenguaje también limita de alguna manera el espectro de nuestras sensaciones.

Si tuvimos una experiencia maravillosa, la mejor de nuestra vida, y al describirla usamos las palabras de rutina, de siempre, la riqueza de lo vivido se opaca, se reduce por el uso limitado del vocabulario.

¿Cómo reconocer la melancolía si no sabemos nombrarla, o los celos si no podemos identificarlos? Normalmente, en el lenguaje limitado del acontecer cotidiano todas nuestras experiencias las clasificamos de acuerdo con los pocos moldes de palabras que conocemos.

Casi nunca expresamos lo que en realidad queremos decir porque nos faltan palabras para describir lo vivido. Según Anthony Robbins, autor de *Poder sin límites*, tenemos conciencia de lo vivido sólo cuando nombramos esas experiencias con palabras. "La gente que tiene un estrecho lenguaje vive una vida emocional estrecha. Cuando tiene un vocabulario rico, tiene una paleta multicolor con que pintar su experiencia, no sólo para los demás, sino también para ellas mismas."

Además, las palabras que escogemos para comunicarnos afectan también la forma en que nos sentimos.

Dicho de otra manera, nuestras palabras son órdenes al cerebro.

Si una persona, por ejemplo, desarrolla el hábito de decir la palabra "odio", y la usa con frecuencia al referirse a las cosas, como: "odio mi cabello", "odio mi trabajo", "odio hacer esto o lo otro", se eleva la intensidad negativa de su estado emocional. La situación cambiaría muchísimo si esa persona dijera algo como: "prefiero mi pelo cuando" o "me gusta hacer esto en mi trabajo" o "prefiero esto a lo de más allá".

Hay frases que convendría que desaparecieran de nuestro vocabulario, como las siguientes:

- Me choca.
- Aquí, pasándola.
- No puedo.
- Tú debes hacer esto.
- Está muy difícil.
- No doy una.
- Soy un tonto.
- No tengo tiempo.
- Me siento muy mal.
- Imposible.

En cambio, hay frases que producen sensaciones positivas:

- Por favor.
- Tienes razón.
- Yo me encargo.
- ¿Tú qué opinas?

- Cuenta conmigo.
- Sí puedo.
- Estoy aprendiendo.
- Me siento de maravilla.
- Gracias.
- Claro que sí.

Así de simplista como suena, cambiar o enriquecer nuestras palabras crea un nuevo patrón en el sistema neurológico, transforma nuestra forma de ver, de sentir y de experimentar la realidad.

La mejor forma en que podemos ampliar nuestro vocabulario es leyendo. Al leer un libro descubrimos territorios y posibilidades que desconocíamos en nosotros; ese es el poder que tiene la palabra.

Mi amigo Germán Dehesa decía: "¿Cómo queremos expresar nuestros tornasoles del espíritu con 40 o 60 palabras? Nuestro verdadero capital es lo que podemos nombrar con la palabra."

PALABRAS PROBLEMA

> *Si la palabra vale una moneda, el silencio vale dos.*
>
> PROVERBIO JUDÍO

Hay ciertas palabras y frases que serían conveniente desterrar de nuestro vocabulario. Son palabras que provocan un rechazo instantáneo en la mente de quien nos escucha. Palabras que debemos evitar en nuestras relaciones, sobre todo si queremos convencer a alguien de hacer algo o de que cambie alguna actitud. Una de las cualidades que tienen los grandes conversadores y negociadores es saber expresar un desacuerdo sin romper la empatía con el otro. Esto no resulta fácil, ya que para ello es necesario tener una sensibilidad especial.

Todos quisiéramos que la gente dijera de nosotros: "Qué bien me cae"; quisiéramos tener buenas relaciones o al menos no despertar antipatía en nadie y podemos lograrlo si las emociones que generamos en los demás son positivas. Por lo tanto, es importante evitar las expresiones que generan emociones negativas. A continuación presentamos una relación de las más frecuentes que debemos evitar en nuestras conversaciones.

"¿Me entiendes?"

Al hablar así es como si preguntáramos: "¿Serás capaz de entender?" Esto hace sentir ignorante, tonta o incapaz a la gente. Es mejor sustituir la expresión por una más cortés: "¿Me explico?"

"Estás mal"

Lo peor que podemos hacer al hablar con alguien es decirle: "Estás mal." Es una invitación a que el otro se defienda automáticamente y por lo general nunca se llega a nada. En cambio, podemos sugerir: "¿No sería mejor si...?", o bien si se trata de alguien cercano, podemos decirle: "Me extraña que siendo tan... (alguna cualidad) actúes de esa manera." Es importante mantener en pie la autoestima de la persona si queremos señalarle algo negativo.

"No estoy de acuerdo"

¡Qué incómodos nos sentimos cuando, en una reunión, escuchamos a una persona hablar así a otra! Es normal disentir con alguien, eso no lo podemos evitar. No obstante, hay que saber expresarlo más sutilmente. Es mejor y más inteligente decir: "Veo tu punto de vista, sin embargo puede haber otra manera de enfocar el asunto...", o simplemente: "No estoy totalmente de acuerdo contigo..."

"No te creo"

Decir esto a alguien significa declararle la guerra. Es una agresión directa a su credibilidad, como considerando mentiroso y ofenderlo. Aunque el agresor tuviera razón, con este desafío sólo logra que quienes están presentes se pongan del lado del agredido. Es mejor decir: "Tengo la idea de que las cosas son diferentes...", "Había escuchado que eso no era así...", y de esa manera le damos vuelta a la situación, sin ofender.

"Deberías...", "Hubieras..."

Es mejor sugerir que ordenar. A nadie le gusta que le indiquen qué tiene que hacer. Queremos pensar y decidir por nosotros mismos. Estas palabras crean una resistencia automática y entonces dejamos de escuchar. Es mejor decir: "¿No sería bueno que...?" o "¿Cómo ves si...?"

"Siempre...", "Tú nunca..." o "Tú siempre..."

Con estas palabras cancelamos de raíz cualquier intento de cambio que la persona haya realizado. Esto la desanima y la desmotiva, ya que atacamos a la persona y no al hecho. Es menos agresivo decir: "Veo que a veces no haces..." o "Me parece que ahora no hiciste..."

"Pero"

La palabra "pero" nos pone en un estado de alerta inmediato. Imagínate escuchar: "Estoy completamente de acuerdo contigo, pero..." En realidad, nos están diciendo: "No estoy de acuerdo" o "Sí, pero..." o "Me cae bien, pero..." La palabra "pero" es destructiva y negativa, y al usarla contradecimos lo que estamos afirmando. Mejor tratemos de sustituirla por las expresiones siguientes: "Esoy de acuerdo contigo, sin embargo..." "Quizá podría..." o "Además habría que..."

"Sí, pero yo..."

Expresarse así es incluso peor. Cuando estamos platicando algo a una persona y ella nos contesta: "Sí, pero yo...", hice, fui, dije, etcétera, nos hace ver que no está escuchando, y que lo que le platicamos no tiene la menor importancia para ella.

"Te lo dije…"

¡Qué mal nos cae que nos digan esto! Nadie mejor que uno mismo para tomar conciencia de haber cometido un error.

"Ya ves…" (dicho en tono burlón)

Eso ya ni lo comentamos. Procuremos eliminar de nuestro vocabulario estas palabras, sobre todo si queremos comunicarnos mejor, multiplicar nuestros amigos, convencer a alguien de hacer algo o de que cambie de actitud, o simplemente para ganar una discusión sin entrar en conflicto con los demás. ¿No te parece?

UN ENCUENTRO

> *Las puertas de la felicidad se abren hacia afuera.*
>
> VIKTOR FRANKL

De manera misteriosa y casi indefinible, una persona puede convertirse en un ser especial a nuestros ojos. De pronto, al platicar con ella, al abrirnos y exponer nuestros sentimientos a flor de piel parece que se realiza una auténtica fusión de almas, una verdadera comunicación. Ha sucedido lo que en la psicología existencial llaman "un encuentro".

Esto suena como algo que todos quisiéramos experimentar en nuestras relaciones; sin embargo, pocas veces lo logramos simplemente porque nos incomoda poner al descubierto nuestra parte sensible. Creemos que callar los sentimientos crea un escudo que evita que nos lastimen. Por lo tanto, generalmente, nos mantenemos en el nivel más superficial de comunicación. La comunicación tiene varios niveles.

Primer nivel. "¿Cómo estás? ¿Y la familia? ¿Dónde has andado?" En este nivel decimos cosas como: "¡Qué bien te queda ese peinado!", "Qué calor ha hecho, ¿verdad?", "¡Me dio mucho gusto verte!", "¡Nos hablamos!" Es el típico intercambio de palabras en el salón de belleza, en el supermercado o en una fiesta, meras formalidades que carecen de significado. No compartimos nada, nuestra puerta está cerrada y, aunque estemos en medio de un grupo, permanecemos solos.

Segundo nivel. Hablamos sobre lo que otros han hecho, opinan o dicen. No hacemos ningún comentario personal que revele lo que pensamos acerca de ello. No damos nada de nosotros ni pedimos nada a cambio. Estamos pero no estamos, decimos pero no decimos. Como si nos diera miedo salir lejos de nuestra casa, damos unos cuantos pasos fuera y pronto regresamos a protegernos.

Tercer nivel. Nos animamos a salir un poco más lejos. Nos atrevemos a comunicar algo de nuestra persona, una idea o una opinión. Asumimos el riesgo de abrir un poco nuestra casa. Lo hacemos en forma cautelosa, como si con el pie probáramos la temperatura del agua antes de decidir echarnos un clavado. Observamos cada reacción del otro por más insignificante que parezca. Si el otro ve el reloj o bosteza, o mira hacia otro lado, nos regresamos a encerrarnos de nuevo cual liebres asustadas. Cambiamos de tema, nos refugiamos en el silencio, o peor aún, regresamos a la superficialidad y a la actuación.

Cuarto nivel. En este nivel ya estamos dispuestos a crecer. Nos atrevemos a hablar de nuestras emociones, de lo que sentimos en tal o cual momento. Hacemos acopio de valor, abrimos nuestra puerta y salimos a "territorio comanche", como diría el escritor Arturo Pérez Reverte. A pesar del temor a la crítica, nos arriesgamos a ser juzgados. Si queremos que realmente nos conozcan debemos desnudar nuestra alma. Éste es el único camino hacia la amistad y el amor.

El psiquiatra Goldbrunner nos da la fórmula para penetrar en los niveles más profundos de cualquier persona en cuestión de minutos. Su técnica está basada en preguntas, ya que una persona insegura se pone a la defensiva. La teoría de Goldbrunner es que, si queremos que el otro se abra a nosotros, debemos empezar por abrirnos primero, decirle sincera y abiertamente lo que sentimos. Cuando la persona escucha nuestros sentimientos y nuestros secretos más profundos, adquiere valor para comunicarnos los suyos. Es entonces cuando se puede realizar el "encuentro".

Quinto nivel. Éste es el nivel más profundo de comunicación entre las personas. El "encuentro" llega a la comunión perfecta. La experiencia es casi mágica y tan intensa que no puede darse en forma permanente. Un abrazo, un intercambio de miradas, una experiencia vivida en común, una conversación nos hacen sentir que estamos en perfecta comunicación con el otro. Es vislumbrar en forma emocional, total y absoluta. En *El Aleph*, Jorge Luis Borges dice: "Microcosmos de alquimistas donde se encuentran todas las lámparas y los veneros de luz."

No nos conformemos con sostener relaciones superficiales. Éstas pueden abarcar no sólo a personas que conocemos más o menos en forma casual, sino también a los amigos y hasta a nuestra propia familia. Evitemos ver a las personas como calcomanías de una sola cara.

¡Atrevámonos a buscar el "encuentro", a comunicar nuestras emociones! Nos sorprenderá lo bien que esto nos hace sentir, y al encontrarnos más cerca de los demás nuestra vida se enriquecerá.

Segunda parte

Sobre el atuendo

El atuendo personal

¿LA ROPA MIENTE?

> *Quien tenga buena presencia y un buen estilo lleva continuas cartas de recomendación.*
>
> ISABELLA DE ESPAÑA

Siempre estamos mandando, a través de nuestra apariencia y arreglo personal, mensajes acerca de quiénes somos, cuáles son nuestros valores, hacia dónde vamos, cuál es nuestro nivel cultural, nuestra educación, nuestro grado de sofisticación, nuestra credibilidad, nuestras esperanzas, nuestros miedos, nuestro estado de ánimo, nuestra autoestima. Sobre todo, nuestro aspecto habla de algo muy importante: el respeto que sentimos hacia nosotros mismos y hacia los demás.

Así que la ropa no miente: en realidad somos extraños para la mayoría de las personas. La ropa es el principal mensaje que enviamos a los demás, constituye nuestro medio de comunicación más constante. Cuando las personas nos ven, los primero que conocen es nuestra manera de arreglarnos y de vestirnos, lo que se convierte en la primera información que reciben de nosotros y la respuesta que obtengamos de los demás dependerá en gran parte de lo que "lean" de nosotros; por lo tanto, debe haber congruencia entre lo que somos y lo que mostramos.

La ropa es algo que tiene la utilidad de protegernos ante las variaciones del clima, o que se usa para evitar que nos arresten si salimos desnudos a la calle; tampoco es algo que se utiliza para causar admiración.

La ropa, más que todo eso, es comunicación.

Si los demás perciben que no sabemos ni siquiera arreglarnos pueden asumir que tampoco sabemos hacer otras cosas.

Todos somos nuestro propio mensaje. Si me veo bien, me siento bien, y lo voy a mostrar de varias maneras. Me proyecto con confianza, me comunico con espontaneidad y me siento seguro de tomar las oportunidades que la vida me presenta.

Así que la ropa no es un asunto ligero ni superficial; de hecho, a veces no le concedemos el crédito o el poder que realmente tiene. Sólo las personas geniales, muy talentosas o que ya alcanzaron la cumbre pueden desatender su manera de vestir. Si perteneces a ese selecto grupo, regala este libro. Para el resto de nosotros, la manera en que nos presentamos nos abrirá o nos cerrará muchas de las puertas que tendremos que tocar a lo largo de nuestra carrera, como profesionales y como seres humanos.

La ropa no es un gasto, es una inversión

Seguramente ya escuchaste el dicho: "Nunca tenemos una segunda oportunidad de causar una primera buena impresión." Y es muy cierto.

La primera impresión que proyectamos es algo muy difícil, quizá imposible, de borrar. Por lo tanto, es muy importante vestirnos lo mejor que podamos si queremos ser tratados como alguien importante, que nuestra pareja se sienta orgullosa de presentarnos, que nos promuevan dentro de la empresa, que nos den la mejor mesa del restaurante. Y, principalmente, es importante para sentirnos bien con nosotros mismos.

Lo que decidas ponerte cada mañana puede ser factor determinante para lograr tus objetivos.

La ropa no es un gasto: es una inversión. Una inversión en nosotros mismos, una herramienta para llegar a donde queremos llegar. Cuando compres tu ropa para ir a trabajar, trata de que sea de la mejor calidad, de buenas marcas, y divide mentalmente el costo de la prenda por las veces que te la vas a poner. Si es de corte clásico, de 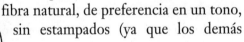fibra natural, de preferencia en un tono, sin estampados (ya que los demás

recuerdan con más facilidad las veces que nos ponemos ropa estampada), te aseguro que vale la pena. Te vas a sentir muy bien cada vez que te pongas esa ropa, y te va a dar más opciones para combinarla de manera diferente.

Hay tres elementos en los que vale la pena invertir lo más que podamos. Si eres mujer: trajes sastre, zapatos y una buena bolsa. Si eres hombre, el traje, la camisa y la corbata. Si estas prendas son de buena calidad, no importa tanto que el resto no lo sea. Si trabajas en un medio informal sería el saco, la camisa o blusa y los zapatos.

Cambiemos de ser personas percibidas como del montón, a ser de las que llaman la atención por estar bien vestidas. De esta manera estaremos en el camino correcto para obtener nuestras metas. No podemos impresionar a nadie si de entrada esa persona piensa que nos vestimos muy mal, trátese de lo que se trate y estemos en el trabajo que sea.

Por lo general, el juicio o la opinión que alguien se forma sobre nosotros está basada en cómo nos presentamos ante los demás. ¿Por qué nos conformamos con lo ordinario cuando tenemos dentro de nosotros la fuerza y la oportunidad de vernos extraordinarios? Preséntate como ganador y te tratarán como ganador.

La fuerza del estilo propio

EL ESTILO: ¿QUÉ ES Y CÓMO LOGRARLO?

¡Qué estilo tiene ese señor! Pensé esto al ver a un hombre como de 45 años, bajándose de un taxi en un aeropuerto para tomar un avión con su familia. No traía puesto nada espectacular: unos pantalones caqui, camisa de mezclilla muy sencilla y cinturón café trenzado. No era particularmente atractivo, pero tenía algo especial que hacía que destacara entre mucha gente. Me quedé observando. ¿Qué es lo que hace que una persona tenga estilo? ¿Qué es el estilo?

Estoy convencida que tener un estilo es una de las mejores características que una persona puede poseer, ya que se puede ser feo o guapa, alta o chaparro, joven o madura; pero si se tiene estilo, destacará en cualquier lado. Sin embargo, creo que eso es de lo más difícil de obtener. Nadie nace con estilo; es algo que vamos adquiriendo en la medida que vamos conociéndonos a nosotros mismos. Si pensamos en artistas que han destacado como El Greco, Dalí, o arquitectos como Barragán, Gaudí, Pei, y escultores como Zúñiga o Sebastián, ¿qué tienen en común? Poseen un estilo único. Creo que la clave está en encontrar un estilo propio, diferente, que exprese nuestros sentimientos y pensamientos, nuestra personalidad. Esto lo manifestamos en nuestra forma de vivir, de vestir, de actuar y de proyectarnos.

¿Qué se necesita para tener estilo?

Se necesita atrevimiento para ser uno mismo, gusto para escoger lo que mejor nos queda, gusto para combinar las prendas. Hay gente que nace con ese don natural, pero si no te sientes muy seguro de tenerlo no te preocupes, lo vamos adquiriendo por medio de varios elementos; el primero es la observación.

1. *Observa con ganas de aprender.* Observa los programas de televisión estadounidenses: son programas que se transmiten en todo el mundo y tienen varios asesores de imagen. Cuando veas una persona muy bien vestida en la calle, observa: ¿qué es lo que hace que se vea bien vestida? También observa cuando veas una persona mal vestida y aprende de ella qué es lo que no se debe hacer.

2. *Sé selectivo.* Al comprar una prenda, ésta debe reafirmar nuestra personalidad y debemos sentirnos de "diez" con ella. Así que sé muy selectivo y recuerda que, cuando entramos a una tienda, sólo diez por ciento de la ropa es para cada uno de nosotros. Pregúntate: "¿Me siento realmente muy bien con esto? ¿Proyecto lo que soy? ¿Me hace ver confiable, elegante? ¿Me favorece? Si es así... cómpratela; si dudas, o le tienes que preguntar a otros si te queda bien, mejor no te lo lleves, se va a quedar colgado en el clóset.

3. *Vístete de manera apropiada.* ¡Es muy importante! Apropiada de acuerdo con cuatro cosas:

   a) La edad: cuando las personas de 40 se visten como adolescentes porque se sienten *forever young*, verdaderamente se ven fuera de lugar.

   b) La ocasión: hay que tener la sensibilidad de vestirse de acuerdo con la ocasión. No llegar demasiado elegante a una cita, como tampoco ¡llegar de traje *beige* a una boda de esmoquin! Sé el más elegante en una noche de gala, y el más *sport* en un día de campo. Eso es tener sensibilidad y estilo.

   c) La época del año: en invierno es más apropiado usar ropa de lana, botas, etcétera. En verano, el lino, los trajes claros o lanas ligeras. No mezcles climas: calcetín con huarache, shorts con calcetines, camisa de lino y pantalón de lana.

   d) La hora del día: durante el día te verás mal de traje negro (si eres mujer, gasa o terciopelo); sin embargo, es muy apropiado para después de las seis de la tarde.

4. *Si en algún momento dudas* en usar algo ¡no te lo pongas! Créeme, siempre se te va a notar la duda, por lo tanto afectará tu seguridad. Los "casi" no son recomendables. La calidad es el pilar del estilo; me atrevería a decir que no se puede tener estilo si no se tiene calidad. Sólo quien tiene mucho gusto para combinar las prendas puede prescindir de la calidad. Poco a poco vayamos haciéndonos de prendas de mejor calidad. Te vas a sentir diferente, más seguro de ti mismo, te lo garantizo.

5. *Audacia para ser único.* No tengas miedo de manifestar tu personalidad. La gente que tiene estilo no copia a nadie, es impredecible, audaz. Por supuesto, teniendo en cuenta todo lo anterior.

Evite lo exagerado, lo muy "mono", los coordinados de fábrica, los lentes de espejo, las camisetas con corbata pintada, los relojes de Mickey Mouse, etcétera.

6. *La actitud es importante.* Vista como si ya hubiera llegado a donde quiere llegar. Use la ropa como herramienta. ¡Preséntese como ganador y lo tratarán como ganador!

Vístete lo mejor posible, lo mereces. Vestir bien es el marco que presenta al mundo quiénes somos y qué queremos llegar a ser.

Quizá la gente a la que conozcas nunca recuerde exactamente lo que traías puesto, sin embargo sí recordarán la buena impresión que les causaste. Eso es tener estilo.

LAS CUATRO REGLAS DE LA ELEGANCIA QUE NO CUESTAN NADA

Cuando vamos creciendo y ascendiendo en nuestras carreras profesionales hay ciertas cosas que nos intimidan al enfrentarnos a las llamadas "ligas mayores".

Una de ellas es que no siempre sabemos cómo ser elegantes para vestir. Tal vez tenemos recursos limitados; sin embargo, el saber las reglas del vestir bien nos permitirán hacerlo con estilo, aunque con economía y sencillez.

Te quiero platicar cuatro reglas básicas para verte elegante, y esto funciona tanto para hombres como para mujeres.

1. *No usar más de tres colores lisos a la vez.* Cuando nos vestimos en colores lisos, hay que verificar que no sean más de tres; la atención se detiene cada vez que encuentra un color, y si son más de tres, la figura se fragmenta. En una tela estampada es diferente, ya que el estampado está profesionalmente diseñado y depende del diseñador que la prenda esté balanceada. Esto, si te fijas, no cuesta nada.

2. *Repetir siempre un color.* Este detalle es el secreto para verte bien vestido. Fíjate cómo el simple hecho de que a un señor se le asome la media pulgada de blanco de la camisa en la manga, lo hace verse mucho mejor vestido que si no se asoma. O que la mascada de una mujer repita el color de la falda o pantalón.

   Este simple detalle de repetir visualmente un color hace que la persona se vea más elegante y bien vestida.

3. *No usar más de siete materiales.* Cuando usamos más de siete materiales al vestirnos, sucede como cuando entramos a una casa y de inmediato la percibimos recargada, como que le sobra algo.

   Cuando nos vestimos hay que contar la piel del zapato, la textura del calcetín o medias, la tela del pantalón o falda, la camisa o blusa, el saco, corbata o accesorios, y éstos no deben pasar de siete. Cuidar esto, como podemos ver, tampoco es caro.

4. *No usar más de tres accesorios.* Si en la mujer es importante no pasarse de tres accesorios, ¡imagínate en el hombre! El exceso es siempre un error. Debemos cuidar de no abusar de los accesorios y usar máximo tres; por ejemplo, aretes, pulsera y collar o mancuernas, anillo de casado y reloj.

La diferencia entre moda y elegancia

¡Cómo describirla! Creo que estas dos definiciones de personas tradicionalmente elegantes nos pueden acercar a la esencia del concepto:

> *La elegancia es difícil de describir, pero es muy fácil de reconocer.*
>
> JAQUELINE DE RIBES

> *La moda es obvia y pasajera; la elegancia es callada y eterna. La moda se compra, la elegancia se aprende.*
>
> COCO CHANEL

La elegancia no es resultado de poder económico, o de usar trajes costosos o llamativos; es una actitud callada, natural, tranquila.

¿QUÉ ES TENER CLASE?

"¡Qué clase tiene!" Todos seguramente hemos pensado esto sobre alguien o lo hemos escuchado y estarás de acuerdo conmigo que pocos comentarios son tan halagadores, ya que para que esto se dé, se requiere que la persona reúna muchas características.

¿Qué es tener clase? Clase es esa "misteriosa cualidad" que poseen algunas personas y que las hace tan especiales, que la mayoría admiramos y aspiramos poseer. No es fácil definir exactamente lo que hace que una persona tenga clase, ya que esto se debe a que no es sólo una cosa, sino la reunión de varios factores que identificaremos posteriormente.

Tener clase no es algo elitista como se podría pensar, ni tiene que ver con la condición económica, el apellido, ni la posición social. Sin embargo, definitivamente tiene que ver con la integridad, la inteligencia, la discreción y la prudencia, sin omitir otro factor importante que es la educación.

En términos generales se podría decir que consta de cuatro elementos:

1. Lo que la persona dice.
2. La forma de decirlo.
3. Su aspecto o imagen.
4. Su comportamiento.

En los pequeños detalles de la vida se manifiesta la clase, y ya que es más fácil describir lo que es no tener clase veremos algunos ejemplos.

Reírse a carcajadas con la boca abierta, sonarse en la mesa sobre todo si se hace con un pañuelo ya usado, no pagar una deuda, gritarle o hablarle de mal modo a la gente que nos sirve, no agradecer un favor que se recibió, vestirse ostentosamente o con mucha joyería, rascarse los dientes en público, hablar fuertemente para llamar la atención, sorber la sopa al comer, salir diario en los eventos sociales del periódico, llamarle "mi reina, gordis, mi chula" a cualquier persona que se nos acerque, meterse a obras sociales como pretexto para codearse con gente de clase, tener el cabello pintado de rubio platino o rojo muñeca, usar pestañas postizas, hablarle de "tú" al mesero, traer las uñas moradas y largas, expresarse todo el tiempo con groserías, usar camisas con iniciales bordadas en el cuello, traer Rolex de oro, llamarle la atención a alguien frente a los demás, tener un Corvette amarillo, llegar siempre tarde a las citas, usar todos los cinturones, anteojos y bolsas que anuncian la marca, utilizar ropa de poliéster, tener 40 años y arreglarse como si tuviera dieciocho, tener 30 kilos de más, ser chismoso o hablar mal de otros, hacer una larga estancia en casa ajena, subir de puesto pisando los dedos de los demás, decir el precio de lo que le costaron las cosas, masticar chicle, maquillarse mucho, escarbarse la nariz, usar tatuajes o un esmoquin color menta, limpiar los cubiertos antes de comer, traer el cabello o las uñas sucias.

Muchas cosas más podrían hacer esta lista más extensa. Ahora veremos lo que es tener clase y compartiré contigo diversas opiniones y puntos de visa que me aportaron algunas personas sobre el tema.

Una persona con clase posse seguridad, mas no arrogancia; orgullo pero no altivez; simpatía, mas no simpleza; es aquel que tiene un profundo y discreto sentido de nobleza.

Es el arte de ser honesto con uno mismo, bajo todas las circunstancias y con toda la gente.

La clase surge del interior, de una consideración por los derechos y talentos de los demás.

Es tratar de igual manera a una dama, a un alto ejecutivo, a un mesero o a una persona que pide limosna.

Es tener consideración por los demás y buenos modales, que después de todo son lo mismo.

Es vestir siempre de acuerdo con la edad, hora del día, clima y ocasión.

Tener clase es cuando uno no se preocupa por tenerla, es algo que no se encuentra en el camino, es el resultado de caminar.

Es la forma de lidiar un problema con aplomo y dignidad, sin importar su gravedad.

En pocas palabras, la clase no tiene que ver con el nivel económico, con apellidos de alcurnia, con una camisa de marca, ni con un coche ostentoso, sino que es el resultado de la riqueza interna de un trabajo que se proyecta al exterior inevitablemente.

Hay que hacer una lista mental de la gente que pensamos que tiene clase; observemos sus cualidades y analicemos si nosotros las tenemos, o bien propongámonos fomentarlas para así ser una persona más agradable para los demás. Y sobre todo, que al vernos digan: "¡Qué clase tiene!"

¿QUÉ TIPO DE HOMBRE ERES?

El ecologista, el hombre de negocios, el clásico

El otro día, platicando con un buen amigo que es director y representante de una de las marcas de ropa para hombre más fuertes en la industria, me comentaba que existen dentro del mercado tres clasificaciones de hombres; me parecieron muy atinadas y divertidas sus observaciones, ya que comprobé que la mayoría de los hombres responde perfectamente bien a alguna de las tres. Descubre, querido lector, a cuál perteneces.

El ecologista o innovador

Le gusta ir a lugares originales, no los que están de moda. Siempre sabe de este o aquel restaurantito, donde se come muy bien, que es atendido por la familia, etcétera.

La ropa es parte de un estilo de vida donde se destaca lo informal, lo cómodo, es un poco estilo universitario, viste saco de piel con suéter de algodón tipo polo, aunque sea el presidente de la empresa. Le quedan las texturas mates, los *tweeds*, las panas, el lino y el algodón. Es buena gente, amigo de todos, que siempre cae bien, que no es amenazante y es fácil llevarse con él, muy de su casa y su familia, encantador y acogedor.

Si se va de vacaciones, seguro escogería las montañas, o irse en camioneta con la familia a algún lugar del campo, sólo para ver quizá unas maravillosas cascadas; disfruta hacer recorridos en bicicleta. Elige su ropa por un proceso de eliminación más que por otra razón, pero le gusta proyectar esa apariencia desaliñada que podría tomarse como descuido, pero que puede ser un arte lograrla. Los colores que más les gustan son los apegados a los de la naturaleza, como el café, verdes o azules. Su cabello es por lo general ondulado y suelto, con apariencia casual más que muy controlado, y siempre seco. Es el tipo de hombre al que favorece el bigote o la barba. Tiene un gusto sencillo y generalmente convencional.

Su actitud en cuanto a la ropa es la siguiente: si sus pantalones están arrugados… "¡Total! Nadie se da cuenta." Si su corbata no es la más adecuada para el traje… Mala tarde, es la primera que tomó. Si el traje no es muy moderno… "¿Qué tiene?" Difícilmente compraría un traje realizado por un alto diseñador italiano, prefiere algo menos sofisticado. Con lo que se ve mejor, además de ser lo que más les gusta, es con la ropa *sport*, tipo Gap. Prefiere las prendas un poco sueltas y desdeña la ropa apretada. En el fin de semana, generalmente usa las mismas prendas favoritas y cómodas de siempre. Es atractivo para las mujeres, ya que es el prototipo del "buen marido". Le agrada todo lo diseñado por Philippe Starck, arquitecto de moda que utiliza materiales naturales, y tiene un estilo vanguardista. Es muy consciente de cuidar el medio ambiente y apoyaría una tienda donde los empaques fueran reciclables.

Para realmente vernos bien, la ropa debe ser una continuación de nuestra personalidad y debe reflejar nuestro espíritu. Si ésta es tu personalidad, tu espíritu es libre, disfrutas mucho vivir los pequeños momentos mágicos de la vida, es muy probable que tengas muchos amigos, una familia feliz y te sientas muy contento contigo mismo.

¿Eres un hombre de negocios?

El tipo "Wall Street" proyecta éxito con sólo verlo. Le gusta asistir a restaurantes de éxito, a todos los sitios de moda, así como vacacionar en los mejores lugares en la temporada adecuada. Por ejemplo, no falla para estar en la última semana de Navidad en la playa de moda o la Semana Santa en la nieve, a las orillas del lago de moda, y conoce cuáles son los mejores restaurantes del momento.

Es un hombre que ama los retos, es inquieto, está en constante actividad y tiene una enorme seguridad en sí mismo. En los negocios es un hombre de éxito, así como en cualquier profesión que escoja; por lo tanto, se viste para ganar, pero siempre con un sello individual. Lo veo entrando a Bellas Artes a un concierto de beneficencia, saludando a mucha gente. Tiene un innato sentido del buen gusto. Es atrevido para vestirse sin salir de los parámetros. Le gusta sentirse cómodo al trabajar, le desagrada lo que apriete, irrite o inhiba sus movimientos. Es un hombre que por naturaleza exige perfección en los demás, todo tiene que estar en el momento y resuelto. Por lo general, le gustan los deportes al aire libre, especialmente jugar tenis, golf o esquiar en nieve. Es encantador con las mujeres, sabe cómo hacerlas sentirse importantes y femeninas. Es respetado y admirado por sus amigos y compañeros. En ropa *sport* le gusta experimentar y usar estilos innovadores.

De los tres tipos de hombres es el que más importancia da a los accesorios y probablemente el que más pares de zapatos tiene, se preocupa por tenerlos muy bien lustrados, detalle al que muchos olvidan dar importancia.

Pertenece a ese estilo de hombres que trabajan en las casas de bolsa, banqueros y políticos destacados. Si resultaste ser el hombre de negocios, te felicito, seguramente tienes empuje y eres optimista y productivo.

¿Eres un hombre clásico?

Todos los hombres quizá tengan un poco de las tres personalidades; sin embargo, siempre hay un estilo predominante en cada uno y debes aprender a reconocer cuál es el tuyo particularmente, para que de esta manera tu ropa, ya sea formal o informal, se convierta en una continuación natural de tu personalidad. Así, tu ropa será la que más te quede y favorezca.

El hombre clásico es el diplomático, banquero, ejecutivo corporativo que ha llegado a las ligas mayores, y todo lo que usa lo manifiesta así. Le gusta la buena vida y la disfruta porque siente que la merece. Le gusta comer bien, frecuenta los restaurantes de moda con regularidad, aunque prefiere el lugar que ya conoce y donde lo conocen, donde por ser un cliente asiduo le dan un trato preferencial.

Asimismo, le gusta mucho vestir bien y destaca especialmente este aspecto, pero es un hombre de gran tradición. No le gusta ser innovador, prefiere ciertas tiendas en las cuales toda la vida ha comprado o mandado hacer sus camisas especiales, y a las que es fiel a menos que suceda algún percance. Conserva a su sastre de confianza, que ya lo conoce a la perfección tanto en sus gustos como en sus medidas, las cuales no varían gran cosa, ya que hace ejercicio regularmente. A este sastre a lo mejor le manda hacer tres trajes exactos sólo cambiando el casimir, pero quizá hasta del mismo color. Es muy exigente en cuanto a materiales se trata: todo debe ser 100 por ciento de materiales naturales, como algodón, lino, lana, seda, piel y gamuza.

Está muy pendiente de los pequeños detalles de calidad, como la caída del casimir, o si se arruga el pantalón al sentarse, que el saco no se vaya a arrugar cuando él descansa, que el nudo de la corbata esté perfecto, etcétera. Le gusta comprar ciertos artículos de mucha calidad en el extranjero, no porque no los encuentre aquí, sino porque también ya se acostumbró a esa pequeña tiendita en Estados Unidos o Londres donde encuentra esto o aquello. Pero algo que lo hace comprar ahí es que también allá lo conocen de tiempo, o a su papá y quizá hasta a su abuelo.

Es conservador para vacacionar; le gusta ir a los mismos hoteles de las grandes ciudades a los cuales ha llegado siempre. Eso sí: son magníficos hoteles de gran tradición. El auto perfecto para este tipo de hombre sería uno de línea clásica y elegante. Tiene una fuerte personalidad, él lo sabe y lo usa a su favor, como algo innato.

Si te identificas con este tipo de personalidad, ya sabes, excelencia es tu clave, y debes manifestarla y exigirla.

NO HAY NADA QUE HABLE MÁS DE TI QUE TU CABELLO

Esta es una frase que le escuché a un maestro de imagen que tuve en la ciudad de San Francisco, la cual me impresionó mucho. Y cada vez más compruebo la razón que tiene.

El cabello es sencillamente la característica más importante con la cual podemos transmitir confianza, ya que si está mal cortado, descuidado o anticuado, puede arruinar el efecto total de la persona.

Ya pasó la época en que íbamos a la peluquería o salón de la esquina a cortarnos el pelo como fuera, o al último grito de la moda, sin tener en cuenta nuestra forma de cara, tipo de cabello, estilo de vida, actividad, etcétera.

Podemos saber si un estilista es profesional si se toma el tiempo de preguntarnos estos datos y, sobre todo, qué es lo que buscamos y queremos. Niégate a que te corten el pelo por primera vez, sin que antes hayan revisado tu forma de cara y hayas aclarado esos puntos. Además, el peinado nos permite saber la edad de la persona, porque hay quienes se quedan estacionados en las décadas de los ochenta y los noventa, y quienes con su corte y peinado muestran estar actualizados.

Hay personas que no han cambiado su forma de peinarse desde que salieron de la preparatoria; muchas veces creen que eso las hace verse jóvenes y, la verdad, sucede al contrario.

Por ejemplo, hay un peinado "de fuentecita" que puso de moda Jimmy Connors, el tenista, hace más de 25 años, aún es utilizado por muchos hombres.
Con ello se hace obvio que pertenecieron a esa generación. También hay señoras de 40 años con el pelo largo tipo Farah Fawcett, que se usó en la década de los ochenta, y a esa edad lo que menos nos ayuda es tener líneas descendentes como marco de la cara. Lo que tenemos que hacer es cambiar y buscar un corte moderno, actualizado, que nos favorezca.

Tipos de cara

- Una cara alargada necesita volumen a los lados, por lo que le favorece dejar crecer un poco el cabello a la altura de la sien. También le queda usar bigote para crear una línea horizontal. Para no acentuar lo largo, hay que tener cuidado de no crear volumen en la parte superior.

- Una cara ancha, ya sea redonda o muy cuadrada, pide quitarle volumen a los lados; no te favorece el bigote, y no te cortes el pelo en forma redonda, ya que destacará más su redondez. Por eso debes crear un poco de altura arriba con líneas rectas.

- Cuando la persona tiene mucho cabello, debe tener el cuidado de ir a la peluquería cada tres semanas por lo menos. Una recomendación para los que tienen poco cabello: deja de preocuparte tanto, acéptate como eres, ya que el hombre con poco pelo puede ser interesante y muy atractivo.

Por favor, no uses postizos ni tupés; la verdad es que a nadie engañas y vives siendo esclavo de algo que no vale la pena. Tampoco hay que hacerse peinados "de queso Oaxaca"; el único que cree que se le tapa la calvita eres tú. Seamos realistas.

En cuanto a la pintura del pelo hay que partir de la base de que la naturaleza no se equivoca; el tono de pelo natural es el que nos queda. Podemos acentuar ligeramente un tono, pero no cambiarlo radicalmente, porque lo más seguro es que se vea artificial. En cuanto a los hombres que deciden teñirse las canas, lo cual es perfectamente aceptable, háganlo en una forma paulatina, y de un tono más bajo que el suyo, para que no se les note de golpe. Y permíteme decirte que un hombre con canas es muy atractivo. No olvidemos la frase que dice: "Nada habla más de ti que tu cabello."

CÓMO VESTIR DE ACUERDO CON TUS PROPORCIONES

Hay quienes tienen la suerte de decir: "Tengo cuerpo de pobre, porque todo me queda"; sin embargo, hay otros tantos que cuando van de compras es frecuente que al probarse las prendas, las tallas supuestamente "normales" no les queden, ya sea porque las mangas están largas y los pantalones muy cortos, o al revés. Podemos llegar a pensar que el "comprador promedio" es producto sólo de la imaginación del fabricante (al menos así nos hacen sentir).

Cuando vayamos de compras es importante tener en cuenta las proporciones de nuestro cuerpo. Una vez que las conozcas puedes hacer que el corte, el estilo y la talla trabajen para que el cuerpo se vea balanceado.

Podríamos dividir el cuerpo a lo largo en dos partes: de la cintura para arriba, que sería el torso, y de la cintura para abajo. Me atrevería a decir por experiencia propia (después de asesorar a más de diez mil personas en imagen) que la mitad de la gente tiene el talle más largo en proporción con las piernas, y la otra mitad, las piernas más largas que el talle. Se puede ser una persona muy alta y, sin embargo, tener un talle muy corto, o se puede ser bajito y tener un talle muy largo.

¿Cómo saber si eres de talle corto o largo?

Pide a alguien que te mida con una cinta métrica desde la cabeza al doblez de la pierna y del mismo punto hacia el suelo.

Si la parte superior mide menos que la inferior, eres una persona de talle corto. Si es al revés, eres de talle largo.

¿Qué le favorece al talle corto?

Le favorece:

- Los *sacos* de cuatro y tres botones y los de corte italiano, que se cierran con dos botones abajo.
- Las *chamarras* largas, no las cortas a la cintura, ya que éstas destacan lo corto. Asimismo, las prendas que se llevan por fuera, que no marcan la cintura, como los chalecos, los suéteres delgados, playeras desfajadas, etcétera.
- Si la *camisa* debe ir fajada, una vez que ya esté metida hay que estirar los brazos hacia arriba para permitir que la tela se salga unos dos centímetros más de talle.
- La *corbata* es una prenda que favorece mucho a estas personas ya que le da verticalidad al talle, dándole más altura.
- Los *pantalones* hay que usarlos un poco caídos sobre la cadera, no exactamente en la cintura; los *jeans* le favorecen ya que están cortados debajo de la cintura.

- Los *cinturones* deben ser máximo de dos dedos de ancho y de hebilla muy discreta.
- Caminar muy erguido.

¿Qué favorece al talle largo?

El talle largo es más favorecedor cuando al vestir no se exagera su línea. A estas personas les favorecen:

- Sacos rectos de uno, dos y tres botones; si es cruzado, que los botones sean en medio del tórax, no abajo.
- Chamarras o suéteres cortos a la cintura.
- Camisas bien fajadas.
- Playeras lisas o de raya horizontal.
- Pantalones abrochados en la cintura.
- Pantalones con valenciana.

Entre más conozcamos "qué nos queda y por qué nos queda", estaremos acercándonos a lograr un estilo individual y nos veremos siempre mejor presentados, lo cual nos hará sentirnos más seguros de nosotros mismos.

EL TRAJE: SU SELECCIÓN Y SU CORTE

Dale una revisadita a tus trajes. ¿Cuántos están en buen estado, que te queden bien y que no se vean anticuados? El traje es, sencillamente, la prenda más importante del hombre. Es una inversión en ti mismo, en tu credibilidad. Tú eres tu mejor negocio.

Cuando estamos hablando con una persona, ¿qué es lo que le vemos? Además de la cara, observamos la parte superior del cuerpo, y aunque la camisa y la corbata son importantes, la prenda que más nos habla del usuario es el traje.

El traje nos indica su estatus, su personalidad, su carácter, su refinamiento, y hasta el puesto que ocupa dentro de la empresa. El traje ha sido siempre un símbolo que asociamos con poder y autoridad. Tendemos a confiar, a respetar y a obedecer más a una persona que trae un traje puesto, que a otra que no lo trae. En Estados Unidos se hizo un experimento para probar esto. Se situó a un señor perfectamente bien vestido de traje, en el cruce peatonal de la calle, y antes de que el letrero de "avance" se prendiera, cruzó la calle decididamente y la mayoría de la gente lo siguió.

Al día siguiente, se colocó el mismo señor en la misma esquina, y efectuó el mismo movimiento, pero ahora vestido de *jeans* y camisa. Nadie lo siguió.

¿Cómo comprar un traje?

Lo primero que te recomendaría es que cuando vayas a comprarte un traje, no lo hagas en *pants* o tenis, sino con tu mejor traje corbata y camisa, primero por aquello de que como te ven te tratan, y después para que el traje que te vas a probar te luzca.

Aunque el precio no es lo que distingue necesariamente al traje, al comprar uno hay tres cosas que considerar:

1. *Que la talla sea la adecuada.* No importa qué tan maravillosa sea la marca o el material; si el traje no queda perfecto, éste se va a ver de la mitad del precio que pagaste.

   • Primero pruébate el saco y mírate en un espejo de tres lados. Con el saco abrochado, verifica que no se te hagan arrugas. Si en la espalda se te hacen arrugas horizontales, es que te queda chico, y si se te hacen arrugas verticales es que te queda grande. Todos tendemos a comprarnos la talla de hace unos años.

- El largo del saco debe llegar a la primera falange del dedo pulgar, o sea, tapando la cadera.
- El largo de la manga debe quedar 1.5 centímetros arriba del puño de la camisa.
- Si te quedó bien el saco, entonces pruébate el pantalón, pero cuando te vayan a tomar la medida de la bastilla, póntelo a la altura de la cintura donde siempre lo usas (que no sea muy bajo, porque se te notaría más la pancita). Las pinzas de los pantalones deben caer suavemente sin forzarse, así como las bolsas laterales.
- El largo del pantalón debe quedar haciendo un quiebre sobre el zapato, quedando más corto de adelante y más largo de atrás. Pero si tiene valenciana, la bastilla debe ser recta.
- Aunque el traje te haya quedado muy bien al comprarlo, si te llenas las bolsas con el celular, las llaves, la cartera, plumas, agenda, etcétera, hasta el mejor traje se te deforma y entonces no te va a lucir aunque sea de la mejor calidad.
- Abrochado el traje, las solapas deben caer suavemente sobre el pecho, no se debe ver jalado ningún botón, y te debe permitir doblar y estirar hacia arriba los brazos cómodamente.

2. *El mejor material* por supuesto es la lana cien por ciento pura y virgen. Si la etiqueta sólo dice lana es que ya ha pasado por varios procesos, y es de menos calidad. Verifica que el forro esté cosido y no fusionado (pegado), para que te dure más tiempo. Quizá pagues un poco más al comprarlo, pero vale la pena, porque la duración es mucho mayor,

ya que no le saldrán burbujas con el calor de la plancha, que ya nunca desaparecen.

3. *El color* es el ingrediente más poderoso del traje. Es sencillamente la razón por la cual un hombre se ve profesional o no. Por lo tanto, escógelos de acuerdo con tu tipo de trabajo.

Colores oscuros

Los tonos de azul marino y gris oscuro transmiten autoridad y respeto, y son la mejor opción para la junta importante, la cita con el banquero o con el cliente. Sin embargo, el negro, siendo muy elegante, llega a ser tan severo que sólo hay que usarlo después de las cinco de la tarde, ya que es de media ceremonia.

Colores medianos

El verde militar, el azul medio o el tono camello, en general te hacen verte más abordable, y se pueden usar cuando tengas juntas con miembros de tu equipo y también cuando buscas lograr una atmósfera más casual y amistosa.

Colores claros

El gris muy claro o el beige sólo se ven bien en plena época de calor o en una ciudad de clima caliente. Pero si vas a visitar a "esa persona importante de la que hablamos", no lo uses. Aunque haga calor, te verás con más presencia con un traje un poco más oscuro.

Y en cuanto al color café, está de moda en tono chocolate, pero sólo si tienes la tez clara o mediana (con camisa azul clarita). Pero reitero una petición que hice a todos lo hombres, especialmente a los que trabajan en el campo financiero, en la política, en las ventas o en el mundo de los negocios: ¡tiren, vendan, o rifen sus trajes cafés canela! Es el que tiene menos presencia, autoridad y credibilidad. Además, no va nada con el color de tez del latino.

El corte de tu traje

Cuando un hombre va a comprarse un traje, son tantas las alternativas en formas, colores, texturas, que el hombre no sabe muy bien por dónde empezar. ¿Cuántas veces acudes a la tienda determinado a comprar algo diferente y acabas siempre con el miso tipo de trajes, porque no te sientes muy seguro de si te quedan o no los nuevos estilos? En las tiendas puedes encontrar en realidad variaciones de los tres tipos básicos de trajes, que son: el *corte inglés*, el *italiano*, que ha dominado el mercado mundial, y el *americano*.

El corte inglés

Este corte en general sigue la línea del cuerpo, sin exagerar ninguna área de los hombros o de la cintura. Su línea es un poco rígida por sus muchas capas de entretela, cuenta con tres botones, la solapa es moderada, y tiene dos aber-

turas en la parte de atrás, las cuales son favorecedoras para quienes son un poco anchos de cadera; las bolsas laterales son cortadas un poco en diagonal, y los muy tradicionales tienen una tercera bolsa. Por lo general no hay cambios en la línea.

El corte italiano

En 1980, este traje revolucionó lo tradicional. Los italianos decidieron ensanchar los hombros al estilo de 1930, y hacer su construcción más ligera para darle más comodidad: se alargan los sacos y los pantalones dándoles más volumen, y las bolsas se esconden. Ahora el corte italiano es recto con poca estructura en los hombros, tomando una forma más relajada y casual. Es de tres o cuatro botones verticales, solapa de mediana a angosta. En la parte de atrás tienen una sola abertura o no la tienen.

El corte americano

Este estilo sigue mucho la tendencia del estadounidense de buscar comodidad antes que estilo. Casi no lleva hombreras, el *look* es un poco como una caja, es más corto que el europeo, las solapas son tamaño mediano, y las orillas son redondeadas para darle un aspecto menos formal. Las bolsas siempre van por fuera y tiene una abertura por detrás.

El saco cruzado de seis botones de momento ha dejado de usarse. Sin embargo, es un clásico que estoy segura pronto recobrará los reflectores; mi sugerencia es que no te deshagas de ellos. Este tipo de saco acompaña al traje de "corte europeo", que sigue la línea del italiano, pero es menos exagerado en sus líneas y muy elegante; las hombreras  son un poco más discretas y es un poco marcado en la cintura. Esta silueta favorece a los hombres de estatura promedio a baja. Existe el modelo de traje abierto; éste tiene una abertura en el centro y los pantalones tienen menos volumen.

También el corte europeo se identifica por ser de cuatro y tres botones verticales. En este caso se distinguen por ser de línea recta y solapa angosta. En la parte de atrás tienen una sola abertura o no la tienen.

LA CAMISA

La camisa es uno de los detalles que al vestir influye más en la excelente presentación de un hombre. Ésta debe estar impecable, perfectamente bien planchada y limpia para que nos ayude a transmitir ese efecto de credibilidad. Hay varios detalles que son muy importantes.

La talla

Al comprar la camisa, la comodidad es lo más importante. Sin embargo, no te debe quedar tan holgada que te arruine la línea del traje, pero tampoco que se vea como si la trajeras pintada con aerosol. El largo de la manga debe asomarse $^1/_2$ pulgada de puño fuera del saco. En cuanto al cuello, es imperdonable un hombre con el cuello de la camisa arrugado.

Un error muy común en los hombres es seguir usando el mismo cuello que cuando iban a la universidad; por lo general, con la edad se sube de peso y el cuello tiende a ensancharse. Hay señores que se preguntan por qué todos los días terminan con dolor de cabeza o tienen vista borrosa. Verifica la talla de tu cuello. ¿Eres de los que, en cuánto puedes, te desabrochas el cuello de la camisa y te aflojas la corbata? Corrobora también tu talla. La medida se toma debajo de la manzana de Adán, y lo ideal es que te quepa un dedo entre la piel del cuello y el de la camisa. Por supuesto que la solución no es, como lo he visto en algunos casos, desabrocharse el cuello y cerrárselo con el nudo de la corbata.

Tipos de cuellos y puños

El cuello y los puños marcan el grado de formalidad de una camisa. Como regla, entre más tieso está un cuello, es más formal. El tipo del cuello debe ir de acuerdo con la forma de cara. En el mercado existen varios tipos de cuellos, pero los más usuales diríamos que son cuatro:

- El tipo francés, que tiene una separación regular entre los picos, que en general le va a todo mundo y se ve bien con un traje de corte conservador y clásico.
- El cuello Windsor, con los picos muy separados, favorece a las personas de cara alargada. Además lucen bien con trajes de solapa ancha y nudo grueso en la corbata.
- El cuello con poca separación y picos largos es mejor para balancear una cara ancha y deben usarse con trajes de solapa angosta y nudo angosto en la corbata.
- El cuello con poca separación y picos largos es mejor para balancear una cara ancha y deben usarse con trajes de solapa angosta y nudo angosto en la corbata.
- El cuello de botones, es menos formal y sólo debe acompañarse con combinación de *blazer*, pantalón y mocasines. Nunca con un traje completo o zapatos de agujetas.

Si tienes cara ancha y redonda evita los cuellos muy separados y corbatas de nudos anchos. Si tienes cara alargada evita los cuellos de poca separación y largos. Si tienes la cara angulosa, absténte por completo de los cuellos redondos (si es que un día regresa la moda). Ya no se usan los yugos de metal ni el fistol (al menos por ahora). Los puños de mancuernas son lo más elegante que hay; yo sugeriría tener siempre un par en tu guardarropa, para situaciones formales o para el día de la junta importante. Entre más bolsas tiene una camisa, menos formal es.

El material

Por supuesto, entre más fibra natural contenga es mejor, sobre todo por cuestión de la transpiración. Aunque la mayor parte se fabrica de algodón, hay algunas combinaciones con un poco de poliéster (80/20) que las hacen menos arrugables y siguen siendo cómodas. Por favor, nunca compres una camisa cien por ciento de poliéster. Además de sentirte como envuelto en plástico y morirte de calor, el olor del sudor se acentúa.

Los estampados

Las camisas lisas han sido por tradición las más formales, aunque las de raya fina o cuadro muy pequeño son elegantes también. Lo que sí tendrás que observar es, por ejemplo, que una camisa de raya a lápiz es más formal que una de raya de caramelo, y que una de cuadritos pequeños es más formal que una de cuadros grandes. También son muy elegantes las que tienen los puños y cuellos blancos sobre un cuerpo de color. (Aunque de momento ya no se usan, la moda va y viene constantemente.)

El color

La camisa blanca seguirá siendo la formal por excelencia, hace verse a un hombre muy distinguido y le da elegancia instantánea, así que es bueno tener siempre una limpia en el cajón de la oficina. Asimismo, es la única apropiada para ir a una boda en la noche que no requiera de esmoquin, o bien a una cena en casa de tu jefe o cliente. La que sigue al blanco en formalidad sería la azul clara durante el día, mas no es apropiada para la noche. En la noche no hay como la camisa blanca. Se están usando mucho las camisas de colores, lo cual te da mucha versatilidad, sólo evita las negras ya que tienen una connotación gangsteril.

Por favor, evita usar camisas que ostentan ser hechas por un camisero y muestran una raya de color sobre el cuello y otra sobre el puño. Se ven de nuevo rico total, además de ser ¡horrorosas!

Hay hombres que se rehúsan a regalar su camisa favorita porque les da buena suerte. Sólo habría que ver si la camisa no los está ya saboteando. Recordemos a Balzac que dijo: "Descuidarse en el vestir… es suicidio moral."

Iniciales grabadas… ¿de mal o de buen gusto?

Los monogramas pueden ser un toque de distinción, buen gusto y clase, pero pueden ser ostentosos, pretenciosos, de mal gusto y exagerados. He visto hombres que verdaderamente parece que no se acuerdan cómo se llaman. Traen monogramas en la camisa, en el cinturón, en la pluma, en la esclava, en el portafolio y hasta en la cartera.

Los monogramas tienen su inicio en el siglo pasado, en Inglaterra, donde la gente de la nobleza mandaba confeccionar especialmente su guardarropa y se le bordaba las iniciales del usuario, lo cual distinguía lo mandado a hacer de lo comprado. Posteriormente fue adoptado por las clases altas y se fue extendiendo por Europa como signo de distinción.

Para que sea signo de distinción, las iniciales tienen que ser discretas, y usadas en un lugar discreto. En la camisa, que es la prenda que más se acostumbra mandar a grabar, dependiendo del lugar en donde lo hagas, puede denotar buen o mal gusto.

Me ha tocado ver iniciales bordadas en los puños de la camisa, lo cual me parece que es como decir "vean qué elegante soy". Aunque no lo creas, he llegado a ver los monogramas bordados en el ¡cuello de la camisa! Eso sí con certeza es una proyección de egolatría absoluta, además de demostrar una inseguridad total. Pero ahora vamos a ver cómo pueden los monogramas verse de buen gusto.

En primer lugar, deben ser bordados en el mismo tono de la camisa: si la camisa es blanca, las iniciales deben ser bordadas en hilo blanco o en gris perla; si la camisa es azul clara, en hilo azul claro, etcétera. El mejor lugar, y esto es una apreciación personal, es unos diez ó trece centímetros arriba del cinturón del lado izquierdo, dependiendo del largo del talle, ya que es un lugar discreto. También puede ser en la bolsa de la camisa, pero nada más. El tipo de letras que se deben usar son pequeñas, sencillas, elegantes y discretas. No utilices letras grandes y elaboradas, ni trates de copiar el monograma familiar si éste es complicado, aunque sea de mucho abolengo.

En cuanto a las iniciales grabadas en tu portafolio, maletas, cartera, etcétera, si insistes en tenerlas, lo único que te aconsejo es grabarlas sin ningún color, que sólo queden en bajo relieve. Son mucho más elegantes que los dorados que a veces provocan el efecto contrario que se quiere dar de estatus y exclusividad.

Sólo una cosa se me hace peor que ostentar las iniciales propias, y es ostentar las iniciales del fabricante. ¿Te has dado cuenta de lo que quieren lograr? Nos convierten en anuncios ambulantes que, la verdad sea dicha, distan mucho de ser elegantes. No caigas en la trampa por favor. Una camisa, una corbata o un portafolio de excelente calidad hablan por sí solos, y no necesitan traer la marca en un lugar visible.

LA CORBATA, TU FIRMA

Con los nuevos códigos para vestir, que son más relajados, la corbata ha perdido terreno. Sin embargo, conviene saber los aspectos básicos para usar esta prenda. ¿Sabías que por medio de la corbata se puede conocer mucho de una persona?

Para algunos, la corbata es un accesorio incómodo e inútil; para otros es símbolo de elegancia, disciplina o solemnidad, y aunque en tu trabajo te desenvuelvas en un ambiente informal, como publicidad o Internet, tarde o temprano termina siendo un complemento indispensable.

La corbata es la única prenda que le permite una forma de coquetería y de expresión personal al hombre que quiere vestir con elegancia. Por lo tanto, es una pieza del vestuario que nos transmite mucha información del que la usa y de los que no la usan.

Los que no la usan

Por supuesto, me refiero a las ocasiones formales. Casi siempre podemos hablar de personas libres de espíritu, que les gusta romper las reglas, a quienes éstas los tiene sin cuidado. En este caso estarían los artistas, los maestros, los bohemios, los periodistas, los que tienen ideas revolucionarias, los líderes sindicales, o quienes trabajan en diseño o en la red.

Lo que revela

Los jóvenes traen la última moda en corbatas, con colores y texturas en los diseños muy vanguardistas.

Los hombres de mayor edad tienden a usar el mismo repertorio de corbatas de hace cinco o diez años. Esto puede verse en el estampado y en el ancho de estas prendas, que hablan del tiempo que tienen habitando en su guardarropa. Lo mismo sucede con el nudo.

El nudo de la corbata puede ser de dos vueltas, que queda triangular y ancho o con una sola vuelta menos voluminosa. Al anudarla siempre procura hacerle una "sonrisa" (que es un pliegue vertical en el cuerpo de la corbata), lo que le da forma para que no quede tan plana.

La calidad de la corbata nos puede decir si se trata de una persona de altos mandos, mandos medios o subordinados.

Por la textura sabemos mucho de sus gustos. Por el estampado sabemos mucho de su modernidad. Las corbatas monocromáticas, con textura, reflejan sofisticación. Las lisas sin textura son seguras pero anticuadas y aburridas. Reflejan de alguna manera las mismas características de su usuario.

Vale la pena arriesgarse un poco, sin llegar a la exageración, ya que esto refleja a una persona que se quiere hacer notar a como dé lugar.

Los colores reflejan algo del carácter de quien usa la corbata; pueden ser terrosos y discretos, o chillantes y llamativos.

Por medio de la corbata se puede también intuir a qué tipo de actividad se dedica un hombre. Por ejemplo, si está en el área creativa, si es diseñador, fotógrafo, publicista. ¿Te has fijado en sus corbatas? Son más originales, extravagantes y vanguardistas si las comparamos con las de quienes trabajan en el área financiera, casas de bolsa, abogados corporativos; éstas son por lo general tipo Hermès, modernas pero conservadoras y, en general, diferentes de las de los médicos, abogados, litigantes, ingenieros o vendedores de seguros, que son casi siempre conservadoras.

Los políticos, que ahora ya le están dando más importancia a su imagen, en materia de corbatas siguen sin salirse de los parámetros convencionales.

Para saber qué tan cuidadosa de los detalles es una persona, hay que fijarnos en dos cosas: el largo y la limpieza de la corbata, y si el nudo está derecho. Tradicionalmente, el largo se usa cubriendo exactamente el cinturón.

Puedes pensar que exagero; sin embargo, la próxima vez que te entrevistes con alguien, escucha sus ideas y obsérvale la corbata.

Todos los días sucede lo mismo en todas partes del mundo. El hombre saca la camisa que se va a poner ese día, y contemplándola con una corbata en la mano pregunta: "¿Esto va?" Lo más probable es que si estás dudando, no combine. El hombre bien vestido casi siempre sabe muy bien cómo combinarlas. Pero la realidad es que la gran mayoría de los hombres sienten esa inquietud en las mañanas y al no saberse combinar con seguridad, recurren a la infalible combinación de usar todo liso: camisa blanca lisa, corbata de algún color liso y traje liso. Pero la verdad, es muy poco sofisticado, está pasado de moda y no es nada elegante.

La forma en que el hombre combina su ropa dice mucho de su personalidad. Combinaciones creativas, hombre creativo. Combinaciones conservadoras, hombre conservador. Combinaciones aburridas... Bueno, ya captaste la idea, ¿no? Antiguamente, las reglas para combinar eran usar dos prendas lisas (por ejemplo, camisa y traje) con una corbata sofisticada. Ahora hay mucha más libertad para expresarse a través de la ropa que antes. Un señor puede vestirse todo monocromático; es decir, camisa, corbata y traje del mismo color, y verse muy bien, o puede usar tres estampados juntos. Por ejemplo: traje de raya de príncipe de Gales, camisa de raya muy fina, corbata con texturas y quizá un pañuelo de estampado abstracto. No tengas miedo, ¡anímate! Una vez que comiences y te atrevas a realizar combinaciones, verás como día a día lo irás haciendo con más confianza y mejor. A continuación, enlisto algunos tips.

Para que esto funcione

- En lo primero que tienes que fijarte es que los colores sean compatibles. Procura siempre repetir uno de ellos. En la corbata repite uno de los colores del traje o de la camisa.
- Cuando combines tres estampados, lo más importante es cuidar que los mismos sean de distinta proporción y que tengan contraste de escala. Una corbata de estampado grande no se vería bien con una camisa de raya ancha. Escoje, por ejemplo, una corbata de estampado mediano con una camisa de raya muy fina, y un traje príncipe de Gales muy discreto. Te verás totalmente moderno y dinámico, pero lleva unos calmantes para los amigos tradicionales, por si se ofrece. Y todavía, el buen conocedor del vestir le puede agregar un pañuelo con dibujos de amibas. Todo esto está muy bien siempre y cuando se repitan los colores.
- Puedes, sin embargo, combinar dos estampados que sean similares en escala; selecciona uno en colores fuertes y otro en colores muy suaves y neutros.
- Entre más pequeño sea el estampado, más vestidora es la camisa.
- Combinar los estampados dentro de una misma gama de color, digamos en azul marino el traje, la camisa

en azul claro y corbata en tonos azules, es una buena forma de empezar. Conforme te sientas más seguro ve combinando distintos estampados en colores que combinen.

Incorporar prendas estampadas al guardarropa que ya tienes, te hará verte muy actualizado.

DONDE VIVES NO SE USA TRAJE

Puedes vestir *sport* pero verte muy bien arreglado. Si el clima te lo permite, siempre usa saco *sport*.

Si el saco te estorba, en general prefiere las camisas o playeras Polo en tonos neutros y discretos, como el verde botella, el blanco, el color vino, el azul marino, etcétera. Te sugiero las de algodón mercerizado que tienen un acabado de satín. Los tonos chillantes y muy llamativos son menos elegantes.

Por favor, no compres los coordinados de playera y pantalón; son como de viejito. Prefiere las prendas sueltas para que les pongas tu sello individual al combinarlas. El gran atractivo de este tipo de ropa es que es impredecible. Si compras piezas clásicas, como playeras Polo en tonos lisos, *jeans*, suéteres de cuello en V, mocasines, cinturón trenzado, un chaleco, pantalones de gabardina, calcetines de rombos y chamarra de ante, te verás bien vestido porque no te saldrás de los parámetros del buen gusto. Te sugiero no usar *jeans* a menos de que estés seguro de que en tu trabajo no hay problema.

Evita estilos con detalles exagerados, como cuellos grandes, muchos botones, cierres, demasiadas bolsas (que no sirven para nada), cinturones con hebillas

¡¡TAXI!!

antibalas, estampados de tu último viaje a Sea World o de tu equipo de futbol favorito.

Evita usar camisas de cuadros grandes si eres gordito, porque se convierten en rombos, y playeras de cuello redondo.

Evita combinar pantalón de casimir o de gabardina con playera Polo; este tipo de pantalones sólo se ve bien con camisa. Y si la ocasión es un bautizo, o una comida en sábado, acompáñalo de un *blazer*.

Por último, si vas de convención o de trabajo a una playa, por ejemplo, no te subas al avión viéndote como si ya nada más te faltara el patito para nadar. En viaje de trabajo, no tomes nunca el avión en shorts, calzado de playa y playera. ¡Se ve fatal!

Si te quieres ver muy bien vestido en *sport*, siempre usa una camisa de lino o de algodón de manga larga, con un pantalón de lino o de algodón y que sea en tonos neutros, y mocasines (sin calcetines si hace mucho calor). En los negocios, mientras más se ve la piel de una persona más se reduce su credibilidad. Por eso es mejor siempre la manga larga, que en un momento dado puede doblarse, que presentarse de manga corta.

Sí se puede estar muy cómodo y verse y sentirse bien vestido. Además, esto hace que anímicamente nos sintamos mejor.

LA ROPA *SPORT*

Hay que diferenciar entre la ropa *sport* diseñada para hacer un deporte, y la ropa *sport* para observarlo: no son lo mismo. Cuando te vayas a reunir con tus amigos o familiares a ver los partidos, no vaya vestido como si fueras a jugarlo o de *pants*. Prendas como los *pants* están hechas para ponérselas antes o después de practicar un deporte, pero no para ir de compras con la familia, ni salir el sábado a comer a un restaurante, y menos para tomar un avión o asistir a un seminario. Los *pants* son ropa deportiva, es una prenda que no pretende ser vestidora. Existen en el mercado de tela brillante, como queriendo hacerlos más elegantes, pero no son bonitos porque es pretender darle elegancia a una prenda que no está diseñada para ello ni aspira a serlo. Así que, de preferencia, que los *pants* sean de tela tradicional.

Los *pants*, después de las horas normales para hacer ejercicio (que son de 6:00 a.m. a 10 a.m.) son el pijama de la calle y se ven muy mal.

Estoy de acuerdo en que, después de una semana ardua de trabajo, te den ganas de vestirte muy a gusto en el fin de semana para relajar cuerpo y mente. Aristóteles lo decía: "El fin del trabajo es ganarse el descanso". Si nadie te ve, está bien, pero hay quienes, nada más porque ya se acabaron las horas de trabajo, usan las prendas más viejas, feas y pasadas de moda que sacan del fondo del clóset, y se pasean por la casa viéndose como "alma en pena". Se deslucen a sí mismos. Comparémoslos con dos automóviles: cuando nos subimos en un Volkswagen despintado, con el asiento hundido y con un motor que parece matraca de viejo, ¿cómo nos sentimos? Ahora, compara el sentimiento: cuando paseamos en un BMW con asientos de piel y silencioso, ¿no crees que hasta la ciudad se ve más bonita?

Lo mismo sucede con la ropa: cuando nos presentamos bien vestidos nos sentimos mejor, nos comportamos de manera diferente.

LOS 40 ERRORES MÁS COMUNES DEL VESTIR

Si no cometes ninguno de los siguientes errores, te felicito, eres un hombre internacional, elegante y que sabes vestir. Si incurres en menos de cinco errores, estás dentro de los bien vestidos. Si cometes entre diez y quince, es bueno que consideres darle un poco más de atención a tu arreglo. Si estás entre veinte y 30, estás perdido, necesitas con urgencia una asesoría sobre la importancia de la imagen.

- Zapatos desgastados o sin bolear (y crees que nadie se fija).
- Usar joyería, como cadenas, pulsera, anillo de escudo o reloj ostentoso (creyendo que así parece que te va muy bien).
- Camisas cien por ciento poliéster (porque no se arrugan).

- Calcetín blanco, con traje o combinación (parece caballo de carreras).
- Mocasín de flecos con traje (no va).
- Botas con traje (a menos que seas presidente de la República y tengas una gran personalidad).
- Pantalones zancones o apretados (porque ya subiste de peso).
- Cinturón con hebillas grandes tipo vaquero o con iniciales de diseñador (a menos que seas ranchero o tejano).
- Pelo muy largo (siendo mayor de 25 años).
- Camisa más oscura que el traje (de gángster).
- Desfajado, si la camisa no es guayabera (sólo que seas un genio cibernético, te dediques a pintar o a esculpir).
- Corbata de poliéster (nunca se anudan bien y se ven fatales).
- Fistol (muy anticuado).
- Corbatas tejidas (reflejan suburbanismo, poca sofisticación).
- Traje abrillantado (vale la pena comprar otro).
- Cargarse las bolsas de cosas (la mejor manera de deformar un traje).
- Botones a punto de reventar (debes bajar de peso o aumentar de talla).
- Camisa de cuadros si eres gordito (y tienes pancita).
- Sin cinturón (te ves muy desarreglado).
- Camisa de manga corta, con traje (sin comentarios).
- Usar barba en el ámbito financiero (pierdes credibilidad, hay estudios que lo comprueban).
- Cuello de la camisa arrugado (no te asombres si ese día nadie te cree nada, ni te compra nada).

- Sacar pluma de plástico (a menos que sea con el logotipo de tu empresa y esté en perfecto estado).
- Comprar gangas (ahorro mal entendido).
- Comprar de prisa (si no te das tiempo para ti mismo, ¿quién te lo va a dar?).
- Cerrado a los cambios de la moda (problema que viene con la edad).
- Usar traje café (nunca para alguien que tenga, o aspire a tener, un alto puesto).
- Ser víctima de la moda (tienes que ser millonario, y refleja narcisismo).
- Mezclar prendas de calidad con prendas baratas (siempre lo barato va a opacar a lo caro; no lo hagas).
- Demasiado moderno (el que se viste para matar, mata pero las oportunidades).
- Demasiado conservador (refleja cero dinamismo).
- Usar la talla equivocada en camisa o en traje (obsérvate objetivamente al espejo).
- Usar huaraches con calcetines (es de pésimo gusto).
- Demasiadas iniciales grabadas o bordadas (parece que no te acuerdas de tu nombre).
- Estar demasiado elegante en una ocasión informal (a los que más les da pena es a quienes están contigo).
- Vestirte menos formalmente que los demás a propósito, porque piensas que es una manera democrática de mezclarte con la gente (eso es subestimar a los demás).
- Usar más de tres colores y más de siete materiales al vestirte (corres el riesgo de parecer payaso).
- Calcetines cortos y arrugados (¡no, por favor!).
- Traer mal planchado el traje o arrugado (arruina totalmente tu imagen).

- No sonreír (así estés lo mejor vestido posible, si no sonríes, de nada sirve).

EL ESMOQUIN: CÓMO Y CUÁNDO USARLO

La mayoría disfrutamos arreglarnos para una ocasión elegante. Hay algo de mágico cuando nos vestimos con lo mejor, cuidamos cada detalle, desde el peinado hasta los zapatos para proyectar lo mejor de nosotros mismos y, de hecho, la persona crea una especie de "halo" que lo hace irradiar, brillar, sabiendo que se viste de forma "especial", en una ocasión en la que todos los demás se prepararon de la misma manera.

¡Qué importante es corresponder a una invitación formal, donde se especifica "etiqueta", en la cual el anfitrión se está esmerando en dar lo mejor que pueda para halagar a los invitados! Nuestra forma de colaborar es ir de etiqueta.

No hay nada que al anfitrión le caiga peor que una persona que "por flojera" no le haya dado la importancia necesaria a la ocasión, y vaya con el mismo traje claro que traía desde la mañana. Verdaderamente es una grosería para quien que se preocupó por ofrecer su mejor vino, la mejor cena, o simplemente que para ella es una ocasión especial, por la cual está dando la fiesta, ¿no crees?

¿Dónde surgió la moda del esmoquin?

A fines del siglo pasado, un señor de familia muy rica llamado Griswold Llorillard, que vivía en Tuxedo Park, cerca de Nueva York, y que se dedicaba a la industria del tabaco, viajó a Inglaterra para participar en una cacería de zorras, donde se usan (hasta la fecha) las casacas rojas. Impresionado por la elegancia de las mismas, a su regreso se mandó hacer para él y para sus hijos esa misma casaca pero en negro, con las solapas de seda, para el baile de blanco y negro que se llevó a cabo en un exclusivo club de Nueva York. El día del evento él no se animó a usarla, pero sus hijos sí, y fueron la sensación de la fiesta. Estos muchachos, originarios de Tuxedo Park, eran de una de las familias más ricas de esa zona y tenían cierta influencia en su sociedad. Seguramente ya cansados de los trajes de cola que hasta entonces se usaban para las ocasiones formales, impusieron la moda rápidamente, que de ahí en adelante se bautizó con el nombre de *tuxedo*.

En 1920, el duque de Windsor se mandó hacer un *tuxedo* ligeramente diferente, le quitó el nombre americano y lo nombró *smokin jacket* ("esmoquin", el nombre que nosotros adoptamos).

Hay ciertos detalles muy importantes para que el esmoquin se vea elegante. A pesar de que los fabricantes de esmoquin saquen texturas y tonos diferentes, no hay nada más elegante que el *look* clásico del esmoquin. Negro y sólo negro, sencillo, de lana delgada y fina. Si lo usas cada mil años, es preferible que rentes uno en un lugar bueno, a que se vea pasado de moda y apretado. Sin embargo, si lo vas a rentar, hazlo con tiempo, por cualquier ajuste que se deba hacer.

La camisa tradicional debe ser plisada, sin holanes, ni orillas, ni encajes, de mancuernas y blanca. Si usas las de cuello de paloma, te quiero decir que la corbata va por arriba del cuello. Las mancuernas suelen hacer juego con los botones también tipo mancuerna, que por lo general son de ónix. Todo señor debe tener un buen esmoquin. La corbata deberá ser de moño de satín negro, y si te lo puedes hacer, es más elegante. Si no, compra las que se abrochan atrás con el moño ya hecho, pero evita las de clip. La faja, del mismo material, deberá quedarte cómoda, para que cuando te sientes no se te enrolle. Vestirse de esmoquin requiere el uso de zapatos negros de charol y de agujetas. Si no tuviera de charol, pueden ser de piel negra en perfecto estado y lisos.

Los calcetines, también negros, deben ser de material muy delgado como el algodón mercerizado, y altos para que cuando cruces la pierna no se te vea la piel. El pañuelo es un toque elegante: el más conservador es el blanco, aunque recientemente los eventos de Hollywood han impuesto la moda del pañuelo rojo o color vino. Puedes usar, si quieres, una bufanda de seda blanca, que le agregará un toque de estilo. La próxima vez que te inviten a un evento formal, dale la importancia a la ocasión y al anfitrión. La mejor forma en que puedes corresponderle es presentándote perfectamente bien vestido de esmoquin.

Eres especial

PARA EL HOMBRE GORDITO

Lo que sí y lo que no

En los últimos años, estar en forma se ha convertido en la metáfora de estar en control de uno mismo. Cuando nos vemos así damos la idea a los demás de que podemos estar en control de muchas otras cosas. El ser bajo de estatura no está en nuestras manos, sin embargo, bajar de peso sí. Así que sale de sobra decir que antes de llegar a usar estas técnicas, para verte "óptimamente" más delgado ya decidiste lo primero que se tiene que hacer: bajar de peso.

¡Qué trabajo cuesta lograrlo! Significa esfuerzo, trabajo, constancia y sacrificio. Todos lo sabemos, pero cuando logramos tener una probada de la recompensa, ¡vale la pena todo! ¿Cómo te sientes el día que sientes holgado el pantalón? ¿O cuando tienes que correr un agujero menos en tu cinturón? ¡De maravilla! ¿no? Y además, nadie quiere quedarse como "el gordito". Acuérdate que por cada kilo que bajemos aumenta un kilo nuestra autoestima. Nuestro humor cambia, también nuestro estado de ánimo y la forma de relacionarnos con los demás. Así que, ¡ánimo! En lo que bajas de peso, he aquí algunos consejos para que te veas más delgado.

Tu meta es vestirte para acentuar la línea vertical del cuerpo.

- En ropa *sport*, evita usar estampados en general, pues la ropa lisa se ve mejor.
- Lo mismo se aplica con los casimires. Es mejor evitar los príncipe de Gales y optar por los de raya fina.
- Prefiere usar tonos "sobrios y suaves", no muy contrastados. El color es un atractivo visual.
- Busca telas con textura delgada que siempre tengan una caída suave.
- Te favorecen las chamarras tipo "cazadora".
- Trata de que nunca se te vea la ropa apretada; es mejor usar una talla más grande (por ejemplo, en pantalones de pinzas, pero que caigan como deben), que ver las pinzas jaladas.
- El cuello de la camisa es de los puntos en donde primero se nota el aumento de peso. Cómprate sólo tres o cuatro camisas más anchas de cuello en lo que bajas de peso.
- Tu saco deberá ser ligeramente más largo de lo normal, que te llegue a la uña del dedo pulgar, pegando el brazo al cuerpo y que el casimir tenga buena caída.
- Te recomiendo usar sacos sencillos de dos o tres botones, por su línea recta.
- Evita los trajes de corte exageradamente "italiano", pues son demasiado anchos en la espalda, así como los trajes cruzados.
- Usa los pantalones a la cintura; más abajo harán que el vientre se te note más.

- Elige los cuellos de tus camisas con poca separación entre los picos y más bien alargados, nunca redondos.
- Te favorecen los suéteres delgados con cuello en v y abiertos, no cerrados.
- Anúdate las corbatas con nudo sencillo.
- Prefiere comprar pocas prendas pero de la mejor calidad posible.

No olvides que, conforme la talla aumenta, las posibilidades disminuyen. ¡Decídete!

BAJO DE ESTATURA

"¡Quisiera verme más alto!" Esto es algo que inquieta a 90 por ciento de los hombres al tocar el tema de su imagen personal. Los secretos para que un hombre se vea más alto son esos pequeños detalles que por medio de la ilusión óptica, del corte de la ropa y los colores bien usados, hacen que un hombre visualmente alargue su figura, sobre todo si esta persona, además de ser baja de estatura, es de constitución delgada. En este caso deben poner especial atención en su manera de vestir, ya que pueden llegar a verse frágiles o pasar inadvertidos. El otro día me platicó una amiga que, en una comida, se acercó a una mesa a saludar e ignoró a un joven de camisa de cuadros, de manga corta, que parecía el hijo de alguien, y después se enteró de que era el gobernador de un estado. Es bueno parecer más joven aunque a veces resulte inconveniente. Vamos a ver la forma de compensar la estatura por medio de dos aspectos: la línea y el estilo.

1. En cuanto a la línea

Cuando en el vestir no tenemos cortes horizontales, la mirada viaja verticalmente y la persona se ve más delgada y alta. Podría ser el caso de una mujer con un vestido liso de un solo color o en los hombres un traje completo. Sin embargo, si cortamos horizontalmente la figura, como por ejemplo, una blusa o camisa blanca con falda o pantalones negros, la persona que lo use se verá más baja de estatura. Esto es debido a la ilusión óptica. Así que entre menos líneas horizontales destaques, será mejor. Por el contrario, te favorecen todas las rayas verticales que puedas incluir al verte. Y vamos a ver cómo quitar líneas horizontales. Empecemos desde la cara.

- El *bigote* es una línea horizontal.
- La *manga corta* es otra línea horizontal, te ves mejor de manga larga.
- Debes evitar las *corbatas muy anchas*, así como las solapas (aunque estén de moda) y hacer el nudo de una sola vuelta para que no quede muy ancho.
- Debes tener cuidado con la valenciana y sólo usarla con traje completo, ya que acorta visualmente 2 centímetros la línea de la pierna.
- En cuanto a los *zapatos*, te favorecen los cerrados de agujetas, o los que tienen la hebilla de lado, porque evitan un corte de línea horizontal entre el pantalón y el zapato que da el mocasín.

2. Estilo

- El hombre que no es muy alto, para trabajar debe invertir en vestirse formal, usar ropa de buena calidad para inspirar respeto; por ejemplo, los trajes de raya de gis o lisos en colores sobrios y oscuros son tu mejor alternativa. Debes tener cuidado con los colores claros y con los trajes de corte muy juvenil.

- Tienes que ser exageradamente exigente con los pequeños detalles, como el largo del saco, que te debe quedar exactamente en donde dobla el dedo pulgar, porque si está largo te verás más bajo. El cuello de la camisa debe estar impecable; el largo del pantalón debe hacer un quiebre por el frente sobre el zapato, tapando la mitad del tacón de la suela por atrás. Hay que tener mucho cuidado también con el largo de la manga, que debe llegar exactamente debajo del huesito de la muñeca. El estampado de la corbata se te verá mejor si es pequeño y repetido. El largo debe ser exactamente abajo del cinturón, ya sea lisa o estampada.

- En ropa *sport*: a la persona bajita y de huesos delgados le favorecen las telas que tengan cuerpo (como el algodón, el lino, la lana), y que no sean muy escurridas como la seda (se ven como sacados de una cubeta). Sobre todo, debes evitar usar la playera sencilla; en ese caso, te quedan mejor las que son de cuello abierto con botones, tipo Polo, y debes evitar los estampados grandes.

- Te favorece vestirte "en capas" para evitar verte frágil; por ejemplo, arriba de la playera puedes usar una camisa, un suéter o, si hace frío, una chamarra, o quizá un chaleco; esto te da más cuerpo. Por el contrario, si la persona es de constitución más llenita, debe recurrir a las telas de caída suave y vestir sencillo para evitar el volumen.

- En los accesorios también debes ser especialmente cuidadoso. La clave es tener en mente la proporción y la escala, por ejemplo, con el tamaño del reloj te lleva a ti. También con el portafolio; éste no debe ser muy grande por la proporción visual. Tus lentes deben ser de armazón fino, y sólo usa el paraguas en caso de emergencia. Recordemos que independientemente de cómo estés vestido, por ahí dicen que la inteligencia se mide de la cabeza al cielo. ¿Tú qué opinas?

¿ALTO Y FLACO?

Entre más alto el árbol, más anchas sus ramas. Ser alto es una enorme ventaja, y delgado más, ya que tienes algunos de los atributos que te hacen verte distinguido. Sólo hay que equilibrar la figura cortando las verticales. Lo que necesitas, por el contrario de una persona bajita, es acentuar la línea horizontal.

Aunque las prendas lisas siempre serán muy elegantes, también en su caso lo son las estampadas, como rayas horizontales anchas, rombos y cuadros. Las texturas que más te favorecen, porque cortan la verticalidad, son las texturas burdas, gruesas, crudas, los *tweeds*, las lanas, etcétera.

Cuida los siguientes detalles

- Que la ropa te quede cómodamente holgada, sin exagerar.
- Que el largo del saco esté a la altura de la primera falange del dedo pulgar; que no te quede rabón ni muy largo.
- Los sacos deben tener cierto volumen en las hombreras.
- Las bolsas por fuera en los sacos ayudan a fragmentar la verticalidad.
- Cuida que a tus camisas de vestir siempre se les asome media pulgada del puño.
- Te favorecen los pantalones con valenciana para acortar y equilibrar la figura.
- Asimismo, los cuellos de camisa cortos y de separación ancha.
- Lleva siempre un buen cinturón (prefiere los anchos).
- Los sacos cruzados te favorecen por el corte diagonal en el tórax (si algún día vuelven a estar de moda).
- Si usas saco sencillo, te quedan mejor los de dos botones. Evita usar de tres o cuatro, ya que se verá demasiado largo el talle.
- Si usas abrigo o gabardina, procura que te queden debajo de la rodilla para que no se te vea rabona.

¿TE SABOTEAS?

"¿Por qué no habré vendido mi producto?", "¿Por qué no me dieron ese puesto si tengo años en la compañía?", "¿Por qué cuando voy por la calle con mi hijo, hace como que no me conoce?" ¿Has pensado que puede ser que nosotros mismos estamos provocando esto?

El 95 por ciento de las personas saboteamos las oportunidades de nuestras vidas en forma inconsciente. Es lo que con más frecuencia nos impide crecer y desarrollarnos en el área en la que trabajamos o nos desenvolvemos.

Una de las formas como nos saboteamos es cuando nuestra actitud y manera de proyectarnos no está de acuerdo con lo que somos como personas, y somos culpables cuando deliberadamente escogemos vestirnos para perder.

Nos saboteamos cuando

- Nos vemos desaliñados.
- Nos vestimos demasiado algo: demasiado moderno, demasiado conservador, con demasiada joyería, etcétera.
- Usamos ropa de materiales cien por ciento sintéticos.
- Enviamos un mensaje confuso con nuestra ropa, como vestido de verano con botas de invierno, un traje completo con mocasín de flecos, accesorios étnicos con ropa clásica.
- Cuando a las 2:00 pm. nos arreglamos como si fueran las 8:00 pm.
- Tenemos 40 años y nos vestimos como de veinte, o al revés.
- Acentuamos nuestros defectos con la ropa y minimizamos nuestras cualidades.
- Mezclamos piezas de calidad con prendas baratas.

- Nos vestimos para llamar la atención.
- Nos convertimos en esclavos de la moda, siguiendo todo aquello que nos es impuesto.
- Nos permitimos usar ropa sucia o demasiado gastada.
- Nos vestimos con dos tallas menos de la que deberíamos.

La mayoría de estas "formas de sabotaje" tiene su origen en el clóset, ya que éste es nuestro frente de batalla, de donde sale todos los días la ropa que nos ponemos. Piensa que el clóset no debe ser un baúl de recuerdos, ni museo; debe ser funcional y práctico. Está comprobado que sólo usamos veinte por ciento del guardarropa, 80 por ciento del tiempo. Seguramente, como yo, tienes tus prendas favoritas, que en cuanto están limpias nos las volvemos a poner. ¿Y qué pasa con el resto de lo que tenemos en el clóset? Así que antes de que suceda otra cosa, hagámosle una buena limpia, ¡sin piedad!

Los accesorios:
la clave de la elegancia

LAS JOYAS EN LOS HOMBRES

En la sencillez radica la elegancia. Este concepto no sólo se aplica en el vestir. En cuanto a joyería se trata, entre menos traiga un hombre mejor. Algunos hombres han adoptado usar piezas de joyería como esclava, cadena de oro, anillos ostentosos o mancuernas prominentes. La verdad es que no hay nada menos masculino y elegante que ver a un hombre con alguna de estas piezas.

La joyería fue creada por el ser humano desde los tiempos del Cromagnon con fines estéticos, para realzar la belleza o el poder del que la usaba, mostrando así un determinado estatus. Desde entonces, ese sigue siendo el sentido de la joyería. Sin embargo, los fines estéticos o de estatus se logran cuando se lleva la joyería con buen gusto, discreción y en el momento propicio.

Un hombre con un gran anillo de oro con piedras, un reloj ostentoso de oro, unas mancuernas de brillantes, o cadenas de oro colgadas, nunca logra el efecto positivo que él cree lograr. Todo lo contrario, provoca respuestas totalmente negativas como las siguientes: "Qué payaso" o "Qué presumido", "Qué afeminado", "Es narcotraficante" o simplemente... "Es un nuevo rico."

En el terreno de su trabajo, provoca desconfianza y antipatía, o quizá envidia; pero como sea, lo que menos causa es una impresión favorable. Por ejemplo, usar arete es muy controvertido, a menos que el hombre sea artista, bohemio, cibernauta o de plano quiera llamar la atención de algún modo. Un ejecutivo jamás deberá traer pulsera u otra pieza de joyería ostentosa, ya que además de los efectos negativos que ya vimos, intimida a las personas y es una barrera a la comunicación que no necesita.

No sólo los ejecutivos, sino que ningún hombre en ocasiones como los fines de semana o en la playa, deberá traer pulseras, cadena de oro, ni nada alrededor del cuello. Hay señores que usan una cruz tan grande que ni el Papa se la pone. Lo que se considera de buen gusto dentro de la joyería para hombres es lo siguiente:

El reloj

Un reloj sencillo que puede ser de correa de piel o de metal, pero discreto. Ya pasaron las épocas en que se usaban relojes de oro ostentosos. Ahora se considera de buen gusto usar un reloj *sport* de plástico negro. Sin embargo, no hay que exagerar en la apariencia deportiva de tal manera que parezca de buceo por lo tosco que es.

Las mancuernillas

Un par de mancuernillas simples y pequeñas de oro, así como las que tienen alguna piedra, pero que ésta sea legítima. También se ven bien las que tienen tus iniciales grabadas. Pueden ser de alguna forma geométrica como círculo, cuadrado, rectángulo o triángulo. Cuando tu reloj es de acero, las mancuernas que le combinan mejor son las de plata.

El anillo

El único que deben usar los hombres es el que nunca se quieren poner: la argolla de casado en el dedo anular y punto. Olvídate de usar el anillo de la carrera, o el del escudo de tu familia; guárdalos en la caja del banco y dáselos a tu hijo como herencia. Jamás uses anillos con joyas, y menos en el dedo meñique. Se ven muy mal. Hay cosas que se sienten bien, sin embargo no se ven bien, como un anillo de los Pumas. ¡Úsalo sólo con tus compañeros de afición!

Money clip

Si lo prefieres usar en lugar de cartera, que sea de oro, plata o acero y siempre delgado y sencillo. Una tarjeta de crédito insertada y algunos billetes chicos es todo lo que necesitas durante el día y te hace menos bulto que una cartera.

Pisacorbatas

Los pisacorbatas, como los fistoles, son piezas que se usaron mucho y en algún tiempo se consideraron elegantes. Por ahora no se están usando, y quien los porta se ve francamente anticuado. Quizá, como todo, vuelvan a usarse otra vez.

Los *pins*

Si perteneces a un club de algo… de los Amigos del buen vino, o de alguna asociación de futbol, o al Club de Leones o Rotarios, usa su pin en la solapa sólo cuando tengas reunión con los mismos. No lo traigas todo el día, no se ve bien y puede crear cierto antagonismo en la gente que te vea.

La elegancia radica en la sencillez. Entre menos puntos de atención te pongas, más masculino y elegante te verás.

LOS ANTEOJOS QUE MÁS TE FAVORECEN

¿Cuántos años habrán pasado desde el día en que te colocaste esos anteojos por primera vez? ¿Cuántos nuevos modelos ya se han usado durante ese tiempo? Lo más importante es saber si aún corresponde tu graduación a las necesidades de tu vista. Los lentes son un accesorio que comunica muchas cosas. El tamaño, la forma, el material y el color inmediatamente nos hablan de tu edad, de qué tan actualizado estás en la moda, o si ya de plano no te importa. Pasemos a hablar un poco de este artefacto que sobreponemos en la cara, llamado anteojos.

En los últimos diez años, la tecnología de los anteojos ha cambiado más que en los últimos cien años. Algunos cambios son obvios. Los grandes y pesados anteojos que se resbalan por la nariz, de las décadas pasadas, han dado lugar a armazones más novedosos, ligeros, pequeños, con mejor tecnología y formas que realzan los ojos. En cuanto a los materiales, hay una enorme diversidad como titanio, acero inoxidable, acetato de colores o metales de cortes novedosos, así como micas en todos los colores y diseños.

Una gran variedad de estilos facilitan equilibrar una cara, ya que ésta puede verse inmediatamente más delgada, una nariz larga acortarse, y las ojeras disimularse cuando unos lentes están bien escogidos.

Incluso pueden hacer que una persona se vea mejor que sin ellos. Aquí te doy unos consejos a seguir:

- Para escoger el tono de la armazón, tu tono de cabello es la mejor guía. Si es oscuro, te favorecen el metal acerado, marino, gris, incluso un color vino te queda bien. Si es castaño, los de carey, tonos miel o dorado complementan tu colorido. Por supuesto, los que no tienen armazón le favorecen a todo mundo.

- Para atraer la atención a los ojos y no a otra facción menos atractiva, repite la forma del ojo con una armazón delgada en forma de almendra y del mismo color de tus ojos. De preferencia, que las lentes sean antirreflejantes.

- Para que una cara redonda se vea más alargada, escoge unas armazones de forma suave, sin ángulos pronunciados, y no más anchos que lo más amplio de la cara. Evita los muy redondos.

- Para acortar la nariz alargada, busca armazones de puente bajo y con color. Evita los de puente alto, transparentes o en forma de ojal, que hacen que se vea más larga la nariz.

- Para adelgazar y alargar la nariz, pruébate unas armazones con protectores donde se recargan los anteojos.

También ayudan los puentes transparentes o de metal colocados en lo alto de la nariz.

- Si queremos acortar una cara alargada, se necesita dar el efecto de aumentar el volumen a los lados de la cara. Escoge lentes rectangulares o totalmente redondos, no muy delgadita al armazón, con puente bajo y que las patitas salgan de la parte baja del lente.

- Si tienes los ojos muy juntos entre sí (para saberlo, mide la distancia que hay entre el nacimiento del pelo y donde se inicia el ojo, y ésta debe ser la misma distancia que hay entre los dos lagrimales), lo que favorece es un puente totalmente transparente y delgado y que el armazón se oscurezca en las orillas, alejándose del centro.

Sin embargo, lo más importante es actualizar la graduación y que ésta esté bien calculada, ya que muchas personas sufren de dolor de cabeza, dolor de ojos o fatiga al leer sin percatarse de que son los anteojos los causantes. Así que periódicamente revisa tu vista, ya que puedes acostumbrarte a una mala graduación, y quizá no darte cuenta de qué tan bien o mal estás viendo. Protege tus ojos usando lentes con filtros para rayos ultravioleta, sobre todo si estás expuesto al sol o a una computadora por mucho tiempo. Existe un nuevo material que se llama policarbonato que es una maravilla, ya que bloquea los rayos uv en cien por ciento. Además, es ligero y no se rompe fácilmente.

Lentes oscuros

Cuando escogemos lentes de graduación, por lo general somos conservadores; sin embargo, cuando se trata de los de sol, a veces nos alocamos y nos ponemos diseños muy vanguardistas, agresivos y ostentosos, que pueden no ser congruentes con nuestra edad ni con la ocasión.

En general, existen tres tipos de lentes para el sol: los que son de espejo, los normales y los fotocromáticos. Los de espejo fueron diseñados para actividades deportivas y se ven muy adecuados en la nieve y en el mar, incluso están hechos de policarbonato, material que resiste veinte veces más el impacto que el cristal; sin embargo, se ven muy mal acompañados de un traje en la ciudad. Toma en cuenta también la edad, ya que estos anteojos Oakley, como de mosca, se le ven muy bien a un joven de diecinueve años, pero no a un señor mayor.

Los fotocromáticos no se los aconsejo, ya que no se ha desarrollado la técnica muy bien: en la sombra se ven como amarillentos (nada favorecedor), y en el sol nunca quedan muy oscuros. Si prefieres, mejor añádeles unos clips ons (mica oscura) a tus lentes graduados.

No olvidemos que los lentes oscuros son de alguna manera una barrera de comunicación. Ten cuidado de usarlos cuando acabas de conocer a una persona, sobre todo si ella no los porta, ya que puedes dar la idea de: "Yo sí te puedo ver a ti, pero tú no me puedes ver a mí". Por último, nunca te los dejes puestos al entrar a un lugar oscuro, pretendiendo verte importante o pasar inadvertido. ¡Se ve fatal!

Cómo cuidarlos

- Límpialos con agua y jabón suave y sécalos con una camiseta vieja, no con toalla de papel, porque se pueden rayar.
- No dejes tus lentes en el auto, donde se exponen a mucho calor, ya que las micas se pueden afectar, el color de las armazones se desvanece y las capas protectoras del lente comienzan a escarapelarse.
- Ajusta tus armazones confortablemente. Si se te enchuecaron porque te sentaste en ellos, se te resbalan por la nariz porque ya se aflojaron, o te dejan una mancha roja atrás del oído, es mejor llevarlos a arreglar.
- Usa las dos manos para quitártelos y ponértelos con el fin de que no se aflojen.
- Guárdalos en su estuche, de preferencia duro, para que no se rayen.

Pregúntate si es un buen momento para revisar tu graduación y aprovechar para darle una renovadita a esos anteojos que ya tienen mucho tiempo, ya que están diciendo muchas cosas acerca de ti.

LOS CALCETINES TAMBIÉN CUENTAN

Señores, ¡los calcetines también se ven! Aunque no son las prendas más importantes en el vestir masculino, te dan la oportunidad de expresar tu personalidad. He notado en las conferencias que damos sobre el vestir, que un hombre puede estar perfectamente bien vestido, con la camisa impecable, el traje perfectamente cortado, la corbata combinada, pero al llegar a la región de los calcetines se asoman unas caritas de Mickey Mouse o unos lunares multicolores que acaban con el encanto.

Por lo general, los hombres tienen muchas dudas acerca de su correcto uso, como las siguientes:

- ¿Deben combinar con los zapatos o con el pantalón?
- ¿Deben ser de lana, de lycra o de algodón?
- ¿Cuál es el largo adecuado?
- Los rombos, ¿se ven bien con combinación de saco y pantalón?
- Los de seda, ¿se pueden combinar con un traje durante el día?
- ¿Cuándo se usa el calcetín blanco?

Las reglas del vestir son muy precisas en lo que se refiere a los calcetines.

- Lo primero que se debe cuidar es que al cruzar la pierna no se vea vello en la pantorrilla por traer un calcetín corto o arrugado. Los calcetines deben ser altos. Por ningún motivo te pongas calcetines cortos, a menos que vayas a andar en bicicleta o a jugar boliche.

- Por favor, sólo usa los calcetines blancos para hacer deportes como jugar tenis, correr, etcétera. Éstos se ven muy mal con cualquier traje o combinación.

- Los calcetines de lana son perfectos para ropa informal, como pantalones de algodón o *jeans* (no importa que se arruguen). Úsalos con mocasines o botas de norteño.

- No uses calcetines cuando lleves *top siders* o mocasines muy *sport*. Esto crea siempre polémica con los señores mayores; sin embargo, la realidad es que se ve más moderno y actualizado.

- En cuanto a los calcetines delgados y lisos, son un poco más formales sobre todo si son de algodón acordonado o mercerizado. Nunca los combines con ropa informal, pues hablan dos lenguajes totalmente diferentes. Sin embargo, se ven muy bien con traje o combinación. Si éstos tienen un poco de microfibras de nylon o lykra, hará que no se te resbalen.

- Los calcetines de rombos (preferidos de los universitarios) tuvieron su origen en la década de los setenta y se ven muy bien con ropa *sport* o combinación y se deben usar siempre con mocasines de ciudad.

- Los calcetines de seda sólo deben acompañar a un esmoquin de noche; se ve fuera de lugar usarlos de día.
- Los calcetines deben combinar con el zapato. Se ve horrible, por ejemplo, un traje gris claro con calcetines grises claro y zapatos negros. Mejor usa un calcetín negro y repite el negro en el cinturón.
- Jamás, jamás los uses en la playa y menos con huaraches.
- Por último, asegúrate de que no tengan agujeros, por si tienes que quitarte los zapatos.

Trata de lograr un efecto monocromático al hacer combinaciones; entre menos cortes de color hagas, más elegante y alto te verás.

¿QUIERES SABER SI UN HOMBRE VISTE BIEN?
MIRA SUS ZAPATOS

Si ponemos a diez personas detrás de una pared de manera que sólo se les vean los zapatos, podremos saber de ellas lo siguiente: rasgos de personalidad, posición social, sentido de estilo, costumbres de higiene y cuidado personal, gusto, edad, éxito, campo en el que se desarrolla, así como estado civil. ¿Te parece exagerado? Haz tus observaciones.

Más que cualquier otra prenda, los zapatos son los que definen el grado de formalidad al vestir. Lo que separa a un zapato *sport* de uno formal es la suela, el material y el diseño. El zapato debe hablar el mismo idioma que lo que se traiga puesto. Por ejemplo, con un traje elegante entero se debe usar el zapato más conservador, que es el cerrado de agujetas. Puede tener diseños en pequeñas perforaciones simulando colas de viento, pero la suela debe ser siempre delgada. He visto a señores vestidos con trajes italianos, combinados con zapatos tipo bostoniano, cerrados, con suela tan gruesa y sobresaliente que parece que van al campo de batalla o a marchar. Esta clase de zapato se puso de moda después de la Segunda Guerra Mundial, cuando los diseños se basaban en temas de la armada, pero no olvidemos que ya pasó más de medio siglo. Y aunque volvieron a estar de moda, se acompañan de chamarra de cuero, estoperoles y arete.

Los zapatos cerrados con hebilla de lado, que se conocen como "correa de monje", son un poco más *sport* que los de agujetas; sin embargo, también se ven bien con un traje entero.

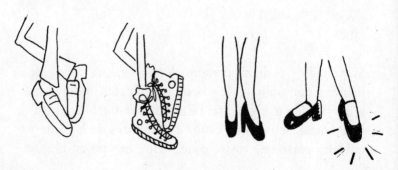

Los mocasines con flecos o sin ellos sólo se deben usar con ropa *sport*. Por lo general estos se pueden llevar en tono *cognac*, vino o negro, y el cinturón deberá ser del mismo tono. Hay lugares donde se usan mucho las botas texanas con traje; en realidad son todo un símbolo de estatus, dependiendo de la marca y el material. Sin embargo, hay que estar conscientes de que en otras ciudades no se llevan (a menos que seas presidente de la República) y que si lo haces te vas a ver muy local y poco sofisticado, aunque sean de charol.

Pocas cosas hay tan fuera de lugar como llevar un zapato de ciudad al campo o a la playa, o un zapato de color claro con un traje de ciudad. El color del zapato siempre deberá ser más oscuro que el del pantalón; se ve muy mal cuando este es más claro ya que llama mucho la atención hacia el punto equivocado.

El tacón es otro detalle importante a considerar. En los hombres debe ser de un centímetro o dos de grosor. (No pretendas verte más alto y ponerle cuatro centímetros. No engaña a nadie y se ve ¡rarísimo!)

Los zapatos deben ser de la mejor calidad posible, y alternarlos con otro par para que respiren y duren más. Asimismo, es aconsejable guardarlos en hormas de madera para que conserven su forma y lustrarlos en cada puesta para que la piel no se quiebre.

Sugiero, por último, no escatimar al comprar un par de zapatos, ya que si hay algo que nos puede poner verdaderamente de mal humor es estar incómodos con ellos, lo cual es raro que suceda con los zapatos de calidad. Pregúntate: si sólo te vieran los zapatos, ¿qué estarían diciendo de ti?

Los accesorios son muy significativos, manténlos al mínimo. Al comprarlos hay que tener en mente la escala y el tamaño. Un señor bajo y delgado se verá desproporcionado con un portafolio gigante o un reloj para buceo voluminoso. Por otro lado, un hombre grandote se verá incongruente con un portafolio chiquito o un reloj de correa delgada.

Tu imagen es total. Los accesorios son tan importantes como la ropa misma, escógelos con cuidado. Así como el moño es importante para un regalo, un hombre puede verse mucho mejor vestido con los accesorios apropiados. Zapatos de calidad y lustrados, un reloj sencillo y elegante, un portafolio en buen estado y de buena calidad pueden subir mucho tu presencia, así como accesorios mal escogidos o erróneos pueden arruinar la imagen en conjunto.

El paraguas

Un hombre puede traer un traje elegantísimo, pero, si los accesorios que lleva son los erróneos, el efecto de conjunto es negativo. Imagínate a un señor con un traje azul marino usando el paraguas de su esposa de flores anaranjadas con verdes. Un desastre. Debes gastar un poco de dinero y comprarte un paraguas masculino en color serio y oscuro.

El portafolio

El portafolio es muy importante; además de servirte para llevar la computadora y los papeles necesarios, es algo que te define como un hombre de negocios, que tiene mucho qué hacer.

La piel es siempre la mejor opción, ya que te va a durar entre cinco y diez años y requiere el mínimo cuidado. Es bueno que tu portafolio vaya tomando un poco de carácter por el uso; sin embargo, sustitúyelo cuando ya esté deteriorado. Hay que evitar los materiales glamorosos como piel de ostra, lagarto, víbora, etcétera. No se consideran de buen gusto por ser ostentosos.

Uno de piel gruesa durará más tiempo; sin embargo, si la piel es delgada, asegúrate de que tenga reforzadas las esquinas. Entre más oscuro es el color del portafolio, da más formalidad. Sólo si eres un arquitecto, ingeniero agrónomo o algo por el estilo, puedes usar los de tono miel muy claro.

Los portafolios duros protegerán mejor el contenido; no obstante, no cierran si guardas muchos papeles y son poco prácticos. Los suaves son más versátiles y ligeros.

El cinturón

Un cinturón negro, color *cognac* o vino, complementará cualquier traje o pantalón. El cinturón debe ser siempre de piel lisa y en buen estado. Cuando le hayas recorrido dos o tres agujeros, ya sea de más o de menos, es tiempo de regalarlo. Para un traje oscuro, lo mejor es un cinturón negro de buena piel y liso. La hebilla debe ser lo más discreta posible, sin anunciar alguna marca. Por favor, tampoco uses los cinturones con hebillas antibalas, sólo que seas vaquero o texano, ni los que tienen la punta plateada.

Para pantalones *sport*, de mezclilla o de gabardina, usa un cinturón de piel más burda o los que son de cuero tejido o pitiado.

Para ropa de playa son apropiados los tejidos con cuero o los hechos de algodón.

Es mejor combinarlos, o igualarlos con el color de los zapatos.

La gabardina

Siempre es bueno tener una gabardina. Esta debe llegar debajo de la rodilla para que no se te vea corta. El mejor color es en tonos *beige* y de un buen material repelente. Los estilos que nunca pasarán de moda son los clásicos, como la cruzada de ocho botones y la sencilla.

El pañuelo

El uso del pañuelo se ha considerado siempre un toque de elegancia. Cuando es funcional, debe ser de algodón o lino. Asegúrate de portar uno limpio diariamente, y varios si estás en medio de una fuerte gripe. Es poco agradable ver a una persona buscando una esquina limpia en el pañuelo para sonarse.

El pañuelo de bolsillo

El saco de un traje tiene una bolsa pequeña de lado, no para guardar una cajetilla de cigarros ni unos lentes, sino para llevar un pañuelo. Si necesitas un pañuelo para completar el cuadro, éste puede ser un simple pañuelo blanco, y sólo deberá ser de seda, lino o algodón.

Su uso es algo que aparece y desaparece con la moda, pero permite al hombre la oportunidad de hacer algo fuera de lo ordinario, algo un poco más inventivo. Es un toque que refleja sofisticación, elegancia y gusto al vestir. Sin embargo, úsalo sólo si te sientes cómodo con él.

El pañuelo de bolsillo no debe ser un punto de atención. Debe complementar, realzar o hacer eco a los colores de la corbata, saco o camisa.

No te pongas el pañuelo del mismo estampado que la corbata. Si los venden juntos, combínalos por separado. Por ejemplo: si usas una corbata de amibas en rojo con tonos de azul marino, tu pañuelo puede ser azul marino de puntitos rojos, o liso. Dóblalo de manera que asomen los cuatro picos del pañuelo o un cuarto del pañuelo doblado como globo.

La pluma

Cuando necesites la pluma para firmar un documento, un contrato de negocios, un cheque, una carta o simplemente para anotar cualquier cosa, por favor no saques ¡la pluma mordida! En ese instante pierdes toda tu elegancia. No es necesario que la pluma sea de las más caras del mercado, pero que sea una pluma digna, en buen estado o de plástico con el logotipo de tu compañía.

Las plumas deben guardarse en la bolsa interior del saco cuando te lo pongas, ya que si las dejas en la bolsa de la camisa, ensuciarán la línea de la solapa.

La cartera

Tu cartera debe ser de una buena piel en negro o café oscuro. No debes llenarla de fotos, credenciales o tarjetas, ni traer demasiado dinero (aunque sería bueno). Cuida de no entregar las tarjetas de presentación ergonómicamente curvas. Elige las que sean las más planas y delgadas.

Los tirantes

La moda de los tirantes también va y viene, para algunos señores son más cómodos que el cinturón, ya que los pantalones pueden usarse en forma más suelta en la cintura. En los meses de calor, el uso de los tirantes permite más ventilación que lo apretado del cinturón. Asimismo, tienen la ventaja de permitir traer los pantalones siempre a la misma altura, ya que a lo largo del día el cinturón va bajándose, evitando así subírselo tres o cuatro veces.

Los tirantes son apropiados especialmente con trajes de tres piezas, ya que el cinturón crea un bulto debajo del chaleco, o se asoma destruyendo la línea completamente.

Prefiere los hechos de rayón, que sustituyen a los de seda del pasado. Nunca uses los elásticos; además de que son horrendos, son muy incómodos y poco elegantes.

Los pantalones que se usan con tirantes deben tener dos botones por atrás, y cuatro por el frente, dos de cada lado en el interior del pantalón. Sobra decir que no se ve bien un hombre con cinturón y tirantes al mismo tiempo.

Como ves, todos estos pequeños detalles complementan en forma importante el cuadro. Así que pongámosle un poco de atención a los accesorios.

El lenguaje de la mujer

EL JUEGO DE LAS PROPORCIONES

El mejor espejo es el ojo de un amigo.

PROVERBIO INGLÉS

Conseguir vernos elegantes al vestir es más fácil de lo que pensamos. Sólo hay algunos puntos importantes que observar. Y como es en la tienda de ropa donde damos el primer paso hacia la elegancia, tengamos en cuenta lo siguiente:

- Más vale comprar una cosa de buena calidad que muchas de mala. La calidad perdura y el precio se olvida.
- Cuando entremos a la tienda, recordemos que sólo diez por ciento de la ropa va con nuestro estilo y personalidad.
- Más vale comprar lo más barato en una tienda de calidad que lo más caro en una de mala calidad.
- Aprovechemos las ventas de fin de temporada.
- No compremos una ganga sólo porque es ganga, pues lo más seguro es que termine colgada en el clóset.
- Nunca compremos con prisa.
- Si dudas, no lo comprés.

El elemento más importante por considerar cuando compramos una prenda es la proporción. Vestirnos proporcionalmente comunica a los demás que tenemos buen gusto, que somos sensibles a la estética y por lo tanto inteligentes. Vestirnos fuera de toda proporción, por más fina que sea una prenda, nos hace ver más grandes y con menos presencia.

Existen, en general, cuatro clases de figuras femeninas:

- De talle largo y piernas cortas.
- De talle corto y piernas largas.
- De talle ancho (mucho busto) y cadera normal.
- De talle angosto y cadera ancha.

Con diversos efectos ópticos podemos alargar, equilibrar, esconder, disminuir o aumentar cualquier parte de nuestro cuerpo. Poco a poco veremos cuáles son los procedimientos a seguir en los distintos casos.

¿Talle largo o corto?

Lo primero que necesitamos es tomar algunas medidas para saber cómo es tu talle, aunque esto es algo que, por lo general, ya intuimos.

Párate frente a un espejo y colócate las dos manos en forma horizontal debajo de la línea del brassie-

DEFINITIVAMENTE, SOY DE TALLE CORT

re, pero en la parte lateral, de manera que se vean los diez dedos de las manos. Si te quedan todos los dedos arriba de la línea de la cintura, quiere decir que tienes talle largo; si te quedan uno o dos por debajo de la línea de la cintura, eres de talle corto.

Talle largo con piernas más cortas

Te favorecen

- Mascadas o accesorios que llamen la atención hacia el cuello o la cara.
- Collares o gargantillas pegados al cuello. Cadena o collar lo suficientemente largo como para que quede a la altura del busto o por debajo y te proporcione el talle.
- Detalles en las costuras en la parte superior, como pespuntes, solapa de diferente tono que el saco (excepto si eres de busto grande).
- Escotes cuadrados, redondos y de ojal. Hay que tener cuidado con los escotes tipo *halter*, por ejemplo, en los trajes de baño, ya que alarga visualmente el talle de tal manera que el tamaño de las piernas se ve desproporcionado.
- Los cuellos de tortuga (sólo si no tienes el cuello corto) son muy favorecedores.
- Cinturones del mismo color o de un tono que se parezca a la falda o al pantalón, y mínimo de tres dedos de ancho. Los cinturones muy delgados no se te ven bien.
- El llamado corte imperio en los vestidos, que es una costura horizontal debajo del busto.

- Blusas por dentro de la falda o el pantalón.
- Blusas ombligueras y anudadas a la cintura. Es importante estar delgada para que estas prendas se vean bien.
- Las faldas cortas o de largo Channel, sobre todo si tienes piernas delgadas.
- Los sacos tipo torero te van muy bien, así como los que te quedan a la altura de los huesos de la cadera, y también te favorecen los que llegan debajo de ella.

Evita

- Escotes profundos en V.
- Blusas por fuera de la falda, sobre todo con una falda corta, porque se ve desequilibrado. Con pantalón, en cambio, sí las puedes usar.
- Faldas de corte a la cadera con blusa ceñida al cuerpo, a menos que la falda sea larga.
- Collares o mascadas entre la clavícula y la línea del busto. (Tienes tanto espacio vertical en la parte de arriba que un collar corto se ve ridículo.) Hay que usarlo muy largo, más allá de la mitad del busto, o pegado al cuello, arriba de la clavícula.
- Faldas sin pretina, ya sabes, las que sólo tienen un ganchillo y el cierre. También se conocen como "corte italiano". Por lo general, en un talle largo este tipo de faldas se mueven mucho y no se asientan bien.

Talle corto y piernas más largas

Te favorecen

- Cuellos abiertos o en V para alargar visualmente el talle.
- Collares o gargantillas debajo del hueso de la clavícula, no más cortas, ya que te achicarán el área.
- Blusas por fuera, ya sea pegadas o sueltas; son muy convenientes ya que disimulan dónde termina tu talle.
- Chalecos para equilibrar.
- Faldas y pantalones a la cintura sin pretina, o de pretina muy pequeña.
- Blusas del mismo color que lo de abajo, y de preferencia que el corte del pantalón o de la falda que lo acompaña vaya a la cadera, no muy acinturados.
- Por lo mismo, te favorecen mucho las faldas y los pantalones de corte bajo, como los *jeans* de hombre.
- Cinturones angostos, o mejor aún, de los que están cortados en forma sesgada, pues al ponértelos caen un poco sobre la cadera y no le quitan espacio al talle.
- El color del cinturón debe parecerse más al tono que se lleva en la parte de arriba, para que tu figura dé la impresión de ser más larga.
- Vestidos sueltos, especialmente los que no tienen cortes horizontales y los tipo abrigo.
- Lo más corto que puede ponerse el saco es a la altura de los huesitos de la cadera, y lo más largo, por debajo de la misma.

Evita

- Gargantillas arriba del hueso de la clavícula o collares muy largos.
- Cerrar el primer botón de las blusas. Esto te acorta visualmente el talle. (A menos que se use con pantalones del mismo color.)
- Suéter de cuello de tortuga debajo del saco o vestido.
- Blusas ombligueras o amarradas a la cintura.
- Camisetas ceñidas muy contrastantes y con falda o pantalón a la cintura.
- Mangas voluminosas.
- Blusas de estampados grandes.
- Cinturones anchos.
- Pretinas anchas.
- Grandes hombreras.

Talle ancho y cadera normal

Te favorecen

- Un buen brassiere sin costuras para que se te vea una línea natural.
- Sacos sin solapas.
- Escotes en V para que alarguen tu figura.
- Colores oscuros o neutros en la parte de arriba.
- Líneas y cortes verticales.
- Cinturones delgados.
- Telas lisas.

Evita

- Suéteres o prendas muy entalladas.
- Colores claros.
- Cualquier tipo de adorno que atraiga la atención, como prendedores, holanes, collares, mascadas o muchos botones.
- Estampados grandes o líneas horizontales.
- El corte imperio, es decir, abajo del busto.
- Telas brillantes.
- Blusas de manga corta, ya que el corte de la línea atrae la atención hacia el busto.

Talle angosto y cadera ancha

Te favorecen

- Vestirte en capas, como una playera debajo de la blusa o agregar un chaleco sobre ésta.
- Usar sacos largos.
- Prefiere los escotes pronunciados y accesorios para llamar la atención hacia la parte de arriba del cuello (sin exagerar).
- Usar medias, zapatos y falda en los mismos tonos para alargar tu figura.
- Usar hombreras discretas para equilibrar la figura.
- Usar tonos claros en la parte de arriba.
- Usar faldas línea A.
- Usar faldas circulares en telas delgadas.

- Blusas por dentro del pantalón o falda.
- Faldas de corte tulipán (anchas a la cadera y angostas a la altura de las rodillas).
- Cinturones que destaquen la cintura.
- Telas gruesas en faldas y pantalones.
- Prendas entalladas.
- Pantalones de pinzas, o con bolsas atrás o adelante.
- Mallas, mallones o pantalones muy ceñidos en tonos claros.
- Faldas tableadas.

En el mundo hay muy pocas mujeres perfectas y son, por supuesto, modelos. El resto de las mortales debemos conocer este juego de las proporciones para alargar, equilibrar, esconder, disminuir y aumentar la figura para vernos perfectas, ¿por qué no?

EL YIN Y EL YANG

Una persona no puede vestirse sin ataviar sus ideas al mismo tiempo.

LAWRENCE STERNE

¿Te ha pasado alguna vez que al vestirte te sientes disfrazada? ¿Alguna vez has comprado una prenda de muy buena calidad que, sin embargo, no se te ve bien o no te sientes a gusto con ella? ¿Sabes por qué te ves mejor con prendas lisas y no con prendas estampadas o viceversa?

La respuesta a estas preguntas se puede encontrar en el yin yang. Se trata de una filosofía china muy antigua que habla de la dualidad en el universo, el equilibrio, los opuestos, la complementariedad, la luz, la oscuridad, lo femenino-masculino, la fuerza-debilidad, el Sol y la Luna, etcétera.

Se trata de un concepto que se aplica tanto a teorías filosóficas como a todos los elementos que nos rodean. Seguramente has visto alguna vez su símbolo: un círculo, dividido en medio por una línea en forma de "s". Fue muy popular en los años sesenta; un lado es negro, con un pequeño círculo blanco, y el otro lado blanco con el círculo negro.

El lado yang representa la fuerza, lo masculino, la sobriedad en la línea, el poder, la luz, la razón, etcétera. El yin, por el contrario, simboliza lo frágil, lo femenino, el rebuscamiento de la línea, lo curvo, la sensualidad, lo misterioso.

Entre los animales el tigre sería yang, por su fuerza, su manera de desplazarse y su astucia; el venado yin, por su gracia, agilidad y líneas corporales. Entre las flores, el alcatraz sería yang, por lo simple de su línea; y la rosa, en cambio, yin. El Sol yang, la Luna yin.

En arte, el cubismo de Picasso sería yang, y una pintura clásica tipo Rembrandt, yin. En arquitectura, el estilo Barragán yang, con sus líneas rectas y minimalistas, y el estilo Barroco yin, obviamente. La poesía sería yin, por el rebuscamiento del lenguaje, mientras que la prosa es yang. Así podríamos ir separando todo lo que nos rodea dentro de estos dos grandes conceptos (a grandes rasgos).

Podríamos decir, en general, que el hombre es yang y la mujer es yin, pero como miembros del universo, todos tenemos parte de yin y parte de yang. Cada persona, además, físicamente se inclina hacia uno u otro de estos polos de acuerdo con factores como la estatura, el colorido físico, la estructura ósea o características intangibles como el carácter, la expresión de la mirada o la forma de ser; es decir, por características que componen nuestra personalidad, que también influyen.

Por eso es importante que nuestra ropa sea una continuación de nuestra personalidad, no una contradicción de ésta. Debemos buscar, entonces, una relación entre el tipo de figura que tenemos y la línea y el estilo de ropa que nos queda.

Imagina a Elizabeth Hurley o Catherine Z. Jones vestidas con un traje sastre de lana, tipo caja, con falda recta, saco cruzado de ocho botones con anchas y angulosas solapas. ¿Por qué no se verían bien? Porque las dos tienen un cuerpo redondeado al cual favorecen telas de caída suave, de líneas más femeninas que acentúen los contornos de su cuerpo. Se les vería mejor un traje en crepé de lana, de saco corto, un poco "acinturado", con escote en v sin solapas y debajo una blusa muy femenina de caída suave. Otras personas, en cambio, pueden verse muy bien con trajes rectos de tipo militar porque complementan sus facciones y su cuerpo anguloso de maravilla.

Saber a qué lado pertenecemos, yin o yang, nos marca una pauta a seguir en nuestra forma de vestir, en los estampados o texturas que escogemos, y en el corte y la línea que usamos.

Características de las mujeres yang

- Estatura de mediana a alta.
- Colorido físico contrastado (por ejemplo, cabello oscuro y piel clara o apiñonada).
- Estructura ósea de mediana a gruesa.
- Facciones angulosas y marcadas.
- Expresión seria o severa que refleja fuerza de carácter.
- Cuerpo parejo; si suben de peso lo hacen de forma general.
- Llaman la atención por atractivas, lucidoras y guapas.
- Caminan con paso firme y decidido.

Recomendaciones para tu forma de vestir

- Vestirse de dos piezas en lugar de usar vestidos muy femeninos o acompañarlos de un saco.
- De preferencia usar telas mate y lisas, pues no se ven bien con telas estampadas o vaporosas.
- Usar colores de los extremos de la gama cromática, o muy claros y suaves o muy oscuros y contrastados.
- Pocos accesorios, originales, simples o sencillos y clásicos.
- Corte recto en la ropa, simulando los de un traje masculino.
- Ropa que ponga poco acento en la cintura.

- Ropa y diseños con pocos detalles. Debes evitar todo aquello muy femenino como holanes, florecitas y cortes redondeados al cuerpo.
- Escotes cuadrados, de barco, en v, cuello de tortuga o tipo Mao.
- Telas de tejido muy cerrado y poca textura.

Características de las mujeres yin

- Estatura de mediana a baja.
- Colorido físico suave.
- Estructura ósea de mediana a delgada, de aspecto frágil.
- Facciones redondeadas, suaves.
- Expresión cándida y amable que refleja dulzura.
- Cuerpo en forma de pera; si suben de peso, se destaca de la cintura para abajo.
- Llaman la atención por bonitas y femeninas.
- Caminan con suave balanceo.

Recomendaciones para tu forma de vestir

- Vestidos femeninos. Telas semimate o brillantes, de caída suave.
- Estampados con motivos abstractos, florales.
- Tonos intermedios en la ropa.
- Accesorios que resalten tu feminidad, como las perlas.
- Cortes de vestido no muy rectos, sino "acinturados", con corte en A o circular.
- Pliegues, holanes y dobleces suaves.

- Usar solapas redondeadas, curvas, o no usarlas.
- Ropa ceñida al cuerpo.
- Escotes profundos, redondos, de chimenea, de ojal.
- Hombros redondeados (no uses hombreras exageradas).
- Texturas de tejido suave y abierto.

¿Comprendes ahora la razón por la cual en ocasiones nos sentimos disfrazadas? Lo que más le favorece a tu tipo de figura es lo que está acorde con la línea natural de tus facciones y de tu cuerpo. En lugar de querer cambiarla, ¿por qué no realzarla?

Analízate y comprueba que sólo mediante el conocimiento de nosotros mismos vamos puliendo y dando forma a nuestra personalidad, para que la ropa sea una continuación y no una contradicción de ella.

¿A cuál de los dos signos perteneces: yin o yang?

LOS 50 ERRORES MÁS COMUNES DE LAS MUJERES AL VESTIRSE PARA EL TRABAJO

> *Siempre he creído en el axioma que dice que las pequeñas cosas son infinitamente lo más importante.*
>
> SHERLOCK HOLMES

Cada vez se suman más mujeres al mundo profesional y político. Por eso es importante saber cómo presentarnos en un campo predominante masculino sin perder nuestra esencia femenina. A continuación enumero los errores más comunes que suelen cometerse.

Califícate a ti misma. Si no incurres en ninguno de ellos, te felicito, eres una mujer que sabe vestir, que tiene buen gusto, inteligente, sensible y elegante. Si cometes menos de cinco errores, estás dentro de las que saben vestir; si cometes entre diez y veinte, sería bueno dedicarle más atención a tu arreglo personal; si cometes más de veinte espero que este libro se convierta en una herramienta importante en tu vida.

- Usar demasiados accesorios.
- Mezclar prendas finas con baratas. (Se notarán más las baratas.)
- Usar falda demasiado corta o muy larga. (La primera no es apropiada, la segunda no es práctica.)
- Llevar las mangas de los sacos o de las blusas muy largas. (Hacen ver más bajita a una mujer.)
- No usar medias. (No es profesional ni elegante en el ámbito corporativo.)
- Usar sandalias con medias. (Es muy poco coqueto y femenino.)
- Usar ropa de poliéster o de otra fibra sintética. (La piel no transpira y el sudor tiende a oler muy mal en estas prendas.)
- Usar botas con prendas muy veraniegas. (Es incongruente.)
- Usar medias muy delgadas y transparentes con una falda de lana gruesa. (Es discordante.)
- Combinar dos tipos de tela diferentes como falda de lino y suéter de lana. (Son dos climas diferentes.)
- Usar zapatos blancos. (Son más apropiados para la playa.)

- Usar tacones muy altos de aguja durante el día. (No resulta apropiado, además de que es agotador.)
- Usar blusas transparentes durante el día. (Están fuera de lugar.)
- Usar pantalones de mezclilla o mallones. (Difícilmente nos tomarán en serio.)
- Usar zapatos de plástico.
- Traer el cabello sucio.
- Combinar ropa formal e informal dentro del mismo atuendo. (Es incongruente.)
- Llevar joyas que suenen. (Siempre sabrán por dónde andas.)
- Usar la talla equivocada. (Seamos realistas.)
- Ponerse ropa de material muy brillante. (Es más apropiado para la noche.)
- Usar el cabello muy alborotado o despeinado. (Parecerá que se nos perdió la fiesta.)
- Usar el cabello muy largo después de los 40 años. (Acentúa las líneas descendentes de la cara.)
- Dejarse las canas sin pintar cuando ya son muchas. (Siempre te verás como una persona mayor.)
- Pintarse el cabello de un tono demasiado diferente al color natural. (Se nota mucho y por lo general se ve muy mal.)
- Vestirse demasiado elegante para la ocasión. (Por ejemplo, llevar vestido de noche a un evento donde todos visten ropa de calle.)
- Levar zapatos de tacón de aguja cuando se tiene la cadera demasiado ancha. (Estéticamente no sienta bien.)
- Usar valenciana en los pantalones cuando se mide menos de 1.60 m. (Nos vemos más bajitas.)

- Usar cinturones anchos cuando se tiene el talle corto. (No quedará espacio en el talle.)
- Usar cinturones muy delgados cuando se tiene el talle largo. (Se ve desproporcionado.)
- Tener piernas y axilas sin depilar. (Lo menos femenino que hay.)
- Llevar vestidos muy femeninos o blusas muy escotadas. (Te verás poco profesional.)
- Maquillarse demasiado o no maquillarse en absoluto. (En el primer caso, se nota más la edad; en el segundo, es algo que sólo las modelos pueden permitirse.)
- Aplicarse demasiado perfume. (Una semana después, la gente se seguirá acordando de ti.)
- Llevar la ropa sucia o arrugada. (Es autosabotaje.)
- Ser víctima de la moda. (Denota falta de personalidad.)
- Vestir de manera demasiado moderna o demasiado conservadora. (En el primer caso, te verás poco estable; en el segundo, muy predecible y aburrida.)
- Llevar uñas muy largas, desarregladas o pintadas de morado. (Sin comentarios.)
- Vestirse de manera descuidada y poco femenina.
- Tener cuello corto y usar aretes muy largos. (No se ve bien.)
- Dejarse el vello facial. (Es muy poco femenino.)
- Enviar con la ropa mensajes confusos: una prenda conservadora y la otra muy moderna.
- Usar accesorios muy llamativos durante el día.
- Permitir que, de alguna manera, se vea o se note la ropa interior.
- Usar pupilentes de colores. (Muy artificiales.)

- Usar zapatos más claros que la medias. (Llama la atención hacia el punto equivocado.)
- Ponerse fondo. (Ya no se usa, y menos cuando la falda tiene una abertura.)
- Ponerse una blusa ombliguera cuando no se tiene ni la edad ni el cuerpo para hacerlo.
- Copiar el estilo de una amiga o de una artista en lugar de explotar el propio.
- Usar prendas entalladas al cuerpo animal print.
- Usar logotipos de marcas en todos lados.

En resumidas cuentas: destaquemos lo sencillo, lo femenino, la congruencia y el origen. Si vigilas esto, la gente al verte pasar dirá: "¡Qué mujer tan elegante!"

LOS ACCESORIOS

El adorno nunca es nada salvo un reflejo del yo.

COCO CHANEL

Pocos elementos reflejan mejor la personalidad de una mujer que sus accesorios. De qué tamaño son, cómo los usa, cuándo los usa, con qué los usa y cómo los combina. Todo ello nos habla de sus gustos, su edad, su actividad, su tipo de personalidad, etcétera.

Para muchas mujeres, acompañar su ropa con accesorios es una diversión. Para otras es un misterio absoluto. Otras lo hacen muy animadamente, aunque no siempre de manera adecuada; y unas, de plano renuncian a ello.

Sin embargo, cuando una mujer sabe proporcionar y equilibrar correctamente las prendas y los accesorios no sólo se ve elegante, sino que ahorra dinero (pues no hay nada más caro que usar una prenda de una sola forma), da versatilidad a su guardarropa y además es divertido.

Hay dos clases de accesorios: los necesarios y los de decoración. Los necesarios son las medias, los zapatos y la bolsa. Muchas veces los descuidamos ya que no siempre se consideran importantes o, en el otro extremo, hay quien siente una especie de adicción por ellos.

Los de decoración son joyas, cinturones, sombreros, anteojos oscuros y mascadas.

La creación de la moda es dinámica, rompe las reglas y reta a la imaginación; sin embargo, existe un lineamiento clásico atemporal que se mantiene vigente al margen de lo efímero y pasajero. Dentro de este parámetro, hablaremos a continuación de los accesorios necesarios.

Los accesorios necesarios

Las medias

Qué diferentes se nos ven la piernas cuando nos ponemos una media muy delgada y suave, a cuando se nos ven ásperas y de color no del todo uniforme. La diferencia es la calidad de las medias y la proporción de lycra y nylon que tengan. Entre más lycra tengan, más bonitas y duraderas serán (y más caras).

- Si las actividades de la mujer son informales, así como su forma de vestir, no es necesario que use medias. Sin embargo, si trabaja o se viste de manera formal, son imprescindibles.
- Las medias siempre deben ser más claras que el tono del zapato, no al revés. Por lo general, no se debe usar medias negras con zapatos de color.
- Cuando la bastilla de la prenda es de un tono mediano a oscuro, como azul rey, gris, verde bandera, *cognac* o vino, las medias se ven muy bien en tonos naturales o de medianos a oscuros, dependiendo de la moda o iguales al tono de la ropa.
- Si eres una mujer bajita, trata de usar las medias de mismo tono o parecido a la bastilla de la prenda y los zapatos. La idea es llevar el tono hasta el suelo para alargar la figura.
- En verano, durante el día, usa esas medias que son tan naturales que no se notan en tonos color piel.
- En invierno usamos telas más gruesas, y lo mismo debe ser con la textura de las medias, que además deberán

usarse en tonos oscuros, acompañadas de zapatos de ante o botas de piel labrada.

- Si la tela es de entretiempo y el clima es fresco, las medias en tono natural se ven muy bien.
- En la noche, las medias se ven mejor negras, siempre delgadas y de aspecto sedoso. Cuando el vestido es claro, el tono debe ser totalmente natural o del tono del vestido, menos blancas.
- Nunca hay que ponerse medias con pantalones de pescador, bermudas o shorts (para disimular un tono blancuzco en las piernas) ¡y menos acompañarlas con tenis!
- Nunca hay que ponerse medias blancas y zapatos blancos, a menos que seas enfermera.
- Revisa tus medias y tira todas las que estén defectuosas o sean ásperas. Muchas veces, aunque no estén corridas en forma vertical, tienen pequeños tirones horizontales que hacen que se vean muy mal.
- La punta reforzada prolonga la vida de las medias finas, pero nunca se debe ver.
- Si el zapato es totalmente abierto o tipo sueco no se usa media.

Los zapatos

Los zapatos son simplemente el elemento que mejor refleja la personalidad de una mujer. En qué estado están, cómo los usa, cuándo los usa, con qué los usa y cómo los combina, todo esto nos habla de sus gustos, su edad, su actividad y su tipo de personalidad.

En general, las mujeres también tenemos dos actitudes frente a los zapatos: vivimos obsesionadas por ellos y los compramos como si fueran una adicción o los vemos como elementos necesarios y no les prestamos demasiada atención, pensando sólo en la comodidad. Sin embargo, cuando una mujer sabe proporcionar y equilibrar correctamente la ropa con los zapatos se ve moderna, atractiva y elegante.

A continuación comparto contigo algunos consejos importantes acerca del uso de estos importantes accesorios.

- Si en algo no debemos escatimar una inversión es en los zapatos. Son el índice más exacto del buen gusto. Éstos deberán ser de la mejor calidad posible.
- Los mejores zapatos son los que están en tonos neutros, oscuros o claros para la época de frío y calor. Ya no se usan los zapatos de colores durante el día, a menos que se trate de una ocasión formal; en ese caso, se tiñen del mismo tono del vestido o de un tono contrastante.
- Es importante considerar la línea de la ropa para escoger zapatos. Si la línea es ancha, por ejemplo, una falda circular, unos pantalones *baggies* o ropa con muchos pliegues o tablones, el zapato deberá ser de piso o de tacón ancho y mediano. Es cuestión de estética.
- Si por el contrario la línea del vestir es pegada al cuerpo, como pantalones estrechos, falda de tubo o vestido recto, la línea se proporciona mejor con unos tacones medianos o altos y delgados. Los zapatos de piso no favorecen la línea de este tipo de prendas.

- Los zapatos para pantalón se ven mejor cuando tienen, de alguna manera, el empeine paralelamente cubierto con tiras de piel delgadas o anchas, o totalmente cubierto. Como ya lo vimos, los zapatos escotados hacen que se vea un pedazo de piel entre el zapato y el pantalón, y esto no se ve bien pues se corta la línea de la figura en forma horizontal.

- Para usarlos durante el día, no hay como los zapatos de tacón mediano o bajo; los de tacón alto, sobre todo los muy altos, sólo son adecuados para usarse tarde y noche.

- Las sandalias son muy femeninas y sexys. Se usan de día o de noche en época de calor. Para ello, debes aplicarte a los pies una buena pedicura, y nunca usarlas con medias. Es mejor comprarlas medio número más chicas para que no te queden flojas. No son apropiadas en un ambiente de oficina.

- Si eres bajita, evita los zapatos decorados, ya que vas a llamar la atención hacia los zapatos.

- El mejor atuendo se puede echar a perder por completo con unos zapatos equivocados, viejos o en mal estado.

- ¿Qué pasaría si, como Cenicienta, se nos perdiera un zapato? Muchas mujeres, de la pena de que los demás vieran lo desgastados que están, no lo reclamaríamos, aunque eso significara no casarse con el príncipe. Así que... ¡saquemos del clóset todos los zapatos que se vean viejos y usados y renovémoslos poco a poco!

- Evitemos caer en la trampa de comprar zapatos que no son de nuestra talla sólo porque están rebajados (ya lo he hecho y no funciona). Si es mucha la tentación, cómpratelos más grandes, nunca más chicos, ya que pueden achicarse un poco con plantillas.

- Descubre cuál es la marca de zapatos que te acomoda y manténte fiel a ella. Los zapatos adecuados se sienten bien desde el momento en que nos los probamos y no necesitan tiempo para amoldarse.

- Cuando compres zapatos hazlo por las mañanas, cuando no tienes los pies hinchados.

- Las botas siempre deben comprarse medio número más grandes, por los calcetines o las medias gruesas con que se usan.

Por último, como dice el diseñador francés de zapatos Christian Louboutin: "Con los zapatos no es la moda lo que importa, si está usando tacón alto o bajo, sino que la mujer pueda caminar y moverse con gracia y elegancia."

La bolsa de una mujer… un enigma y un accesorio muy importante

Podemos encontrar toda clase de sorpresas dentro de una bolsa de mujer: pinturas, boletos de cine usados, la paleta del niño, papelitos con algún pendiente escrito, notas de consumo, cepillos, papeles del trabajo, fotos, perfume, además de la cartera, la agenda y la chequera. Lo cierto es que cabe todo menos el orden.

Si hay un accesorio personal que refleja absolutamente la manera de ser de una mujer, es nuestra bolsa. Cuando ésta pertenece a una mujer que, además de tener mil actividades durante el día, trabaja y es mamá, la bolsa es sometida a duras pruebas de resistencia. Éstos son algunos consejos para comprar una bolsa y que nos dé el mejor rendimiento posible.

• Es mejor comprarla de la mejor calidad que podamos. Una bolsa debe reunir tres características: ser bonita, cómoda y práctica. He descubierto que las bolsas muy profundas, sin compartimientos, son bonitas pero no son prácticas. Para encontrar el celular cuando está sonando a veces es necesario vaciar la bolsa y desparramar todo, lo cual no se ve muy bien.

Si para sacar algo como una tarjeta de presentación, un cosmético o las llaves nos tardamos horas, damos la impresión de ser muy desorganizadas.

Una solución es tener todo en pequeñas bolsas, lo cual también es muy práctico para cambiar las cosas de una bolsa a otra.

Si trabajamos, una bolsa grande puede ser muy conveniente ya que nos caben folders tamaño carta, agenda y calculadora, y sustituye el portafolio, que es más formal y masculino. Es muy incómodo cargar bolsa y portafolio al mismo tiempo. Una bolsa de este tipo conviene comprarla de color negro, café oscuro o miel para que la podamos usar todo el año.

Hay bolsas tan rígidas y con broches tan complicados que para abrirlas nos tardamos horas y nos arriesgamos a rompernos las uñas, además de que al meter la mano podemos lastimarnos las muñecas. También, por supuesto, hay bolsas muy prácticas pero horrendas.

Lo mejor es tener una buena bolsa clásica de piel, la cual con el tiempo se verá más bonita. Las pieles que tienen un acabado granulado o están grabados con pequeños diseños, disimulan más los raspones. Una piel que se ve muy sofisticada y elegante en una bolsa es la de cocodrilo, original o grabada, aunque es apropiada sólo para otoño e invierno.

- Para el uso diario no hace falta llevar el mismo tono en bolsa y zapatos. Si el atuendo es oscuro, los zapatos y la bolsa deberán serlo. No importa si los zapatos son azul marino o café y la bolsa es negra; y si los zapatos son de cualquier tono claro, la bolsa puede ser en tono miel o beige.

- Cuando usamos una bolsa colgada al hombro, la parte más ancha deberá quedar a la altura de la cadera. Es un error muy común que la bolsa esté demasiado larga, lo cual se ve totalmente desproporcionado, sobre todo si la mujer no es muy alta.

- Si eres bajita, no te compres una bolsa muy grande porque te verás más pequeña todavía, y si eres muy alta trata de no usar bolsas muy pequeñas: aunque estén de moda hay que tomar en cuenta la proporción.

- Por lo general, las mujeres llenamos tanto nuestras bolsas que parecemos mulas cargadas. Nos pesan tanto que terminamos caminando chueco, con escoliosis en la columna y con la cara desencajada, lo cual ciertamente no nos favorece.

- Por favor, nunca compres bolsas que imiten una marca original con grandes logotipos grabados. Es más elegante usar una bolsa sencilla de piel que la pobre copia de una original, ya que esto se nota claramente en los acabados.

- No te obsesiones tanto por tener la bolsa de marca que todo mundo trae.

- Las bolsas tipo *backpack*, ya sean de una correa ancha o de dos, se han vuelto indispensables para ir a la universidad, para llevar el equipo necesario al practicar un deporte, viajar en bici, en tren o en avión, tanto para hombres como para mujeres. Son muy prácticas porque nos dejan las dos manos libres para cargar otras cosas. Su formalidad depende del material del que estén hechas.

- Cuando vestimos formalmente, la bolsa debe ser pequeña. Las bolsas de gala se han convertido en piezas de colección. Si tienes la que usaba tu mamá o tu abuelita, ¡qué bien! Éste es un accesorio en el cual se admite la fantasía, lo divertido, lo original. Hay todo tipo de diseños y formas caprichosas, con pedrería, sin ella, de satín, de seda, etcétera.

Los colores clásicos son dorado, plateado o negro; sin embargo las bolsas de pedrería rojo rubí o verde esmeralda se ven muy novedosas y juveniles.

Estarás de acuerdo conmigo en que es un enigma lo que se puede encontrar dentro de la bolsa de una mujer. Dime, ¿qué sorpresas podemos encontrar dentro de la tuya?

Los accesorios decorativos

¿Aretes? ¿Pulseras? ¿Collares?

La personalidad de una mujer se ve reflejada en la joyería que usa: el material, el tamaño, el estilo; todo es significativo. Hay cuatro clases de joyería:

1. *La clásica,* como un hilo de perlas, una cadena de oro, de plata o de imitación, unos aretes pequeños de joyería o de perlas, un prendedor, una esclava de oro, etcétera. Todas las mujeres pueden usar este tipo de joyería; es la más adecuada para el trabajo por su sencillez y nunca se verá fuera de lugar.

2. *La joyería de diseño moderno, geométrico, vanguardista o abstracto.* Sus formas y materiales no son comunes pues pueden ser muy variados. Le sienta bien a la mujer sofisticada, original y que no teme llamar la atención. Usar una sola pieza de este

tipo es suficiente. No la pongas a competir con otros puntos de atención.

3. *Joyería étnica o artesanal.* Por lo general está hecha a mano en materiales como madera, marfil, barro, concha, piedras semipreciosas, piel, pelo de elefante y tela, entre otros materiales. Es adecuada para la mujer artista, creativa, de espíritu libre. Y por supuesto combinada con la ropa correcta (suelta, étnica, creativa, natural).

4. *Joyería de estilo antiguo.* Comprende la joyería de filigrana, las perlas barrocas, los trabajos rebuscados y finos, como los que usaban nuestras abuelas. Esta joyería gusta a las mujeres que son románticas, muy femeninas, pues les da un aire de nostalgia por el pasado. También debe combinarse con el *look* correcto.

Lo apropiado para cada persona va de acuerdo con su estatura, su personalidad y sus proporciones. Por ejemplo, si la mujer es bajita y de busto grande, no se verá muy bien con accesorios grandes y geométricos; por otro lado, si es muy alta y delgada, unos aretes de filigrana no le favorecerán.

La joyería de fantasía o fina es un elemento que llama mucho la atención. Me ha tocado ver mujeres cuya joyería brilla más que ellas. Cuando platicamos con una mujer ella debe ser el foco central, y los accesorios que use deben ayudarle a iluminar su cara, a atraer la vista hacia ella, pero nunca deben robar la atención, lo que sucede si se pone más de tres puntos de enfoque.

Por ejemplo, tres cadenitas muy delgadas, si están a diferente altura, cuentan como tres puntos de enfoque.

Sin embargo, si se usan diez cadenitas juntas y están a la misma altura, cuentan como un solo punto.

Primer punto. Los aretes son básicos. Los que son largos y las arracadas medianas o grandes, desde este punto de vista, no son apropiados para un ambiente corporativo, ya que hacen que la mujer se vea poco profesional. Sin embargo, lucen muy bien en ocasiones menos formales; como fines de semana, en un trabajo creativo tipo agencia de publicidad, o por la noche.

Para mi gusto, los que más favorecen e iluminan la cara son aquellos cuyo material tiene un brillo propio, como los aretes de perlas o un diseño pequeño en plata o en oro. Además, pueden usarse de día o de noche.

Segundo punto. Puede ser un collar, una mascada o un prendedor. Toma en cuenta el tamaño de tu cuello: si es pequeño, no te anudes las mascadas muy pegadas a él; es mejor usarlas con el nudo flojo o sobre el pecho. Si tu cuello es largo, te favorece mucho bien pegada y con dos vueltas.

Tercer punto. Una pulsera, un cinturón, botones grandes o unas mancuernillas. Si tienes manos bonitas, el punto de enfoque puede ser una pulsera o un anillo.

Los accesorios deben hablar un mismo idioma. Es importante no mezclar estilos entre sí. Por ejemplo, si los aretes son clásicos, también la ropa y todos los accesorios deben ser clásicos.

Las piedras de imitación auténticas son muy vistosas de noche, pero completamente inapropiadas de día.

Expresa tu individualidad por medio de los accesorios. Es muy divertido combinarlos para que las prendas luzcan diferentes. Recuerda que en materia de joyería, entre menos usemos más elegantes nos veremos.

Las mascadas

Los accesorios más versátiles, prácticos, bonitos, con mil posibilidades de uso son las mascadas. Una mascada puede cambiar por completo un atuendo, lo puede actualizar, hacerlo más *sport* o más elegante. Te sugiero coleccionarlas poco a poco.

Muchas veces no las usamos porque simplemente no estamos acostumbradas a ellas. En lugar de guardar en el cajón las mascadas que te hayan regalado, trata de usarlas. Es probable que al principio te sientas como que algo te sobra; es normal, al poco tiempo las usarás con toda naturalidad.

Las mascadas se elaboran en diversos materiales: algodón, seda, gasa, lana y otros. Las mejores son las que se pueden anudar suavemente y que tienen el estampado casi igual de ambos lados para que podamos usarlas y anudarlas sin que se note el revés.

Existen varios tamaños de mascada, las más versátiles son las cuadradas, ya que se pueden usar de muchas formas.

La calidad de las mascadas se nota en el bastillado, si es a mano el precio será más alto que el de las cosidas a máquina.

Los anteojos

Son el accesorio más importante del rostro después del maquillaje. Atraen la atención hacia el punto más importante de la cara: los ojos. Por lo tanto, hay que escogerlos con mucho cuidado. Unos armazones que no te favorezcan, que te queden grandes o chicos, o no sean acordes con la forma de tu rostro, harán que te veas poco atractiva o tosca.

El color

Un par de buenos lentes por lo general son caros, y la moda va y viene, así que es mejor escogerlos en un tono neutro y de preferencia que la armazón sea del mismo tono de tu cabello o parecido. La moda se mueve entre los dos extremos; por un lado, los que no tienen armazón, las lentes parecen flotar en la cara; y por otro, los que tienen un marco muy pronunciado, en un tono contrastante. Escógelos de acuerdo con tu personalidad.

La forma de tu rostro

Escoge una armazón que vaya acorde con tu rostro y toma en cuenta que no tengan la misma forma de tu cara. Por ejemplo, unos anteojos redondos sobre una cara redonda no se ven armónicos.

Para cara alargada: rectangulares o redondos.

Cara cuadrada: escoge una forma con bordes redondeados y evita los anteojos grandes.

Cara redonda: los anteojos cuadrados o rectangulares te quedarán muy bien.

Ojos separados: escoge unos anteojos con armazón oscura y de puente ancho; esto ayudará a que tus ojos se vean más juntos.

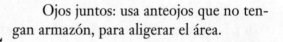

Ojos juntos: usa anteojos que no tengan armazón, para aligerar el área.

Nariz larga: elige una armazón de puente bajo, para que contribuyan a hacer la nariz más breve.

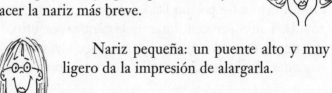

Nariz pequeña: un puente alto y muy ligero da la impresión de alargarla.

Al maquillarte los ojos

Cuando los anteojos amplifican los ojos hay que tener mucho cuidado de no exagerar con el maquillaje. Aplica poco rímel, tonos neutros de sombras, y evita el delineador negro porque la expresión se verá muy severa.

Cuando los lentes hacen ver los ojos más pequeños, subraya las cejas que son el marco del ojo. Evita usar sombras nacaradas, destaca el uso del lápiz o delineador para definir la línea, pero sólo en tres cuartas partes del ojo, y no cierres el contorno para evitar que se vean más chicos.

Lentes de sol

Escógelos con el mismo cuidado que empleas al comprar los anteojos con graduación. Como la moda cambia cada tres meses en este tipo de lentes, te voy a sugerir algunos puntos básicos que son independientes de la moda:

- Úsalos negros si tu color de cabello es fuerte y contrastado; en tonos café si tu cabello es de tono castaño, y rojizos si tienes ese color de cabello natural.
- Los lentes de espejo son para hacer deporte, y no se ven bien con traje de calle.
- Asegúrate de que realmente te filtren los rayos dañinos del sol, y no compres los que ostentan una marca enorme a los lados: la persona que los porta quizá lo hace para verse elegante y la verdad crea el efecto opuesto. Lo que tiene calidad no necesita anunciarse.

Recuerda, no hay un elemento que refleje mejor la personalidad de una mujer que sus accesorios.

El sombrero

Un sombrero siempre anuncia a la mujer que lo trae puesto. Este puede evocar a heroínas cinematográficas o históricas, nos puede transportar en el tiempo, puede hacer que una mujer se vea radiante, especial, o puede causar exactamente el efecto contrario. Un sombrero fuera de lugar o desproporcionado se convertirá en tu peor enemigo.

Hay varios tipos de sombreros: de paja, muy anchos, de fieltro, tipo boina, tipo pastillero (como los de Jacquie Kennedy), de fantasía, con plumas, flores, etcétera.

Algunas recomendaciones para el uso de un sombrero o pamela:

Considerar la estatura. Si eres una persona alta y delgada, lucirás muy bien con una pamela o sombrero de ala ancha; pero si eres bajita no te favorece en lo absoluto. En ese caso, usa mejor uno que sea tipo pastillero o un tocado pequeño. En la época en que estamos embarazadas o con unos kilitos de más es mejor no usar sombrero.

Considerar el ancho de los hombros. Para que el sombrero se vea proporcionado te sugiero que no pase del ancho de tus hombros, a menos que tengas altura, cuerpo y cara de modelo.

Tomar en cuenta el tamaño de la cabeza. Este detalle también es importante ya que el corte de cabello, el tipo de peinado, más el sombrero, pueden disminuir una cabeza ya de por sí pequeña, o pueden hacer que se vea muy ancha.

La ocasión. Si tienes una celebración a mediodía, en el jardín y en época de calor, es el momento más apropiado para usar sombrero. Si eres la mamá de la novia o del novio en una boda, considera el número de personas que te van a saludar. Por lo tanto, un sombrero de ala ancha no es adecuado ya que vas a terminar torcida. En esos casos, lo mejor es un tocado o un sombrero con el frente recogido hacia arriba, de manera que te dé libertad de movimiento.

Se supone que el sombrero tipo pamela fue creado para dar sombra a la cara o calor a la cabeza, así que nunca debe usarse en una reunión por la noche. Además, el sombrero no se debe quitar durante el evento ya que el peinado queda todo marcado con él y después ya no sabemos ni dónde ponerlo, pues en todos lados estorba.

La próxima vez que tengas oportunidad de usar un sombrero, considera lo anterior para que llames la atención favorablemente cuando lo traigas puesto.

UN BUEN CORTE DE CABELLO

> *El genio sirve de poco a una mujer que no sabe peinarse.*
>
> EDITH WHARTON

A veces el cabello da la impresión de que hace lo que quiere con nosotros, y no al revés. Basta que nos quede mal para que todo se eche a perder. Aún si el vestido que traemos es nuevo, el maquillaje nos quedó perfecto y los aretes son preciosos, si el cabello decide no quedar, de nada sirve.

El cabello es uno de los factores visuales más importantes de una persona. Yo recuerdo haber sentido una verdadera crisis de identidad el día que decidí cortarme el cabello con un estilista nuevo. Cuando me vi en el espejo hecha una *punk* sentí ganas de llorar, y de verdad lloré cuando vi la reacción de mis hijos y mi esposo al llegar a casa. ¿Te ha pasado? Pero gracias a Dios, el cabello crece.

Dime cómo te peinas y te diré cuántos años tienes

Cada época se distingue por los cambios de moda, especialmente en el corte y peinado; hay quienes se quedan anclados a una época. Por otro lado, ser "víctima de la moda", es decir, poner la cara, el cuerpo y el cabello a disposición de los dictadores de la moda, también es un error, ya que nuestra personalidad y estilo propio quedan en la oscuridad.

El cabello reafirma la sensualidad y la feminidad de la mujer, así que siempre debe usarse limpio, sano y con vida, por lo que es importante poder meter los dedos entre el peinado. De otra manera, si nuestro cabello está tieso por el aerosol y el crepé (como "casco"), hace que nos veamos viejas, pasadas de moda y poco atractivas.

¿Qué tal la inseguridad que nos da cuando percibimos de pronto que el peinado se nos desacomodó y desconocemos nuestra apariencia? Por eso es mejor tener un buen corte de cabello y traer un peinado natural, que pueda moverse con el viento sin preocuparnos. Además de ser más cómodo, nos vemos más jóvenes y modernas.

El corte

Para resumir, podemos decir que no hay nada que favorezca más a cualquier mujer que estas dos cosas:

1. Que su cabello luzca suave, brillante y de un color natural.
2. Que traiga un corte moderno.

Para la mujer que trabaja, el mejor largo es el mediano, más o menos entre la nuca y los hombros.

Traerlo a media espalda se ve bien si se es muy joven y está muy cuidado; si no, nos hace ver poco serias. Te sugiero que lo recojas de alguna manera.

Traerlo largo y descuidado da la impresión de dejadez, debilidad o desamparo.

Cortarlo demasiado pequeño requiere mantenerlo constante, aunque puede ser muy favorecedor.

Cuando llegamos a la edad madura, no se nos ve bien traer el cabello largo. A esa edad no se ven bien las líneas descendentes de la cara, y podemos dar la impresión de querer vernos *forever young*.

Cuando el corte es totalmente parejo tiene que estar muy bien cortado para que se vea bien, si no se puede ver sin ninguna gracia.

Si tienes cabello muy chino no lo cortes en capas, ya que se te va a encoger, especialmente el fleco y el pelo se esponjan mucho. Para que luzca bien chino debe peinarse sólo cuando está mojado y dejarlo secar así, sin volverlo a tocar.

Si lo tienes muy delgado, las capas ayudan a dar volumen.

Traerlo totalmente natural sin corte alguno y desarreglado puede tomarse como símbolo de rebeldía.

El cabello que cae un poco sobre la cara nos hace ver más jóvenes y menos severas.

Algunos tips

Cuando veas a alguien con un buen corte de cabello en la calle, que no te dé pena, pregúntale quién se lo cortó. Es la mejor recomendación, además de que es un gran halago.

Ve bien arreglada por aquello de "como te ven te tratan".

Antes del corte platica con el estilista, que vea tu pelo seco para que pueda considerar la textura, la caída, tu tipo de vida y actividades, así como las proporciones del estilo que más te quedan.

Cuando el estilista empiece a cortar no le platiques, ya que se distrae. Mejor obsérvalo trabajar y asegúrate de que haga el corte que quieres.

Siéntate derecha, no cruces las piernas: eso asegura que te hagan un corte parejo.

Si tu problema es que tienes poco cabello lo mejor es cortarlo chiquito y en capas. En el mercado hay aerosoles de colores naturales que sirven para pintar el cuero cabelludo y disimular los huecos.

Evita dejártelo parejo y lacio o tratar de disimular el problema con mucho crepé, la verdad es que se acentúa más.

Formas de cara

En los cortes la moda cambia con mucha frecuencia, así que no mencionaré tendencias. Sin embargo, las reglas básicas no cambian. Aunque hay una gran variedad de formas de cara podemos dividirlas principalmente en cinco: redonda, alargada, ovalada, cuadrada y triángulo invertido.

Sin importar cuál tengas, lo que se busca con el peinado es el equilibrio óptico, por ejemplo:

Cara redonda. Busca una línea vertical con el peinado. Es decir, te favorece el cabello largo o corto si se asoman puntas del mismo en la parte de atrás del cuello, esto afina tu cara.

Busca el volumen en la parte de arriba y evítalo a los lados. Esto se logra de diferentes maneras; cortarlo chiquito, peinarlo para atrás, estirarlo en un chongo, o alaciarlo y peinarlo por completo sobre la cara. Te favorecen los cortes asimétricos (más alto de un lado); evita los cortes redondos.

Cara alargada. Imagina el trazo de una línea horizontal para enmarcar tu rostro. Evita el volumen en la parte de arriba, ya que acentuaría tu verticalidad. Procura dar mucho volumen a los lados. Evita llevar el cabello muy lacio o escurrido, así como recogerlo y anudarlo en "cola de caballo". Si tu frente es ancha, un poco de flecos sobre la frente te ayudarán a equilibrar tu rostro; si eres de frente angosta, olvídalo.

Cara ovalada. Eres privilegiada, te queda cualquier corte o peinado.

Cara cuadrada. Seguramente tienes ángulos faciales maravillosos. ¡Aprovéchalos y lúcelos! Peinarte hacia atrás, así como el pelo muy corto, te favorece mucho. Si quieres disimular esos ángulos, sigue las recomendaciones para la cara redonda.

Cara de triángulo invertido. Necesitas "rellenar" con el peinado la parte angosta a la altura del mentón. Imagina una línea horizontal cruzándote la mitad del rostro. Destaca el volumen en la parte baja de la cara y nada de volumen en la parte alta.

El tono

Observa a un niño cuando está bajo el sol: si tiene el cabello entre castaño y claro es muy probable que se le vean varios tonos. Por lo mismo, a las personas con un tono natural claro les favorecen mucho las "luces" o "transparencias".

Si naciste con el cabello oscuro, olvídate de cambiarlo de color y menos aún de aclarártelo, porque se te verá muy mal.

Si te están saliendo canas puedes dejarlas si son pocas y si tu corte de cabello es juvenil y tienes una piel de quinceañera. Si no es así, tíñelas, ya que por lo general envejecen mucho a la persona.

Como regla general evita los tonos en colores extremos y apégate al colorido que la naturaleza te dio: recuerda que ella no se equivoca.

Podríamos decir que, literalmente, cabello por cabello, estamos tejiendo la imagen que queremos dar. Cuando sentimos que nuestro cabello está bien, la seguridad aflora, así que pongámosle atención y estemos abiertas al cambio.

Tercera parte

Sobre el protocolo

¿QUÉ HACER EN UNA CITA IMPORTANTE?

¿Qué tal cuando llevamos mucho tiempo y varias llamadas telefónicas buscando una cita importante? Un buen día, por fin, la obtenemos. No podemos fallar en nada, debemos convencer, vender, vendernos. La primera impresión es fundamental, ese primer encuentro es significativo para el futuro de nuestras relaciones. Esos minutos concedidos para presentar nuestras ideas o nuestro producto valen oro. ¿Qué hacer?

- Preparemos el encuentro, averigüemos algo sobre la persona que vamos a ver, ya sea en los periódicos o con amigos. La persona se va a sentir muy bien impresionada si le decimos algo así como: "Sé que eres un gran aficionado al golf", o "No olvidaré que ganaste el premio de la mejor empresa del año."
- Hay que vestirse de acuerdo con el cliente, empresa o trabajo que nos proponemos alcanzar. Sin embargo, nuestra ropa no es la que debe llamar la atención; sólo debemos vernos muy profesionales y confiables. Si eres hombre y vas de traje, que éste sea de corte clásico y siempre en tonos de azul marino o grises, camisa blanca o azul clara y también corbata clásica.

Ve impecable y perfectamente bien peinado y con el pelo bien cortado. Si eres mujer te sugiero también algo discreto y conservador. Un traje sastre en algún tono neutro no tiene pierde. Acompáñalo con accesorios pequeños y maquillaje sencillo.

- Llega por lo menos diez minutos antes.
- Preséntate con la recepcionista o secretaria entregándole tu tarjeta de presentación impecable. Seamos siempre muy amables con ellas ya que por lo general son la llave para pasar más o menos rápido.
- Hay que poner todos nuestros sistemas en "siga" y mentalmente generar entusiasmo.
- Mientras esperamos hay que ordenar nuestras ideas y visualizar el encuentro y lo que vamos a decir. Hay que disimular cualquier signo de tensión y nerviosismo. Recuerda que la persona que vas a ver es tan humana como tú y yo.
- Antes de entrar, debes tomarte el tiempo para abrocharte el saco, si es que llevas. Si vas de camisa porque en esa ciudad no se usa traje, que ésta siempre sea de manga larga; no importa si están a 40°C, te verás mucho más confiable.
- Tengamos la mano derecha libre de llaves, portafolio, catálogos, etcétera, para poder saludar, así como la tarjeta de presentación a la mano. Si durante la espera nos ofrecieron una taza de café o un vaso de agua, por favor no entremos con ella a la cita.
- Sé tú mismo, no trates de actuar como alguien que no eres porque se nota. Durante la conversación y al salu-

dar tengamos un franco contacto visual, graduándolo a lo largo de la plática.

- Hay que llamar a nuestro interlocutor por su nombre más de una vez. Recordemos que no hay sonido más dulce que escuchar nuestro nombre.
- Menciona el tiempo que te va a tomar la cita y cúmplelo.
- La actitud que tomemos debe ser de ganadores, como de que ya logramos nuestro objetivo (sin exagerar).
- Cuando la gente está nerviosa tiende a charlar interminablemente. Evitemos hablar demasiado y, sobre todo, no hay que interrumpir. Escuchar activamente es muy halagador y efectivo, hace sentir importante al otro.
- Iniciada la junta, sólo acepta algo de tomar si alguien te acompaña, y por favor nada complicado como "con media de azúcar, edulcorante sin azúcar o tres gotitas de leche". No vale la pena perder esos preciosos minutos.
- Sonreír y asentir con la cabeza son los mensajes no verbales más poderosos que hacen sentir a la persona aceptada.
- Al sentarte, si es posible, evita los sillones muy abullonados, ya que invitan al descanso. Inclinemos el cuerpo hacia adelante en posición de escuchar.
- Nuestros ademanes deben ser lentos y controlados. Evitemos jugar con monedas, llaves, plumas, corbata, etcétera.
- Mantén un espacio vital cómodo al hablar, y cuida de no invadir el escritorio con los brazos.
- Si en una junta están presentes otras personas, no olvidemos referirnos a ellas también e incluirlas con

la mirada, ya que no sabemos qué tanto pueda influir su opinión. ¡Gánatelos!

- Al término de la cita, agradece el tiempo que se te dio. Nunca hay que quedarse más tiempo del necesario, aunque hayamos estado muy a gusto.
- Despidámonos de mano de los asistentes, con un apretón seguro y amable, ya que es la última impresión que queda de nosotros. Al salir, despídete también de la secretaria y de la recepcionista.
- Al día siguiente envía una carta de seguimiento o, si prefieres, llama por teléfono. ¡Que te vean interesado!

Si sigues estos consejos, te aseguro que en tus citas importantes dejarás una excelente impresión, y aunque no te garantizo la venta, sí te puedo garantizar que tus probabilidades de lograrla aumentarán. Mucha suerte.

LA PUNTUALIDAD

No sé si te ha pasado que te citas con alguien a desayunar a las 8:30, sales volando, llegas puntualmente, te sientas y empiezas a esperar, y conforme pasa el tiempo no sabes qué hacer: pides el periódico, revisas tu agenda, agradeces que el mesero se acerque a ofrecer café pensando que de un momento a otro va a llegar la otra persona. Y de pronto te empiezas a sentir un poco ridículo cuando pasan quince o veinte minutos y la otra persona no llega.

La puntualidad es uno de los valores más apreciados en las relaciones sociales y de trabajo.

Sin embargo, resulta que en las sociedades latinas como la nuestra, la gente que está mal ¡es la que es puntual!

Por ejemplo, si te invitan a una cena y te dicen que es a las ocho de la noche, no se te vaya a ocurrir presentarte a esa hora, pues es probable que el señor de la casa todavía no haya llegado, que la señora no se haya terminado de arreglar, que esté en tubos, y lo peor, ¡tú quedas como un imprudente!

Los extranjeros, cuando nos visitan, verdaderamente no comprenden nuestro peculiar estilo de "puntualidad", e incluso se ha considerado una característica del latino.

Por ejemplo, se afirma en las invitaciones de boda que la misa va a ser a las 7:30 p.m., cuando todos sabemos que va a ser a las 8:00 p.m. La iglesia está vacía porque todos llegamos a las 8:30. ¿No es ridículo?

En los negocios

Cuando alguien acude tarde a una cita ya está en desventaja porque llega pidiendo disculpas, y si no lo hace está aún en mayor desventaja.

En los negocios, si vas a ver a una persona, cliente o alto ejecutivo, y te dejan esperando horas, es una falta de respeto. Desde mi punto de vista, cuando esperamos en la antesala por más de quince minutos regularmente es por una de dos razones:

1. Se trata de una persona muy ocupada que no sabe administrar muy bien su tiempo.

2. Es una persona que cree que por ser importante tiene derecho a llegar tarde o a recibir tarde a las personas que tienen cita, y lo hace a propósito. Además, seguramente ese ejecutivo subió de puesto también teniendo que hacer antesalas larguísimas (uno repite lo que aprende).

¿Qué puedo decirte de la persona de quien depende (y es su trabajo) solucionarnos algún trámite gubernamental y nos hace dar vueltas y vueltas por horas y días? Entre más tiempo nos hacen esperar, ¡más importantes se sienten!

"El tiempo es tan valioso como el dinero", dice Thomas Mann. Pero esto parece tener a mucha gente sin cuidado.

Alguien debería calcular cuántos millones de pesos se pierden al año por la falta de puntualidad y formalidad, que se traduce en tiempo hábil desperdiciado.

Hay que reconocer que lo que verdaderamente denota clase en una persona es que, siendo muy importante, sea puntual.

¿Te ha tocado esperar dos o tres horas a un médico? ¡Por eso nos llaman sus pacientes! ¿Y no tienes a veces la impresión de que el médico cita a tres pacientes a la misma hora para que su consultorio se vea lleno? Además de que es una descortesía, muestra poca educación y sensibilidad.

Además, el que es impuntual cosecha la impuntualidad de los otros, ya que todos piensan que no es necesario ser puntual con alguien que no tiene respeto por el tiempo de los demás.

Por lo tanto, si tienes que ver a una persona, es mejor citarla en tu oficina, para que si la persona llega tarde, tú puedas ocupar su tiempo.

En los negocios, la puntualidad es uno de los valores más apreciados y necesarios, sobre todo la puntualidad en la respuesta: "Te lo mando mañana mismo", cuando sabemos que el documento llegará en una semana. ¡No se vale!

Por el contrario, qué buena impresión causa una persona que llega o te recibe puntualmente, que acude en punto a sus citas y cumple con lo que promete. Verdaderamente merece respeto y admiración.

La puntualidad es cortesía de reyes, necesidad en los negocios y costumbre de gente bien educada.

Lo más preciado que tiene el ser humano es la vida, y la vida está hecha de tiempo. Lo más valioso que le puedes dar a alguien es respetar su tiempo.

Vivimos una época de cambio, a lo mejor los latinos podríamos volvernos puntales de repente. ¿Por qué no? ¡Ojalá!

EL ARTE DE PRESENTAR A LA GENTE

Lo más importante al presentar a la gente es recordar hacerlo. Hay que hacerlo siempre, aunque en ese preciso momento no nos acordemos de su nombre, nos confundamos o no la hagamos en una forma protocolariamente correcta.

Es comprensible y hasta perdonable tener un lapso mental sobre el nombre (a todos nos ha pasado), pero lo que es muy irritante y la gente no perdona es ser ignorada.

Presentar a la gente es de los actos más importantes en la vida de negocios, y muy pocas personas lo saben hacer correctamente. Hay detalles importantes, por ejemplo:

- Presentar el joven al mayor.
- El de menor rango al de mayor rango.
- Un compañero de la propia empresa, a uno de otra empresa.
- Un ejecutivo de la empresa al cliente.
- El hombre a la mujer.

Es importante explicar quién es la persona, o decir un poco a qué se dedica en el momento de presentarlas, como: "Señor Fuentes, le quiero presentar a mi hija Laura. Laura, él es el señor Fuentes, presidente de nuestra empresa y Laura acaba de regresar de estudiar un año fuera de México." Esto les da pie para iniciar una conversación y los hace sentirse importantes.

Para introducir un extraño a tu grupo

Cuando a tu grupo de amigos llega alguien que sólo tú conoces, sería muy descortés seguir platicando sin incorporarlo. Todos hemos estado alguna vez en una situación así, y nos sentimos fuera de lugar, incómodos y extraños.

Se puede interrumpir la conversación del grupo para darle la bienvenida al nuevo: "¡Carlos, qué gusto verte! Te quiero presentar a mis compañeros de trabajo

Juan Sánchez, Diego López y Pepe Ruiz. Él es Carlos Quiroz, un vecino de la infancia, que trabaja en Bayer."

Ayuda mucho dar un poco de información acerca de la persona que estamos presentando, ya que mantendrás la conversación fluida; quizá alguien tenga un amigo trabajando ahí o alguien comente algo sobre la compañía. De inmediato, el "nuevo" se siente integrado y bienvenido.

Los títulos

Es importante que siempre mencionemos en una forma clara y fuerte el título o rango oficial que tenga la persona, sobre todo si se trata de una persona mayor, de un puesto diplomático, o de un rango militar, cuyos títulos son vitalicios aunque quizá ya no tenga el puesto o ya esté retirado. Por ejemplo, si una persona fue embajador, no se le presenta: "El antes embajador", o "el antes Coronel". Simplemente: "Embajador Vega."

Si alguna vez tienes que hacer una presentación entre dos personas y no te acuerdas del nombre de una de ellas (lo cual nos pasa frecuentemente), aunque la salida más fácil es admitir que olvidaste temporalmente su nombre, hay otra solución. Menciona algo que levante el ego de la persona cuyo nombre no recuerdas: "Mira, tengo años de no ver a esta persona que era el mejor vendedor de la compañía" (o el mejor jugador de fútbol en la cuadra, o lo que recuerdes de él).

Fijémonos siempre en presentar a las personas; esto las hará sentirse importantes y al mismo tiempo ganaremos amigos.

LA IMPORTANCIA DE LLAMAR A LAS PERSONAS POR SU NOMBRE

¿Te ha pasado alguna vez que te presentan a tres personas al mismo tiempo y que sólo te limitas a decir: "Mucho gusto, encantado, mucho gusto", y después no sabes cómo dirigirte a ellos, porque no tienes la menor idea de cómo se llaman? Es muy incómodo, sobre todo cuando una de esas personas se dirige a ti por tu nombre.

Recordar nombres y caras es una de las cosas más importantes y también de las más difíciles. Lograrlo nos beneficia en nuestra vida personal y profesional, ya que:

- El mejor cumplido que le puedes hacer a alguien es mostrarle que te importa, y eso lo transmites llamándolo por su nombre.
- A la gente se le olvidan las palabras, pero no se le olvida cómo la hicimos sentir.
- Recordar su nombre indica que estamos alertas, atentos, cualidad que a la gente le gusta de manera natural.
- Además, se hace presente en la mente de la otra persona porque al llamarlo por su nombre se preguntará: "¿Quién es esa persona?" Hay algo de magia en oír

nuestro nombre que nos hace sentir únicos entre los demás.

Cualquier pregunta que hagamos, cualquier información que demos, cobra un peso diferente si le agregamos el nombre del interlocutor. Ahora, la pregunta sería: ¿cómo recordar los nombres?

Nuestra mente entiende mejor una idea, la procesa mejor y la recuerda mejor si se la damos mediante imágenes. Como no hay nada más abstracto que un nombre, la manera en que se nos va a grabar es creando imágenes de ese nombre, visualizándolo lo más claramente posible, por medio de la asociación.

Si te fijas, los sueños que tuvimos de chicos que aún recordamos son aquellos que iban acompañados de alguna emoción. Así que si a esa imagen mental que hagamos le agregamos un ingrediente emocional, no se olvida. Entonces, la asociación debe ser emocionante, violenta, chistosa, ridícula, tenebrosa. Algunas de las formas más efectivas de asociación son:

1. *La del mismo nombre.* Escuchemos claramente el nombre cuando la persona nos es presentada. Si no lo escuchamos bien, es necesario pedirle que por favor lo repita. Esto se hace de inmediato y no media hora después de haber conversado.

   Acuérdate de alguien que conozcas que tenga el mismo nombre (puede ser un amigo, un conocido o alguien famoso). Mentalmente, toma el cuerpo de tu amigo y coloca la cara de la nueva persona en sus hombros. Hazlo de manera muy clara, de manera que parezca casi una alucinación.

Puedes hacerlo aún más vivamente; por ejemplo, si tu amigo juega futbol, pues te lo imaginas pasándole la pelota; si es ingeniero, te lo puedes imaginar construyendo una barda juntos. Tiene que ser tan clara esta imagen que con sólo verlo aparezca la cara de tu amigo.

2. *Por apariencia.* Este método consiste en asociar el nombre de la persona con una característica de su apariencia.

Hay que estudiar la cara muy bien. El objetivo es que la podamos reconocer fácilmente entre las demás. Y hay que observar las características especiales de su rostro: si su cabeza es grande, pequeña o mediana; si es redonda o cuadrada; sus cejas, frente, orejas, etcétera.

Y como si fuéramos caricaturistas reconstruyamos en la mente la cara de la persona exagerando algún rasgo.

Supongamos que quiero acordarme del nombre del señor Cuevas y me imagino su cara con una boca desmesurada que parezca una cueva, entonces me acuerdo: "Boca de cueva. El señor Cuevas". O por ejemplo, para acordarte del nombre del señor Aguilar, piensas en unos ojos de águila.

Si quieres acordarte del nombre y no se te viene nada a la mente, trata de usar la técnica de "suena como". Antonio, por ejemplo, suena a "moño" y me lo imagino con un moño en la cabeza. Todos podemos desarrollar esta habilidad con la práctica.

Recordar nombres no es un esfuerzo que se hace para lucir nuestra buena memoria: es mostrar tan sólo nuestro deseo de recordar a la persona colocada tras el nombre. Recordemos que no hay sonido más dulce que escuchar nuestro nombre. La regla número uno en relaciones humanas es: "Haz sentir importante a la persona", y la mejor manera de hacerlo es llamarla inmediatamente por su nombre.

¿CÓMO TRATAR A UNA MUJER DE NEGOCIOS?

Cada día se incorporan más mujeres al mundo de los negocios, y no siempre los hombres se sienten seguros de cómo proceder con ellas.

En el campo social, no hay la menor duda de cómo un caballero debe conducirse con una mujer. Sin embargo, en una relación de trabajo donde se está llevando un trato de igual a igual, con frecuencia surgen muchas dudas, como:

- Cuando invitas una mujer a comer, ¿quién debe pagar la cuenta? Si la mujer es la que invitó, además de que ella debe escoger el vino, debe anticipar la tarjeta para pagar la cuenta (de preferencia sin que se note).

  Es mejor pagar con tarjeta, porque es menos incómodo para el hombre que en efectivo y da la idea de que es la compañía quien está pagando.

  Ahora, creo que en la relación de trabajo "hombre-mujer", es más propio, menos complicado y más económico ir a desayunar que a comer.

- En una sala de juntas donde se encuentran cuatro directores de área, tres son hombres y una es mujer, llega el presidente de la compañía. Los hombres se paran a saludar, ¿se debe parar la mujer? La respuesta es, por lo general, sí; todos se deben levantar, y la mujer se está levantando no porque el recién llegado sea hombre, sino por el puesto que ejerce.

Ahora bien, si el presidente es un hombre joven, y el protocolo interno es muy informal y relajado, puede quedarse sentada.

- ¿Se debe poner de pie el hombre cuando llega una compañera de oficina? Los hombres latinos, especialmente los mexicanos, son particularmente caballerosos con las mujeres, lo cual en verdad se agradece. Sin embargo, hay detalles en el trabajo que el hombre no necesariamente tiene que hacer, sin que por ello se vea descortés. Algunos de estos detalles son:
  —Puedes quedarte sentado cuando la mujer entra a un lugar; asimismo, sentarte antes de que ella lo haga.
  —No te sientas obligado a ayudarla con su saco. (Aunque siempre se agradece.)
  —Tampoco ofrecerle fuego para que encienda su cigarro.
  —Si la ves cargando un paquete, puedes ayudarla si así lo sientes, mas no es necesario.
  —Lo mismo sucede al acercarle la silla.
  —Al entrar o salir de un restaurante no es necesario escoltarla o buscarle un taxi.
  —Tampoco ordenar la comida por ella.

Por otra parte, cuando un hombre tiene estos detalles se agradecen mucho y la actitud de la mujer no debe aparentar que los está esperando. Sin embargo, sí hay detalles que son verdaderamente molestos y que es preferible evitar.

Los nunca

- Coquetear con la mujer o ser demasiado galante con ella de manera que se pueda incomodar.
- Hablar de temas personales.
- Hacer referencia a su físico.
- Llamarle "chula", "linda", "reinita", etcétera (eso verdaderamente puede poner de mal humor a una mujer en el trabajo).
- Revisarle indiscretamente el cuerpo.
- Olvidar presentarla.
- Sentarte en una mesa de vidrio, y verle las piernas a través de los documentos.
- No tomarla en serio o creer que no es capaz sólo porque es mujer (sin que suene feminista).
- Decir malas palabras o bromas de mal gusto frente a ella.
- Saludarla de beso cuando la acabas de conocer.

Por su parte, la mujer debe asumir una actitud en la que se entienda que no espera ese tipo de detalles. En fin, creo que estamos desarrollando todavía este nuevo protocolo, al cual ambas partes nos debemos adaptar, ¿no crees?

"EL MIEDO DE LOS MIEDOS": HABLAR EN PÚBLICO

La sala está silenciosa, el auditorio espera, el corazón late fuertemente, la boca y la garganta están totalmente

secas, las manos sudorosas y la mente repentinamente en blanco. Éstos son algunos de los síntomas más comunes que experimentamos al hablar frente a un público. Hay pocas situaciones tan tensas como ésta y sin embargo tan gratificantes... si es que salimos airosos del compromiso.

Hablar en público nos aterroriza a la mayoría de los seres humanos. En el *Libro de las listas* está catalogado como el miedo número uno que tenemos, si lo comparamos con el miedo a la muerte, que ocupa el cuarto lugar. Quizá porque a la muerte la sentimos muy lejana y hablar en público en cualquier momento puede suceder. Así que es mejor prepararse para ello, ya que estamos en una época en la que cada vez es más frecuente que los directores, miembros de alguna organización o persona con algún cargo se vean obligados a tomar la palabra, y no podemos permitirnos no estar preparados para ello.

Sucede también que cuando estamos reunidos con los amigos o en situaciones de trabajo, nunca falta la persona de gran iniciativa que menciona nuestro nombre invitándonos a decir unas palabras cuando no estamos preparados para ello.

¿Qué hacer para salir bien librado de esa situación?

Lo primero que sentimos es que nos tiemblan las piernas. Una razón es que no estamos preparados, y la otra es que nos da miedo exponernos, enfrentarnos a la mirada de la gente, a la posibilidad de hacer el ridículo. Una vez escuché a mi amigo Javier Solórzano decir que "quien expone se expone", y eso es precisamente a lo que tememos.

El miedo es la respuesta natural del cuerpo a tomar acción, a enfrentarse a algo, y los grandes oradores coinciden en que esa sensación de miedo es más bien respeto, y éste nunca se quita ni se debe quitar. Lo importante es aprender a dominarlo.

- Al escuchar tu nombre, levántate pausadamente, con desenvoltura, actuando como si estuvieras de lo más tranquilo. "Asume una actitud y terminarás con ella", reza el dicho. Así que asume que estás tranquilísimo. Apoyar los talones fuertemente al caminar nos ayuda a sentirnos así.
- Si al llegar al estrado o podio tienes que sacar una tarjeta, unos anteojos o hay que ajustar el micrófono, hazlo con una lentitud deliberada, ya que cuando estamos nerviosos en lo primero que se nota es en las manos.
- Hay que estar advertido de que lo primero que nos asusta es escuchar nuestra propia voz a través del sistema del sonido.
- Nunca te disculpes de nada, nunca digas: "Es que yo no sé hablar en público" o "No estoy preparado", etcétera.

Ya estás ante el auditorio y hay que enfrentar al toro como el mejor.

- Una buena forma de empezar es agradeciendo la invitación o mencionar la razón por la que están reunidos. Si tienes la gracias de decir un chiste, hazlo; si no la tienes, por favor no lo hagas.

- Hay que respirar hondo, enderezarse y ver a los ojos de las personas por unos segundos; eso los pone en disposición de escuchar y crea interés.

- Hay veces en que nos dan ganas de cortarnos las manos y este tipo de ocasiones es una de ellas. Si estás en un podio puedes asirte de él o presionar en la mesa la yema de los dedos. Esto nos ayuda porque así tenemos un punto por donde se descarga la energía. Es por eso que hablar sentados frente a los demás nos causa menos presión, ya que tenemos más puntos de contacto del cuerpo con la silla. De pie, lo único que tenemos en contacto con el suelo son las plantas de los pies y, si bien nos va, las manos con el podio. En caso de que no tengamos nada, lo peor que podemos hacer es sacar una hoja de papel para leerla. En una ocasión me tocó ver a un director de empresas que se paró con su hojita de papel. Estaba muy nervioso y empezó a temblar y la hoja a sonar junto con él. ¡Fue muy penoso para él y para todos!

- Si el orador se encuentra tranquilo el público está tranquilo también; si está nervioso, el público se pone nervioso por él.

- Evitemos hablar con frases muy elaboradas y rimbombantes o utilizar lugares comunes, pues está pasado de moda. La gente quiere que hablemos *con* ellos desde el corazón, en forma clara, directa y sincera, no que hablemos *para* ellos.

- Si de antemano sabemos de qué vamos hablar, lo peor que podemos hacer es aprendernos de memoria el discurso, ya que una palabra o frase que se nos olvide puede echar a perder todo. Sólo escribe una palabra que te recuerde la idea o, lo que es mejor, haz un dibujito de la idea, o un mapa mental y verás cómo de esa manera la mente recordará mejor.

- Lo peor que podemos hacer es leer un discurso. Te puedo garantizar que cien por ciento del auditorio está pensando en otra cosa. Mejor no lo hagas, se oye frío y decadente. Si vamos a hablar hay que hacerlo bien, así que: habla claro y fuerte.

Como un amigo comenta:

Sólo oímos la mitad de lo que se dice,
escuchamos la mitad de lo que oímos,
entendemos la mitad de lo que escuchamos,
creemos la mitad de lo que entendemos,
y sólo recordamos la mitad de lo que entendimos.

- Tengamos un orden y mostremos a los demás la ruta por la que vamos a transitar. La gente nos puede perdonar muchas cosas cuando estamos allá arriba, como que estemos un poco nerviosos, que nos equivoquemos en un dato o nos tropecemos. Sin embargo, lo que nos perdona es un discurso sin pies no cabeza, cuando nos metemos en un laberinto y no sabemos cómo terminar. Tengamos siempre un orden en las ideas.

- Los discursos más efectivos son los que terminan antes de lo que la gente espera. Hay que ser breves.
- Cuando vencemos el miedo a hablar en público, repercute en todo lo demás que desarrollamos: nos sentimos más confiados y seguros. Tengamos en cuenta que los grandes oradores también empezaron dando el primer paso.
- Hay que prepararnos, tomar clases de oratoria, entrenarnos poco a poco con la familia o con pequeños grupos, ya ue nunca sabemos cuándo nos tocará hablar en público y tenemos que desempeñar el mejor papel.

LA DIFÍCIL TAREA DE LLAMARLE LA ATENCIÓN A ALGUIEN

Todo ejecutivo que tiene un equipo a su mando, tiene que evaluar el desempeño de la gente que colabora con él y dar de vez en cuando un consejo o una crítica acerca del desarrollo de sus funciones.

Esta tarea nada placentera se tiene que hacer con el mayor tacto posible y teniendo en mente que a nadie le gusta ser criticado o que le digan sus errores y fallas.

Es importante tomar en consideración los consejos de libros como el de Dale Carnegie, y que con frecuencia olvidamos fácilmente. Algunos de estos consejos son los siguientes:

- Juzga a todos bajo las mismas bases, no muestres favoritismos.
- Empieza elogiando las cualidades de la persona antes de criticarla.
- Habla de tus propios errores, antes de mencionarle los suyos a la otra persona.
- Dile las cosas negativas en una forma clara y pausada, para que no escuche o entienda mal.
- Critica el desempeño, no a la persona. (Es totalmente diferente.) "No me gustó como te comportaste hoy", es mejor que "Eres un grosero."
- Permite que la persona salve su propio prestigio; dale todo el tiempo que necesite para protestar o explicar su conducta.
- Cuando critiques, siempre sugiere la forma en la que puede corregir su desempeño.
- Tengamos la delicadeza de hacerlo siempre en privado, a puerta cerrada y en un lugar tranquilo.
- Evitemos hacerlo con prisa o presionados.
- Alienta a la persona haciéndola sentir que los errores son fáciles de corregir.
- Cuando notes alguna mejoría, elogia hasta el más pequeño progreso. (Qué fácil es encontrar lo malo y cómo pasa inadvertido lo bueno que alguien hace.)
- Atribuye a la persona una buena reputación para que se interese en mantenerla. Funciona de maravilla.
- Algo que debemos considerar es hacer preguntas en lugar de dar órdenes.

Cuando criticamos negativamente y sin tomar en consideración lo anterior es peligroso porque lastimamos el orgullo de las personas, que es algo muy frágil en la mayoría de nosotros ya que hiere nuestro sentido de importancia y despierta resentimiento. En cambio, la crítica constructiva siempre motiva a la persona a superarse y, dicha con tacto, se agradece infinitamente.

Se ha comprobado, además, que si queremos modificar la conducta de alguien es mejor premiar lo que hace bien en lugar de reprimir lo que hace mal.

Qué fácil es leer lo anterior, y qué difícil es acordarnos de ponerlo en práctica.

LOS REGALOS EN LOS NEGOCIOS: LO QUE SE DEBE DAR Y LO QUE NO

Si vas a dar un regalo, piensa bien lo que vas a regalar, ya que este asunto, sobre todo en el mundo de los negocios, es un arte. El uso de la imaginación y que el regalo se vea bien elegido, es mucho más importante que el costo del mismo.

Los regalos de negocios deben estar en el límite entre lo personal y lo impersonal.

Cuando se da un regalo oportunamente y con buen gusto, halaga al que lo recibe, ayuda a estrechar una relación de negocios o de amistad, y refleja el refinamiento y el buen gusto de quien lo hace.

Cuando se hace de manera inadecuada se queda en ridículo, puede molestarse a quien se pretende halagar y representa un problema para la persona.

En los regalos de negocios

- Evitemos mandar regalos desproporcionados en costo porque nos arriesgamos a que no nos lo acepten, ya que puede interpretarse como una especie de soborno.

- Te sugiero que no regales agendas, ya que por lo regular los hombres de negocios reciben por lo menos seis de ellas. Algunas las regalan a la esposa, a la secretaria o al hijo, pero las restantes se desperdician, pues la mayoría de las veces tienen grabado el nombre de la empresa o de la persona a quien se las regalaron.

- Evitemos mandar botellas de licor a todo mundo, se ve muy impersonal, a menos que mandemos un par de botellas de la marca de vino que sabemos que le gusta a alguien en especial.

- No mandes un adorno, cuadro o litografía a alguien cuya casa jamás hayas visitado, ya que es posible que sus gustos sean diametralmente opuestos a los tuyos.

- Tratar de ser graciosos a costa de la persona, como regalarle un libro de dieta al colega gordito, no siempre se toma de buena manera. Mejor abstente.

- Las prendas de vestir son demasiado personales. Sólo corbatas o mascadas son aceptables.

- Evitemos obsequiar cosas que ya tenemos y nos sobran (el típico roperazo) y si lo hacemos, siquiera hay que renovar por completo la envoltura y asegurarnos de que esté nuevo.

- Cuando desees quedar bien con alguien, investiga sus *hobbies*, el deporte que le gusta o sus intereses personales. (La mejor manera de investigar esto es a través de su secretaria o su esposa.) El regalo debe estar envuelto atractivamente.

- Escribamos siempre algo en la tarjeta, a mano de ser posible, como: "Gracias por tus atenciones", "Espero que lo disfrutes", etcétera. Si la tarjeta va sin nada escrito, el que la recibe siente que se la dimos con frialdad y para salir del paso.
- Si usas la tarjeta de negocios, cruza con una raya tu apellido, y haz alguna anotación; esto le da un toque más personal.

Lo que siempre será bienvenido en época de Navidad

- Un libro de arte o sobre un tema de actualidad, o una novela actual.
- Canastas navideñas.
- Nochebuenas naturales o una planta natural.
- Chocolates.
- Una botella de buen vino.
- Un adorno navideño de buen gusto.
- Buñuelos navideños en una bonita canasta.
- Un platón con turrones navideños.
- Un marco con la foto de la familia o amigos del regalado.
- Un bonito frasco con nueces acarameladas.
- Un pavo.

Hay compañías grandes que han optado por algo muy sensato: donar lo que se tenía presupuestado para regalos a instituciones de beneficencia, y se envía al destinatario una tarjeta agradeciendo la cantidad que a su nombre se donó.

En fin, en Navidad lo que más cuenta es el detalle de sentir que alguien se acordó de nosotros. Además, un abrazo cálido, sincero, puede ser uno de los mejores regalos que recibamos.

CÓMO SOLICITAR UN EMPLEO

Primero que nada hay que ir bien presentado. Cuando alguien no le da la importancia debida, ni se toma el tiempo necesario para mostrar su mejor imagen en una entrevista, ¿qué clase de trabajador es?

Cuando vayas a solicitar un empleo, ya sea que lo hagas a través de una agencia especializada o directamente, la forma, el modo, el cómo te presentes y el tono que adoptes pueden ser cruciales para que te contraten. Veamos algunos detalles importantes.

¿Por dónde empezar?

Revisa los anuncios clasificados para ver qué puestos se anuncian para personas con tu experiencia.

Investiga el mercado para más o menos saber qué sueldo puedes pedir cuando busques el trabajo. Vé preparado, para que cuando te pregunten digas una cantidad con seguridad; pero hay que ser realistas.

Haz una carta de solicitud, en papel personal o blanco (no de la empresa en la que estás trabajando actualmente), lo más breve y bien presentada posible. Ésta debe decir la razón por la cual la escribes y solicitas una cita. La carta tendrá mucho más peso si va dirigida a la persona que toma las decisiones. No la mandes "A quien corresponda", ya que de seguro la tirarán a la basura. Si en dos semanas no recibes una llamada, puedes llamar a la oficina, comentar la carta enviada y solicitar la cita. Anexa una breve carta de recomendación y tu currículo.

Importancia de las referencias

Si consigues una carta de recomendación extendida por una persona o una empresa puede ser muy útil. Atesórala y envíala sólo a una o dos empresas que realmente te interesen, ya que para la persona que te la dio sería muy molesto contestar 50 llamadas.

La referencia debe ser de una persona que te conoció en el campo profesional. Aunque tu cuñado piense que eres una excelente persona, su recomendación no tendrá mucho peso. Si por ahora eres un estudiante todavía sin experiencia, una carta del director de la facultad o de un maestro reconocido que hable de tu empeño en los estudios también puede servirte.

La carta debe tener el nombre, la dirección y los teléfonos de quien la firma. Normalmente, a las personas no les gusta recomendar a alguien cuyo desempeño no ha sido bueno o cuya presentación deja mucho que desear, o cuyo comportamiento social no es adecuado, ya que la credibilidad de quien firma la carta va de por medio. Una vez que consigas el empleo, recuerda mandar una carta de agradecimiento a quien te recomendó.

El currículo

Un currículo bien presentado te abrirá puertas. Cuando se solicita personal para un puesto, llegan muchísimos currículos a las manos de los directores de recursos humanos. Los que se destacan y llaman la atención por bien presentados ya dieron el primer paso. Imagínate qué pensará de ti alguien que recibe un currículo mediocre o mal presentado; de entrada lo descartará en la preselección, pues es imposible entrevistar a todos.

¿Cómo debe presentarse un currículo?

- En un papel de buena calidad y engargolado.
- Incluye tu foto engrapada o pegada en una esquina.
- Debe ser breve: no tener más de dos cuartillas, a menos que hayas desempeñado muchos trabajos, lo cual puede dar la impresión de falta de estabilidad o de una edad ya avanzada. Sólo pon los datos más importantes, no los cursos que tomaste desde primero de *kinder*. Esto sólo a manera de coqueteo, para que a la persona le interese entrevistarte.
- Divide la hoja en dos secciones verticales. Del lado izquierdo de la hoja (una cuarta parte) pon de qué fecha a qué fecha trabajaste o estudiaste. En el resto, el puesto, la compañía o universidad. Visualmente es más fácil de leer.

- Sé claro, directo y conciso.
- No exageres en tu experiencia, ni la describas en forma rebuscada. La información debe ser breve, objetiva, veraz y seria.

Los datos que debes incluir

Debes empezar con tu nombre y dirección (incluyendo tu domicilio y tu correo electrónico, si tienes).

Tu teléfono de casa y oficina, y tu número de fax, si dispones de uno.

Datos personales

Lugar y fecha de nacimiento.
Estado civil.

Escolaridad

El sitio donde realizaste tus estudios: universidad, licenciatura, maestría y especialización; las fechas en que estudiaste, la ciudad y el país.

Experiencia profesional

Anota los puestos importantes que hayas ocupado y el nombre de las empresas en orden cronológico, empezando por la más reciente. Incluye fechas de cada empleo, nombres de las compañías, puestos y funciones.

Idiomas

Expresa en términos de porcentaje tus conocimientos en uno o varios idiomas.

Cursos

Cursos importantes que hayas tomado.

Premios o reconocimientos importantes que haya ganado.

La entrevista

- Cuando hables por teléfono para concertar la cita, ten preparado qué vas a decir, practícalo en voz alta y exprésate con seguridad.
- El día de la cita prepárate y ordena mentalmente tus ideas. Averigua todo lo que puedas acerca de la empresa, así la persona con la que te entrevistarás notará tu interés y eso será un punto a tu favor.
- Por favor, si eres joven no te presentes a la cita con tu mamá o con tu novio/a, pues darás una impresión de falta de madurez o de sobreprotección.
- Lleva una copia de tu currículo.
- Apréndete de memoria el nombre de la persona que te va a entrevistar y pronúncialo correctamente (investígalo con su secretaria). Siempre háblale de usted y menciona su nombre una que otra vez.
- Relájate, se amable pero natural, no sobreactúes y controla cualquier señal de nerviosismo. No hables demasiado; cuando estamos nerviosos es precisamente lo que tendemos a hacer.

- Ve con actitud de ganador: imagínate la entrevista, repásala mentalmente y ensaya lo que vas a decir.

Las preguntas que te pueden hacer

Prepárate bien porque, aunque no te lo puedo asegurar, lo más probable es que te pregunten lo siguiente:

- ¿Por qué te interesa este trabajo?
- ¿Por qué quieres dejar el que ahora tienes?
- Háblame un poco sobre tus intereses y tus metas.
- ¿Cuáles son tus fortalezas?
- ¿Por qué piensas que puedes ocupar este puesto?
- ¿Cuáles son tus defectos?
- ¿Cuánto estás ganando?
- ¿Qué sueldo pretendes ganar?

Un consejo: nunca hables mal de tu anterior trabajo o de alguno de tus jefes. Acuérdate del dicho que dice: "Cuando Pedro me habla mal de Juan, sé más de Pedro que de Juan". La mejor forma de contestar lo anterior es siendo honestos. Por otra parte, no tienes que hablar de todos tus defectos, pero sí habla de las cosas que te cuesta trabajo lograr. Tampoco hables de lo maravilloso que eres. Sin embargo menciona: "Soy muy bueno para…", o "Tengo mucha experiencia en…", "Se me facilita mucho…"; a la gente le cae bien esto.

Cuando te pregunten acerca del sueldo, no tiene nada de malo contestar: "¿Me podría dar una idea sobre cuál es el rango de lo que están ofreciendo para este puesto?" O si ya investigaste el mercado (lo cual es lo más conveniente), puedes contestar: "Creo que con mi experiencia y con las responsabilidades que el puesto requiere, necesito ganar un sueldo de alrededor de..." Dilo con mucha seguridad y aplomo.

Posteriormente, como ya vimos, muestra interés sobre la decisión que tomó la persona que te entrevistó. Sin embargo, no insistas demasiado.

¡Mucha suerte!

LAS JUNTAS

> *Es muy difícil estar satisfecho contigo mismo si no estás en contacto con gente más avanzada.*
>
> PROVERBIO JAPONÉS

La simple mención de la palabra "junta" evoca en la mente la siguiente escena: horas y horas de tiempo perdido y agotadores círculos viciosos que no llegan a nada en concreto. Sin embargo, cómo se agradece cuando asistimos a una junta que se lleva a cabo de manera breve, organizada y efectiva.

Una buena junta debe cumplir tres requisitos

1. Durar menos de una hora.
2. Tener un objetivo específico.
3. Concluir con decisiones adecuadas y planes concretos.

La manera en que una persona se conduce en una junta revela mucho de su personalidad, sensibilidad, habilidades de comunicación e inteligencia.

Si vas a asistir a una junta

- Llega puntualmente.
- Ve preparado con tus propuestas por escrito.
- Se breve y consistente al exponer tus puntos y sin acaparar el micrófono.
- El lenguaje corporal es importante. Siéntate derecho, no te acomodes lánguido en tu asiento.
- Toma notas. Esto halaga a quien está exponiendo. No te entretengas haciendo dibujitos, pues aunque estés escuchando, das la impresión de estar totalmente distraído.
- Cuando hable alguien, escúchalo respetuosamente y sin interrumpir.
- No hay nada peor que alguien que trata de lucirse interviniendo con comentarios que no vienen al caso.
- Sé asertivo. Si estás en desacuerdo con algo o con alguien, o tienes algo negativo que decir, exprésalo con tacto y educación.
- Si un compañero preparó una buena exposición, felicítalo al final (te lo echarás a la bolsa).
- Agradece siempre al que organizó la junta.

Cuando tú diriges la junta

- Asegúrate de que estén invitadas todas las personas que participen en la toma de decisiones.

- Procura que el lugar de la junta sea amplio, cómodo y ventilado.
- Envía con anticipación a cada uno de los individuos una breve carta exponiendo cuál es el asunto que se va a tratar, así como la información que se necesita sobre el tema. Esto evita que en la junta se pierda tiempo leyendo papeles.
- Pídeles que lleven un breve análisis sobre las causas del problema, acompañadas de posibles soluciones.
- Empieza la junta puntualmente, y comunica a todos tu intención de que así sea.
- Presenta a cada participante con su nombre y puesto si no se conocen entre sí.
- Al inicio, expón brevemente los problemas que se van a tratar y haz un esquema en el pizarrón de los mismos.
- Indaga sobre las causas de esos problemas y pide que alguien anote en el pizarrón o un rotafolios las soluciones que vayan surgiendo.
- Motiva a los miembros para que participen de manera espontanea. Si notas a alguien distraído o que participa poco, pregúntale su opinión.
- Evita que se pierda tiempo con chistes o comentarios que se salgan del tema.
- Haz resúmenes después de tratar un grupo de puntos.
- Expresa tus ideas, sin imponerlas, después de que lo hagan los demás.
- Realiza un resumen final y procede a la votación para que entre todos se elija la mejor solución.
- Expresa a cada uno qué esperas que haga antes de la próxima junta.

- Programa la siguiente cita, y verifica que todos la apunten.

Así es muy positivo hacer juntas pues con ellas se logra que todos sientan que se hace un esfuerzo en conjunto. Algunas veces sirve para resolver diferencias entre los miembros de un equipo, así como para conocerse mejor. Las juntas, además, son un estímulo para nuevas ideas o planes futuros, e inspiran a los que participan a aprovechar oportunidades.

En tu próxima junta trata de llevar a cabo estos consejos y podrás comprobar que esta será no sólo más rápida, sino más efectiva.

ACOSO SEXUAL

El coraje es la más estimada de las cualidades humanas ya que es la que garantiza todas las demás.

WINSTON CHURCHILL

En ocasiones los hombres nos coquetean a las mujeres de alguna manera. Una mirada, un piropo, una invitación, una flor enviada ya sea caminando por la calle, en una fiesta, o cuando estamos comiendo en un restaurante. Esto en el fondo nos divierte, nos halaga o nos levanta el ánimo, y por lo general no percibimos estos actos como amenazadores. Sabemos que, dado el momento, siempre tenemos la oportunidad de retirarnos del lugar.

Sin embargo, cuando esto sucede en la oficina, el asunto es muy diferente, considerando que tenemos que acudir ahí a diario. Lo que nos puede parecer divertido en un contexto se convierte en una amenaza permanente en otro, en una sensación de impotencia, coraje y hasta humillación, ya que las miradas, las palabras y el contacto físico pueden suceder hoy, mañana o la semana próxima.

¿Cómo inicia el acoso sexual?

Inicia de dos formas principales:

1. Todavía existen, por desgracia, hombres que asumen que tener un puesto de autoridad y poder les da derecho a realizar todo tipo de intentos de seducción con sus subordinados. Muchos de ellos lo hacen de tal manera que no se les puede comprobar nada. A pesar de esto, la mujer reconoce en cada forma de acercamiento la insinuación. Existen hombres peores aún que, mediante la fuerza, la amenaza y el chantaje pretenden someter a una subordinada a sus caprichos. A ésos los deberían descuartizar vivos.

2. Hay que ser honestas y reconocer que una forma determinada de vestir, de hablar o de caminar, provoca en el hombre una reacción que quizá no estamos buscando conscientemente, así como tampoco podemos medir las consecuencias que pueda tener.

    "Con frecuencia hay un sentido de ambivalencia", dice la psicóloga Eleanor Maccoby. "La mujer no está segura de si quiere atraer el sexo opuesto o simplemente ser su colega. Es entonces cuando tiene problemas." Un hombre percibe el vestido provocativo y el coqueteo como una invitación para responder a una situación no profesional.

Por supuesto, el acoso sexual puede proceder de cualquier persona. Sin embargo, es mucho más frecuente que se presente de un hombre hacia una mujer.

¿Qué hacer para evitar un acoso sexual?

Al primer indicio de coqueteo, dile claramente al sujeto en cuestión: "No me interesa."

De ninguna manera respondas a indirectas sexuales ni a chistes. Ni siquiera sonrías ligeramente.

Evita que los compañeros de trabajo hablen contigo sobre sus problemas o intereses sexuales, ni mucho menos permitas que un colega te platique de los aspectos sexuales de su relación de pareja.

Hay que ser prudentes cuando halagamos a un compañero de trabajo. No tiene nada de malo decirle: "Qué bien te queda ese color", o "Me gusta tu nuevo corte de pelo", que es completamente diferente a: "¡Oye, ese vestido te queda sensacional!", o "¡Qué brazos se te ven con esa camisa!"

Si eres mujer, viste discretamente, evita las prendas muy femeninas, muy escotadas o muy ceñidas al cuerpo (luego nos quejamos).

Evitemos el saludo de mucho beso y el contacto físico entre colegas, así como ser muy cariñosas con ellos ya que, aunque esta conducta tenga la mejor intención, tal vez no sea recibida de la misma manera.

¿Qué hacer frente a un intento de acoso?

A veces sucede que durante una fiesta de la compañía o un viaje de negocios, la mujer es sorpresivamente abordada en forma sexual. Por lo general esto sucede allá por la tercera copa de la noche. De una forma tranquila, haz saber a la persona que te está faltando al respeto y adviértele lo que puede afectar a su carrera que todos se enteren de que no sabe comportarse.

Comenta que estás segura de que realmente no era su intención hacerlo. Después retírate. Al día siguiente actúa como si no hubiera pasado nada. Si él continúa insistiendo, trata de usar a su familia (si es casado) como un arma de defensa. Si no resulta, repórtalo inmediatamente a la dirección.

Es mejor no contar este tipo de incidentes a nadie dentro de la oficina, ya que revelarlo puede convertirse en un chisme muy dañino que se puede volver en contra tuya, la persona inocente.

Quéjate inmediatamente con un superior. Si el superior es el agresor, acude con alguien en un puesto más elevado.

Si es el dueño de la empresa, interpélalo directamente. Si el asunto no mejora, te sugiero renunciar al trabajo antes de que la situación empeore, ya que por más que necesites el trabajo, la humillación y la incomodidad no valen la pena. Si es necesario denúncialo a las autoridades.

De viaje

CUANDO HAGAS UN VIAJE DE NEGOCIOS ¡SÉ INTERNACIONAL! (PARA ÉL)

El éxito de tu viaje va a depender en gran parte de lo que empaques en la maleta.

Recordemos que para la mayor parte del mundo somos unos extraños. Nadie nos conoce, nadie sabe lo cultos, lo preparados, lo eficientes que podemos ser. Sin embargo, de acuerdo con la manera en que nos presentamos, la gente que nos conozca va a formarse en sólo dos segundos una idea muy clara de nosotros y de la compañía que representamos.

Cuando un hombre o una mujer de negocios tienen que viajar y enfrentarse a una cultura distinta, a gente desconocida, a costumbres diferentes, debe tener en mente que la primera impresión es determinante para el buen logro de su trabajo.

Hay varios factores que el viajero negociante debe considerar:

• Según el lugar al que vayamos, la gente de negocios viste de manera diferente. En otras partes las personas están condicionadas por su medio, y nos van a juzgar bajo sus estándares. El clima y las características del lugar afectan la forma de pensar de los habitantes, así como la forma de vestir, y debemos adaptarnos a cada uno de ellos.

- Si anteriormente no has viajado a ese estado o a ese país, tu mejor opción es vestir de un modo conservador. El 85 por ciento de las grandes empresas internacionales visten en una forma tradicional y conservadora.

- Algo que no te gustaría hacer es llegar vestido de manera ostentosa mostrándote como alguien superior, alguien que proviene de una compañía, ciudad o país más sofisticado.

  Si vives en una gran ciudad y vas a viajar a otra menos sofisticada, y quieres llevar a cabo un negocio con éxito, ten la sensibilidad de no usar prendas o accesorios que lo manifiesten, como una corbata Hermès, un vestido muy elegante, o llevar pañuelo de seda en la bolsa del saco, o camisa de mancuernas, ya que te rechazarán con sólo verlo.

  Sin embargo, si la razón de tu viaje es presentarte como el "experto" en la materia, ya que vas a dar una asesoría o una conferencia, entonces sí puedes y tienes que vestir como tal.

- Tu ropa tampoco debe mostrarte como alguien inferior sin prestigio, autoridad o poder al cual no se le pueden confiar tareas importantes. Recuerda tirar o regalar tus trajes cafés, camisas beige y tus vestidos muy caseros, ya que es exactamente el efecto que provocan.

- Sucede también que hay detalles en el vestir que nos hacen vernos muy "lugareños", por los cuales se puede identificar de qué parte del país provenimos. Esto debemos evitarlo.

En ciertos lugares, por ejemplo, la gente suele vestir con detalles que en su ciudad o región se usan, como blusas de tirantitos, cinturones de hebilla ancha, una combinación de traje con botas (por cierto, muy de moda hace dos sexenios, mucho maquillaje o corbata con camisa de manga corta, que en cualquier gran ciudad se verían muy mal.

- Actuemos según se espere de nosotros. Si representamos a una importante casa de bolsa y tenemos que viajar a Nueva York para tratar con gente de Wall Street, es importante que nos veamos como personas "internacionales" que sabemos del mundo de negocios e inversiones.

- Desde que nos subimos al avión debemos ir cómodos pero bien vestidos, ya que no sabemos si nos van a recibir a la llegada o si en el mismo avión vayamos con otra persona con la cual vamos a tratar posteriormente.

- Vayas adonde vayas hay detalles que debes cuidar siempre, como evitar llegar con el traje arrugado, que éste no sea de poliéster, que tu corbata siempre sea de seda, llevar los zapatos en buen estado e impecablemente limpios, no llevar joyería ostentosa, etcétera.

Una persona que tiene experiencia al viajar está consciente de estas ocho reglas, y sabe que su imagen puede ser su mejor atributo, y también sabe que el verse mal le puede costar muy caro en términos de relaciones y economía.

Cuando viajemos no olvidemos lo anterior. Esto nos ayudará a llevar a feliz término nuestras negociaciones.

Cómo y qué empacar cuando hagas un viaje de negocios

¿Qué maleta me llevaré? ¿Qué debo empacar? Éstas son las preguntas que con más frecuencia se hacen los ejecutivos y las ejecutivas cuando tienen que hacer un viaje de negocios.

Empacar bien es muy importante, ya que no podemos presentarnos en la junta con el traje sastre arrugado, o con un traje de lana si hace un calor de 40°C.

A continuación te doy algunas sugerencias muy prácticas para cuando hagas este tipo de viajes.

Para un viaje de tres días de una persona que va a vender algo o se desenvuelve en el área corporativa:

- Toda persona que se precie de saber viajar sabe que empacar lo más ligero posible es una necesidad imperiosa. Al cargar la maleta se va sintiendo cada vez más pesada conforme pasamos de terminal a terminal, o de taxi al hotel, o va avanzando la hora del día. Así es que debemos ser muy prácticos.

- Como los viajes de negocios suelen ser viajes relámpago, es mejor que no enviemos la maleta con el equipaje, por el valioso tiempo que ahorramos. Aunque en realidad ya no se tardan tanto, por lo menos en las líneas mexicanas.

- Lo más práctico es un porta trajes o una maleta de ruedas tipo piloto, si es que por alguna razón no llevas trajes. Te recomiendo que tus maletas estén en perfecto estado, y de preferencia que sean de piel (no escatimes en esto).

- El día del viaje vístete con algo cómodo pero arreglado. Nunca sabes con quién vas a encontrarte.
- Averigua el tipo de clima que te tocará.
- Empaca dos trajes conservadores en gris y azul marino. Si eres mujer, un traje y dos juegos de suéteres que te combinen.
- Lleva una camisa blanca y una azul para cada día, y dos adicionales por si sales en la noche, y que éstas sean de mancuernillas y muy sencillas. Un vestido negro siempre saca a la mujer de apuros y se ve elegante y apropiada.
- Cuelga cada camisa con su traje y con la corbata que le va a combinar, evita las corbatas muy modernas o llamativas; las conservadoras siempre son apropiadas en cualquier medio o país. Organiza medias, zapatos y accesorios para cada atuendo (no hay nada peor que darte cuenta de que olvidaste algo).
- Lleva un par de zapatos ya sea color *cognac* o negros de agujetas e introduce los calcetines que vas a usar con cada par.
- Si es un lugar donde hay playa o hace mucho calor, donde nadie usa traje, lleva tres camisas de lino de manga larga, nunca de manga corta. Evita los colores chillones, mantente con colores neutros y lisos que son más elegantes (blanco, gris claro o *beige*). Asimismo, para las mujeres, trajes de lino de manga corta o bien un vestido con saco, pantalones ligeros y sandalias.
- Empaca un libro, además del material del trabajo.
- Cuando prepares tus objetos de aseo personal, repasa mentalmente lo que acostumbras usar y guár-

dalos en una bolsa apropiada; no hay nada que te haga sentir más incómodo que olvidar algo como cepillo de dientes, desodorante, etcétera.

- Recordemos que no sólo vamos en representación de nuestra empresa, sino también como representantes de nuestro país, y la manera como nos comportemos y nos presentemos se fijará en la mente de quien conozcamos como la de "todos nuestros compatriotas", ¡Buen viaje!

NO OLVIDES ESTO CUANDO VIAJES EN AVIÓN

Viajar en avión por negocios o por placer es algo que cada vez hacemos con más frecuencia por las tarifas especiales, paquetes y promociones que nos ofrecen las líneas aéreas. Aunque el avión sea muy grande, el espacio reservado a cada pasajero es muy pequeño, así que tenemos que ser muy prudentes y respetuosos con los demás.

Sobre este punto entrevisté a varias sobrecargos que me aportaron las quejas más comunes y lo que a ellas más les molesta.

- Evita llevar bultos, cajas, bolsas de papel o plástico en la mano. De preferencia documenta todo en una maleta o guarda tus cosas en un maletín de mano que puedes depositar en el lugar que te corresponde arriba de tu asiento.
- Documenta tus maletas grandes o las trajeras, ya que a la hora de abordar por el pasillo angosto del avión, si vamos sobrecargados de maletas y en busca de nuestro número de asiento, suceden dos cosas: a los que

ya están sentados les damos de golpes con el equipaje y estorba al resto de los pasajeros. Muchos deciden llevar la maleta en la mano para no esperarla al llegar (lo cual es más práctico pero más incómodo).

- Si viajas con niños, comprendamos lo emocionante que es para ellos subirse a un avión, pero hay que controlarlos. No es tan simpático para el resto de los pasajeros que el niño vaya golpeando el asiento de adelante, abriendo y cerrando la mesita, que vaya gritando o se la pase corriendo por los pasillos. Es recomendable que le lleves una maletita con toda clase de distracciones para él, juguetitos, algo de comer y de beber. Además es un buen momento para contarle un cuento.

- Si van a pasar una película y piden bajar la cortina de la ventana y quieres seguir leyendo o trabajando, lo mejor es bajarla y prender el foco de arriba, porque la luz de la ventana es molesta para los demás.

- Si nos toca un compañero platicador en el asiento contiguo y tenemos que trabajar, queremos leer un libro o simplemente no estamos de humor para sostener una conversación, podemos decirle muy amablemente: "Qué pena, me encantaría seguir platicando pero tengo que acabar este trabajo para cuando lleguemos." Si en el vuelo tenemos audífonos, lo mejor es ponérnoslos. Sin embargo, cuando sirven la comida es un buen momento de ser amable con el vecino, ya que no podemos hacer nada más.

- Se aprecia enormemente dejar el baño limpio y no tardarse tres horas en él. En realidad se necesita de la cooperación de todos, sobre todo en vuelos largos.

- Cuando reclinemos el asiento, hay que hacerlo con cuidado para no causar un desastre a la persona que está sentada atrás.
- Con la altura, el alcohol se sube más rápido, así que tengamos cuidado de no bajar pasados de copas.
- Ahora que ya hay teléfonos en los aviones, por favor no hablemos en un tono en el que todo el avión se entere de nuestras cosas privadas.
- Por favor, si juegas algún juego o agenda electrónicos con ruido, desactiva el sonido. Es muy molesto oír el "bip, tin, bip".
- No te quites los zapatos por ningún motivo, a menos que sea un vuelo largo y te pongas un calcetín limpio encima del tuyo.
- Si viajas en compañía de una mujer, sugiérele que no se haga el *manicure* en el avión: hay mujeres que sacan acetona y barniz para pintarse las uñas, y para finalizar se aplican fijador en el pelo y perfume (lo cual por supuesto está prohibido).
- Tomemos en cuenta que la principal función de los sobrecargos, para lo que están entrenados, es velar por la seguridad de los pasajeros, y aunque servir una comida o una taza de café es parte de su función, no los atosiguemos. Cualquier otro servicio adicional que pidamos debemos hacerlo con cortesía y prudencia.
- Cuando nos bajemos del avión procuremos dejar ordenado nuestro asiento, la cobija doblada, el periódico apilado y no dejar envolturas de papel, chicles, servilletas en el suelo. Al desembarcar agradezcamos siempre a los sobrecargos, o al piloto si lo vemos.

Recordemos que el espacio es pequeño, y que la cortesía y la prudencia harán que el viaje sea más placentero para todos.

EL GUARDARROPA MÁGICO PARA ELLA Y PARA ÉL

> *Viajar es noventa por ciento planeación*
> *y diez por ciento recuerdos.*
>
> EDWARD STREETER

A pesar de las telecomunicaciones, el correo electrónico, las videoconferencias y el espacio cibernético, viajar por placer o por razones de negocios siempre será una realidad, y cada día lo haremos con mayor frecuencia.

Salir de viaje no debe implicar transportar maletas enormes. Hay personas que, por su equipaje, parece que van a radicar en la ciudad que visitan, en lugar de quedarse sólo por unos días.

¿Qué empacar?

Como ya vimos, saber qué empacar es tan importante como saber qué vamos a hacer cuando lleguemos al lugar. Tengamos en mente que en un viaje es esencial estar cómodos y bien presentados. Si vas a una ciudad grande, ya sea de turista o por trabajo, aquí te sugiero el guardarropa para empacar pocas prendas y verte muy bien presentada o presentado.

El guardarropa mágico para ella

Si te vas de viaje y quieres llevar lo menos posible, si acabas de tener un bebé y no tienes nada que ponerte, si te acaban de promover en tu empresa y necesitas renovar tu guardarropa, si se incendió tu clóset y tienes que renovarlo poco a poco, la solución en todos estos casos es el guardarropa mágico, el cual te dará, con sólo nueve prendas, 30 combinaciones diferentes.

Es tan sencilla la fórmula que seguramente ya la tienes en tu clóset. El secreto está en saber combinar las prendas. Primero:

- Asegúrate de que las texturas sean compatibles.
- La mayoría de las prendas deben ser lisas, sólo una estampada, y debe incluir tres tonos que tú escojas.
- Elige tres colores de tu gusto y que te favorezcan, de preferencia dos de ellos en tono neutro. Negro, blanco, gris, rojo, azul marino o beige, y forma todo tu guardarropa alrededor de ellos.
- Dos trajes sastres lisos de falda o pantalón, intercambiables entre sí. (Las prendas lisas son más fáciles de combinar.)

- Una falda informal, que puede ser larga y estampada, o bermudas.
- Un chaleco que combine con las prendas anteriores. (De preferencia, uno que se pueda poner con o sin blusa.)

- Tres blusas o juegos de suéteres de diferente cuello, estilo y material. (Por supuesto, deben combinar con las prendas anteriores.)

- Un suéter abierto. No importa si hace mucho calor a donde vayas, siempre debemos llevar un suéter abierto en tono neutro por si las dudas.

- Un traje de baño. Casi siempre los hoteles tienen alberca, *jacuzzi*, sauna o un *spa*. Así que es muy práctico llevar siempre un traje de baño para usarlo al principio o al fin del día, así como un par de tenis para salir a correr en las mañanas.

- Los accesorios le dan variedad al guardarropa. Por ejemplo, un collar y aretes de perlas harán más formal la prenda con la que los combines.

    Las mascadas hacen las prendas muy versátiles. De algodón, lana o seda, lleva siempre varias de ellas. Por ejemplo, una mascada estampada con los tonos de los trajes hará que te veas muy arreglada durante todo el día. Con pantalones informales, una mascadita de algodón anudada al cuello te ves muy bien. En la noche, un chal de lana en tono oscuro sirve para taparnos y vernos arregladas.

Recordemos llevar una bolsa pequeña para salir en la noche, así como un paraguas pequeño.

Un cinturón de piel del mismo tono que los zapatos de piso hará que te veas más *sport*; en cambio, si te pones zapatos de tacón inmediatamente te verás más formal.

Se trata de usar la creatividad y la imaginación para combinar las prendas. No olvidemos que cuanto menos joyas nos pongamos, nos veremos más elegantes y con mejor estilo.

- Los libros son indispensables en cualquier tipo de viaje, llevemos siempre uno en la bolsa para esos ratos de espera que pueden parecer eternos.

El guardarropa mágico para el hombre

- Dos pantalones tipo gabardina en tono neutro, por ejemplo verde, caqui, gris o beige.
- Dos sacos *sport* que combine con los pantalones, uno de mascotita y otro liso.
- Un *blazer* (siempre te sacará de apuros).
- Tres camisas *sport* de manga larga que combinen con las prendas anteriores.
- Un pantalón de mezclilla (*jeans*).
- Dos playeras tipo polo, lisas, en tono neutro.
- Un suéter *sport* cerrado o abierto.
- Un traje completo (de preferencia oscuro para las ocasiones formales).
- Una camisa de vestir.
- Una corbata para ocasiones formales.

- Mocasines y cinturones del mismo color para ropa *sport*.

- Zapatos tipo *top-siders* y un cinturón formal.
- Pantalones cortos (*shorts*).
- Un par de tenis.
- Un pantalón deportivo (*pants*).
- Un traje de baño.

Tipo de maleta

Es muy importante que tu equipaje sea ligero cuando esté vacío, y que sea de buena calidad. Además de durables, las maletas de buena calidad tienen cierres a prueba de todo, la tela o piel no se rasga ni se rompe fácilmente, y nos vemos como personas elegantes y sofisticadas.

Si el viaje es corto y requieres de ropa formal, lo mejor es un porta trajes sencillo y de buena calidad. La puedes colgar en el pequeño clóset que tienen los aviones al entrar.

Si se trata de un viaje de fin de semana a un lugar donde te pondrás ropa *sport*, lleva una maleta de mano pequeña.

Si el viaje es largo, lo prudente es llevar una maleta por persona. Te sugiero que no sea muy grande. Tenemos la tendencia de poner demasiadas cosas en las maletas y las que son muy grandes quedan tan pesadas y estorbosas que son muy difíciles de levantar (con mayor razón si viajas sola). Si es tu compañero el que tiene que hacerlo, te aseguro que al final del viaje las odiará a las dos: a ti y a tu maleta.

Evita viajar con porta trajes dobles. Los maleteros los detestan, normalmente son muy anchas para colgar y muy pesadas para levantar, y los ganchos que quedan arrastrando son peligrosos. Aunque les cabe mucho, son poco prácticos para abrirlos y cerrarlos, además de que nunca caben en el piso del cuarto del hotel. Lo más práctico son las maletas con ruedas.

Cómo empacar

Al empacar, la mejor manera de que no se arrugue la ropa es poner, entre capa y capa, papel de china, o meter cada prenda dentro de una bolsa de plástico o de tintorería. De esta manera es muy fácil sacar algo que esté en el fondo sin que se revuelva todo.

Vestidos

Si los pones con un gancho de alambre y los cubres con la bolsa de tintorería, cuando llegues será muy fácil sacarlos y colgarlos de inmediato.

Pantalones

Los pantalones deben ser siempre lo primero que empaquemos. Colócalos de manera que la cintura quede al centro de la maleta, y las piernas queden fuera de ella en forma opuesta. Asegúrate de que sus bolsas estén vacías para que no se maltrate la tela. Empaca el resto de tus cosas encima y envuelve la pila con las piernas de los pantalones.

Blusas o suéteres

Abrocha todos los botones, extiéndelas a lo ancho de la maleta y doble las mangas cruzándolas sobre la blusa. Así evitarás dobleces en el centro.

Sacos

Lo ideal es empacar los sacos hasta arriba, para que no se arruguen tanto. Extiéndelos a lo ancho de la maleta y sigue el mismo procedimiento que con las blusas.

Ropa de cama

Como es lo primero que sacamos al llegar, te sugiero empacarla hasta arriba junto con las pantuflas, ya que por lo general lo primero que hacemos al llegar a un cuarto de hotel es quitarnos los zapatos y todo lo que nos aprieta.

Te sugiero empacar lo mejor que tengas de batas y camisones. Si viajas con tu esposo lleva un camisón nuevo, por aquello de la sorpresa y la novedad. No le salgas con el mismo de todos los días.

Ropa interior

Como son prendas chicas y no se encuentran fácilmente dentro de la maleta, te sugiero comprar una de esas bolsas de tela que venden especialmente para llevar este tipo de ropa de viaje. También las bolsas que tienen un gancho con varios compartimentos de plástico integrado son muy cómodas, ya que al llegar al cuarto se cuelgan del gancho y todo queda más ordenado.

Zapatos

Por mucho tiempo pensé que las bolsas de tela para empacar zapatos no eran necesarias, hasta que una vez llegue con el vestido manchado de grasa negra. Así aprendí la lección.

En un viaje, es importante llevar dos pares de zapatos diferentes para caminar, para intercalar un día unos y otro día otros. Eso evita que nos salgan ampollas en caso de caminar mucho.

Lleva también unos zapatos negros de noche con un poco de tacón por si tienes que salir a cenar a algún lado.

Si te gusta el deporte, empaca tus tenis para hacer ejercicio. Donde hace calor, unas sandalias o unos zapatos tipo *top-siders* son básicos.

Siempre rellena tus zapatos de calcetines o medias para aprovechar el espacio y para que no se deformen, y colócalos en las esquinas de la maleta. También son muy prácticos para proteger anteojos.

Accesorios

Abrocha un cinturón con el otro y ponlos alrededor de la maleta.

Cosméticos y cremas

Por lo general, ya sea que hagamos un viaje formal, de negocios o de placer, es mucho mejor ir discretamente maquilladas.

Aunque en nuestra casa tengamos toda una colección de cósmeticos, lápices labiales de varios colores, cremas, máscaras para pestañas y sombras para pestañas, es conveniente llevar lo mínimo por cuestiones de espacio y tiempo.

Es muy práctico empacar los cosméticos y cremas en bolsas dentro de la maleta, y que éstas sean de plástico para asegurar que si algo se derrama no manche la ropa. Si los envases son muy grandes, vacía su contenido en otros más pequeños que no sean de vidrio.

Es poco práctico llevar estos productos en una maletita o *necessaire* por separado. Recuerda: cuanto menos tengamos que cargar, mejor.

Medicinas

Nunca empaques las medicinas en las maletas por aquello de que se pueden perder. Siempre hay que llevarlas dentro de nuestra bolsa de mano.

Por último, recuerda marcar tu maleta con un moño de color para que la puedas identificar entre otras iguales a la tuya. También es importante ponerle una tarjeta con nuestros datos por si (Dios no lo quiera) llegara a extraviarse.

Protocolo en la mesa

LA MESA

Todos nos hemos encontrado algún día en situaciones muy formales, donde el protocolo en la mesa es tal que no estamos seguros de estar haciendo lo adecuado y acabamos copiándole al vecino esperando que él sí sepa.

Saber cómo conducirnos en esas situaciones siempre es una ayuda para nuestra seguridad personal.

- Primero que nada, cuando somos invitados a una cena formal siempre hay que tener un detalle de atención con los anfitriones, ya sea enviar unas flores con anticipación (por favor, no llegues con las flores en la mano, ya que la anfitriona no va a saber en ese momento ni donde ponerlas) o llegar con una botella de vino.
- Antes de sentarte a la mesa, si no hay tarjetas con los nombres hay que esperar a que la anfitriona asigne lugares y a que las mujeres se sienten primero.
- A la hora de servirnos, no hay que pasarle revista al platón; toma la cuchara con la derecha y el tenedor con la izquierda para servirte y regrésalos en par con la cuchara boca abajo sobre el tenedor.
- La anfitriona es la que debe empezar primero a comer, y los demás debemos esperar a que lo haga.

- Si te encuentras frente a un número interminable de cubiertos, no te preocupes, sólo ve tomándolos de afuera hacia dentro y siempre en pares con cara de que dominas la situación.

- Si es muy formal, es mejor no repetir raciones y tampoco debes hacerlo cuando se trajo el plato de la cocina ya servido.

- El pan se parte con la mano y sobre el plato de la izquierda. No hay que separar el migajón de la costra (y por supuesto no hay que hacer bolitas de migajón), y no lo debemos comer antes de que se sirva la sopa.

- No es apropiado fumar entre platillos.

- Cuando te sirvan el vino, nunca debes tomar la copa de la parte de arriba ni con el blanco ni con el tinto; se debe asir de la base para no alterar la temperatura del vino. La única excepción es el *cognac*, que se calienta la copa sosteniéndola entre la palma de la mano.

- Chocar las copas se hace con los amigos de confianza o familiares. En una situación formal sólo se levanta a la altura de los ojos, y se dice muy propiamente "Salud."

- Algo que mi abuelita me decía siempre: la cuchara va a la boca no la boca a la cuchara, y ésta se debe introducir por la punta, no de lado.

- Las manos siempre deben ponerse sobre la mesa cuando no se utilizan y procurar no hacer muchos aspavientos.

- Si te sirven consomé, el cual se pasa ya servido en tazones, lo correcto es tomar con la cuchara los trocitos de pan o verdura, y con las manos llevar el tazón a la boca.

- Evitemos soplar o remover los alimentos cuando están calientes.
- Si los pedazos de ensaladas son muy grandes, podemos partirlos con el tenedor, no con el cuchillo.
- Aunque seamos muy amables no hay que pasar los platos al mesero en la mano; es mejor esperar a que él los recoja.
- Al terminar de cenar, deja la servilleta semidoblada sobre la mesa y regresa la silla a su lugar.

Algo muy importante: relájate y disfruta tu comida. Como casi siempre este tipo de cenas tienden a tensar a las personas procura comer despacio, para que no te indigestes.

COMIDAS DE NEGOCIOS

Muchos de los grandes negocios se inician en la mesa de algún restaurante. El hecho de compartir con alguien la misma mesa, donde el ambiente es más relajado que en la oficina, facilita las negociaciones; por eso son tan frecuentes y comunes las comidas de negocios.

Todos los empresarios saben que hay tres tipos de comidas donde, según el caso, cambian por completo las reglas del juego, y éstas son:

- La primera es en la que el otro es el importante, ya que es el cliente, jefe, comprador, etcétera, y por lo tanto tú invitas.
- La segunda es en la que tú eres el importante ya que te van a ofrecer, vender, o proponer algo, y eres invitado.

- Y la tercera es en la que el trato es de igual a igual, ya se conocen y tienen muy bien establecidas las relaciones de trabajo, familiares o de amistad.

Cabe aclarar que las comidas de negocios, que duraban cinco o seis horas, donde el único propósito era "embriagar" al prospecto de cliente, ya pasaron de moda. Esto me parece muy bien, ya que lo más probable es que al día siguiente tu futuro cliente no se acordará de nada y, por el contrario, se sienta muy mal.

En realidad, la comida es un flirteo donde lo que se propone es venderte a tí mismo, para ganar credibilidad, confianza, seguridad, etcétera, para causar una buena impresión y facilitar así las negociaciones.

Cuando quieres vender algo e invitas

- Reserva en un buen restaurante, donde te conozcan muy bien y haz la reservación a tu nombre.
- Pide que te den la mejor mesa, y de preferencia que esté en una de las esquinas, donde se puede ver todo el restaurante.
- Llega dos minutos antes, y al momento que llegue tu invitado, levántate y extiéndele la mano (estás jugando en su cancha).
- Cede a tu invitado el mejor lugar: la silla que está contra la pared, para que él tenga la mejor vista (esto lo hará sentirse tranquilo e importante).
- De preferencia, que quede a tu derecha; si eres diestro, observa cómo se te da mejor la comunicación; a él lo tienes del lado izquierdo, que es tu lado receptivo.

- Al pedir el aperitivo, pregúntale a él primero qué es lo que gusta; si él pide agua mineral, ni modo, también tendrás que pedir algo sin alcohol.

- Si él no fuma, tampoco lo hagas tú, ya que le causarás una molestia (aunque te diga que no le importa).

- Inicia la conversación hablando de ti mismo, que se sienta a gusto. Eso nos encanta a todos (lo que pasa es que pocas veces tenemos quién nos escuche).

- No se te vaya a ocurrir tocar el tema de negocios para nada; este rato es un flirteo, sólo se trata de que te conozcan.

- En México, al igual que en Francia y en España, no se tratan los negocios hasta el café, pues se considera de mala educación hacerlo antes. Los estadounidenses, por el contrario, tienen la costumbre de llegar al restaurante, pedir un martini doble e ir al grano, mientras que los japoneses te tratarán por algún tiempo indefinido para conocerte mejor antes de que te propongan algo.

- Pregúntale qué le parece si acompañan la comida con un buen vino. Si acepta, pide la lista de vinos y no escojas entre los más caros ni entre los más baratos, sino alguno que esté en precio promedio, y pídelo con mucha seguridad. Ahora, si su respuesta es "No, gracias", continúa con alguna bebida sin alcohol.

- Ya que estuvieron a gusto por una hora, hora y media, ya se relajaron, se conocieron un poco más, se dieron algunos puntos de referencia, hablar de negocios les resultará mucho más fácil y natural.

- La regla mágica es, no la olvides, que tu invitado sienta que tú te quedaste muy bien impresionado, y no que fuiste tú quien lo impresionó a él.

- Al pedir la cuenta, hazlo con una seña muy discreta, de manera que no ostente que tú estás invitando.

Te aseguro que si fuiste un buen anfitrión, escuchaste a tu invitado, provocaste que se relajara y sobre todo, lo hiciste sentirse importante, tu invitado se llevará una excelente impresión, lo cual facilitará cualquier tipo de negocio.

Cuando eres el invitado y quieren quedar bien contigo porque te quieren vender algo

- Si tienes algún interés en la persona o su producto, es mejor aceptar la invitación a comer; si no tienes mucho interés o de antemano crees que le vas a decir que no, acepta mejor ir a desayunar. El desayuno suele tramitarse más rápidamente; llega un momento en el que sólo se piensa en todos los pendientes que se tienen en el día y ya no se está escuchando nada. Así que, si tú eres el que quieres vender nunca invites a desayunar. En las comidas, sin embargo, ya se trabajó toda la mañana y se tiende a estar más tranquilo y receptivo.
- En el momento de hacer la cita, si te preguntan a qué restaurante quieres ir, es mejor que digas el de tu preferencia, porque quién sabe a dónde te vayan a llevar; a lo mejor te queda muy lejos, no te gusta el restaurante o el tipo de comida.
- Es de cortesía llegar en punto a la cita, y si de casualidad el interesado llega tarde, ya estuvo que se le bajaron las probabilidades de venta en un 50 por ciento, a menos que tenga un muy buen pretexto.

- Cuando tú eres el posible cliente, es muy divertido ver cómo el otro va elaborando su plan de venta, cómo se conduce a lo largo de la comida, esto es, analizar las estrategias que está usando; sobre todo cuando ya se ha desempeñado el papel de vendedor.
- Recordemos que lo primero que tenemos que vender para convencer de lo que sea es nuestra persona misma.
- Si a ti no te interesa nada de lo que te están proponiendo, una buena manera de hacérselo sentir es que al terminar de comer pidas la cuenta y pagues tú, aunque originalmente hayas sido invitado, y cortésmente te despidas. Es mejor para ambas partes ser muy claros, para evitar pérdidas de tiempo y dinero.

Sólo la experiencia y un sexto sentido nos van dando el "colmillo" para determinar qué y quiénes son convenientes para nosotros. Es probable que tomemos malas decisiones, pero así es la vida, y todos pasamos por fracasos antes de tener éxito.

Cuando el trato es de igual a igual

Cuando ya se conoce bien a la otra persona, por amistad o relación de trabajo, el proceder en estas comidas es totalmente natural y espontáneo; incluso en el momento de pagar la cuenta, se hace al parejo o se alterna en cada comida. Este tipo de comidas son las más agradables, son muy oportunas para frecuentar y dialogar con la gente que queremos o estimamos. La comunicación es lo más importante en una relación, y qué mejor que buscar la oportunidad de comer juntos.

Los modales en la mesa son importantísimos en el mundo de los negocios. Tratos comerciales se han colapsado bajo el peso de torpezas de quien hace el trato. Compañías han perdido negocios porque el ejecutivo de cuenta no sabe comportarse en una cena o comida formal.

Todos podemos aprender observando cuidadosamente el comportamiento de alguien que tiene buenos modales o leyendo libros al respecto. Por lo pronto, comparto contigo lo que sí y lo que no debemos hacer.

Los "sí"

- Permite que el invitado elija el lugar y con la cortesía de que esté cerca de su oficina.
- Avisa al restaurante si cambió el número de comensales.
- El día de la comida el anfitrión debe confirmar la cita al invitado.
- Llega al restaurante antes que tu invitado.
- Aclara desde un principio que es una invitación (por lo que tú pagarás la cuenta).
- Haz la invitación por lo menos una semana antes.
- Si elegiste el lugar y hay una etiqueta en el vestir, comunícaselo a tu invitado.
- Si por causas ajenas a tu voluntad llegas tarde, discúlpate al llegar.
- Dale a tu invitado el mejor lugar (la silla con brazos, la mejor vista, etcétera).
- El invitado ordena primero.

- Aunque seas abstemio, debes ofrecer vino y aperitivo a tus invitados.
- Cuida el volumen con el que se habla en la mesa.
- Te debes excusar si te retiras de la mesa.
- Debes ponerte de pie cuando una dama regresa a la mesa o sitio de reunión (si es difícil levantarte, debes hacer un ademán).
- El que propuso la comida debe pagar.
- Selecciona el vino una vez que se hayan escogido los alimentos; éste no debe ser el más barato ni el más caro.
- Una vez que descorchen el vino, te darán el corcho para detectar que no esté muy reseco o muy blando, y debes olerlo para comprobar que esté bien. Como anfitrión debes degustarlo antes de que se sirva.
- Una vez aprobado, pide que sirvan el vino primero a los invitados y por último al anfitrión.
- Cuida los modales que siempre nos enseñaron de chicos como no hablar con la boca llena, no poner los codos sobre la mesa, masticar con la boca cerrada, etcétera.

Los "no"

- No dejes una invitación sin responder.
- No canceles a través de tu secretaria: hazlo personalmente.
- No llegues tarde al restaurante.
- No pongas el celular sobre la mesa.
- No hables de dietas; si estás cuidándote, sé discreto.
- No vayas de mesa en mesa, aunque encuentres conocidos.

- No saludes de mano a otra persona si está comiendo.
- No fuerces la situación para que te presenten con alguien en especial.
- No entres revisando el lugar ni a los comensales.
- No te sientes en cualquier silla si vienes en grupo; espera a que el anfitrión te asigne tu lugar.
- No pidas la copa puesta para prepararla en la mesa; si es un restaurante formal, explícale al mesero cómo la quieres.
- No pidas como aperitivo licores como *cognac*, brandy, anís, etcétera, que se toman sólo después de la comida.
- No empieces a comer antes que tu anfitrión (si eres mujer, debes iniciar al mismo tiempo).
- No te levantes en medio de la comida y dejes tu servilleta sucia a la vista de todos (ponla en tu silla).
- No se debe llamar la atención al mesero enfrente de los demás.
- Si algo está mal, no muestres prepotencia.
- No se debe mostrar insatisfacción por los alimentos o el servicio de mal modo.
- No rías estruendosamente.
- No hables sólo de negocios cuando los acompaña una persona que no tiene conocimiento de ellos.
- No te distraigas si te sientas frente a un espejo.
- No invadas el espacio físico o moral del comensal, colocando manos, brazos u objetos fuera del espacio que te corresponde, o haciendo preguntas personales.
- A ninguna hora pidas "París a la medianoche" (*cognac* con refresco de cola); es la mejor forma de echar a perder cualquier *cognac*.

- No fumes entre platillos.
- No olvides presentar a tu comensal cuando alguien se acerque a saludarte.
- No corrijas una cuenta frente a tus invitados; despídete de ellos y regresa a hacer las correcciones con el mesero.
- No olvides agradecer si la otra persona pagó la cuenta.

LO BÁSICO SOBRE VINOS

Convendrás conmigo en que hoy necesitamos saber y conocer cuando menos un poco sobre vinos de mesa, que cada vez se consumen más y que aparecen en los menús de todo restaurante, sugiriendo acompañar con alguno de ellos la comida.

El vino ha acompañado al ser humano durante toda su vida, y en el conocimiento sobre los vinos existe mucho esnobismo; sin embargo, no cabe duda que la "enología", que viene de *enos*-vino, *logia*-tratado, es una materia muy seria e interesante de la cual hay muchos libros.

Algunos datos interesantes acerca del vino

¿Sabes cómo se asoció el comer pescados con el vino blanco? En tiempo de los romanos no había refrigeración, y los pescados y mariscos se descomponían fácilmente. Ellos sabían que si acompañaban estos alimentos del mar con vino blanco evitaban que les hiciera daño, además de la absoluta realidad de que la combinación de ambos es maravillosa.

Ahora sabemos que la clorofila que contiene el vino blanco ayuda a destruir bacterias. Si observas hay vinos blancos jóvenes casi de color verde, a causa de la clorofila que contienen.

Te puedo decir que el vino blanco es el único vino que se puede verter hasta su última gota y que contrariamente a la longevidad de los rojos, duran únicamente diez años en promedio y siempre se sirven fríos. Los más afamados, son en su mayoría de la Borgoña. También tienen excelente fama los blancos españoles, los italianos, y por supuesto los blancos del Rin, que son más dulces.

Los vinos rosados se toman en el primer año o muy jóvenes; si no, se tornan ambarinos y pierden mucho de su encanto. Estos combinan mejor con ternera, pasta, platos ligeros y se sirven siempre fríos.

El vino rojo es el más importante de los tres, por la enorme variedad que hay y la cantidad de lugares en el mundo que los producen.

Los vinos rojos de más renombre son los franceses, que son cosechados en sus tres conocidas regiones: Borgoña, Burdeos y el Valle del Rin. Estos vinos se envasan en tres diferentes tipos de botella, lo que permite que de un solo vistazo nos enteremos de la región que proceden.

La botella del Borgoña es una botella desvanecida suavemente desde el vertedero hasta su fondo; en cambio la botella de Burdeos, acusa un marcado cambio abajo del vertedero a una línea recta hasta el fondo. Las del valle del Rin tienen un poco menos delicado su desvanecimiento.

Existe un cierto protocolo que se observa cuando se descorcha y se sirve un vino de mesa, acto que es necesario analizar.

- Evitemos agitar el vino, ya que tiene 300 componentes equilibrados entre sí. Hay que dejarlo reposar ya que se comporta como un ser vivo. Tras de un viaje pesado nadie se encuentra en su mejor momento, y las sacudidas lo desarmonizan.
- Al servir el vino debe verse la etiqueta y no taparla con la servilleta.
- Es parte del protocolo que el mesero presente y deje a su alcance el corcho de la recién destapada botella,

para que, si eres un experto, al olerlo compruebes si está malo, bueno, oxidado o enmohecido; los vinos, por lo general, en ciertas condiciones se vuelven opacos y turbios, y pierden su transparencia y sabor.

- Si de lejos ves bien el vino, como sucede la mayor parte de las veces, da las gracias sonriendo al mesero y déjalo de lado, ya que se pueden determinar con sólo el olfato las condiciones de todo género en que se encuentre el vino.

- Si te dan a catar el vino y no sientes mucha seguridad en hacerlo, cédele el "honor" a otro comensal.

Si quieres catarlo, lo correcto es pasear el vino por la boca, para sentir sus sabores.

Se deglute el vino, y hay que soltar el aire suavemente por la nariz para sentir si tiene sabor residual, que se encuentra en los vinos de calidad.

Aprender a catar es como aprender a nadar. Hay que practicar. Ahora que "catar" no es alcoholizarse, como dice mi amigo enólogo Julio Michaud.

Disfruta muy lentamente del delicioso sabor del vino, y si en el futuro te interesas en conocer más podrás encontrar mucha información sobre este apasionante y controvertido tema.

Una cara sonriente es la mitad de la comida.

PROVERBIO LATVIANO

Te invitan a una cena, ya sea el director de tu compañía, el hombre o la mujer de tus sueños o la futura suegra. Estás un poco tenso, ya que quieres quedar muy bien. Te arreglas lo mejor posible, te esmeras en hacer una conversación interesante y esbozas tu mejor sonrisa. Llega el momento de sentarse a la mesa y empiezas a conducirte de lo más apropiadamente. Todo marcha sobre ruedas.

De pronto te sucede uno o varios de los siguientes casos:

- Tiras la copa de vino tinto y se hace una mancha enorme en el mantel. ¿Qué hacer? Después de que te recuperes del bochorno, además de darle una sincera disculpa a la anfitriona hay que actuar de inmediato. Pregúntale si puedes ir a la cocina por algo para limpiar, a lo cual ella te acompañará o bien te pedirá que te quedes en su asiento diciendo: "No pasa nada, yo me encargo"; si es así quédate sentado. Si la mancha es enorme, cúbrela con una servilleta limpia para que no resalte cuando los comensales volteen a verte.

Sin hacer mayor escándalo, hay que disculparse con los comensales por haber interrumpido la armonía, y si puedes haz algún comentario gracioso para que todos se rían y se relajen regresando a un nuevo tema de conversación. Un fino detalle sería ofrecerte a llevarlo a la tintorería al día siguiente.

- Si de pronto sientes que traes los dientes decorados con algo de lo que comiste, trata de no hablar mucho. Por supuesto no hay que usar el palillo de dientes aunque sintamos tener un camión atorado, y mucho menos tratemos de hacerlo con el dedo. Trata de tomar un poco de agua para remediar la situación y si no es así, de plano es mejor dar una disculpa y levantarte para enjuagarte muy bien en el baño.

- ¿Qué hacer cuando de pronto vemos salir de la ensalada a un lindo animalito? ¿O cuando encontramos un pelo en la sopa? ¡Qué horror! Primero, no lo apuntes con el dedo exclamando repulsión, ya que le arruinarás la comida al resto de los comensales. Quítalo disimuladamente con tu servilleta o con la cuchara y sin decir nada tíralo. Si no te queda más remedio, sigue comiendo como si nada.

- Si la anfitriona te sirve algo que verdaderamente no te gusta, como mollejas, hígado o algo parecido, no lo expreses abiertamente; sólo déjalo sobre el plato y extiéndelo un poco con el tenedor; quizá nadie lo note. Si te dicen: "No has probado el pescado", es mejor contestar que no tienes hambre a decir: "Odio el pescado."

- De repente sientes que vas a morir de asfixia porque tienes un bocado atorado. Este es un momento en que debemos ignorar cualquier tipo de protocolo. En una ocasión vi que una persona, por no perder la compostura, por poco se ahogaba. Levántate y tose fuertemente. Si notamos que esto le sucede al vecino de la mesa, lo mejor es levantar a la persona y abrazarla por la espalda apretando fuertemente a la altura del diafragma para que salga el bocado.

- En un coctel te mueres de hambre mientras estás platicando con la persona con la que te interesa quedar bien. Con la mano derecha sostienes una copa y con la izquierda tomas una enorme tostada llena de lechuga, queso y frijoles que dan como botana. La muerdes y ésta se parte en cuarto. ¿Te ha pasado?… ¡A mí sí! En estos casos, lo mejor es dejar la copa a un lado antes de escoger el canapé, para así poder tomarlo con ambas manos.

Durante un coctel saludamos constantemente a las personas. Si damos la mano helada por los hielos del vaso, llena de mayonesa o dip de queso, la gente no estará muy contenta de saludarnos, así que la servilleta es indispensable.

Si reflexionamos un poco, los accidentes son inevitables y a todos nos pasan. Sin embargo, la mejor forma de reaccionar a ellos es metiéndole un poco de humor y continuar como si nada hubiera sucedido. ¿No crees?

FUMAR, ¿UN PLACER?

La primera riqueza es la salud.

RALPH WALDO EMERSON

Qué atractivo es lo prohibido. Encerrarnos a fumar con un amigo en el baño cuando tenemos doce años para investigar qué se siente, a qué sabe el cigarro o qué sensación produce, es algo que casi todos hicimos. Un poco más grandes, fumamos para sentirnos aceptados y reconocidos como parte de un grupo y, sobre todo, para mostrarnos más seguros frente al sexo opuesto.

Fumar cuando se es joven hace sentir a las personas que pertenecen al mundo de los grandes, actitud muy explotada por los medios de comunicación. En películas o en telenovelas se hace creer que fumar es propio de personas adultas, con gran personalidad, audaces, con atractivo sexual, dinero y éxito.

¿Quién en la adolescencia no quiere ser y sentirse todo esto? En el fondo estamos llenos de inseguridades, por lo tanto fumamos para sentirnos identificados con personas de éxito y sustituir nuestras carencias. O bien fumamos como una muestra de rebeldía ante la autoridad, con el objeto de llamar la atención.

Si además una persona cercana que admiramos fuma y el acceso a los cigarros es fácil, nos provoca un deseo de limitación.

Una vez adultos, muy pocas personas pueden explicar claramente los motivos por los cuales fuman. Algunos dicen que por hábito, otros porque lo necesitan y otros más contestan que no saben por qué.

"El tabaquismo", según la doctora Carmen Gutiérrez de Velasco, directora de la Clínica contra el Tabaquismo, en México, "es una adicción tan severa como la adicción a la heroína, la cocaína, la marihuana o el alcohol".

"Tres de cada cuatro fumadores severos", nos dice, "han intentado dejar el cigarro alguna vez en su vida por sí solos; sin embargo, sólo quince por ciento de ellos lo logra antes de los 60 años."

Podemos concluir que muchas veces la gente fuma no porque quiere, sino porque no puede abandonar el hábito.

Hay, según la doctora Gutiérrez, siete motivos por los que las personas siguen fumando:

1. *Imagen*. Son fumadores sociales. Utilizan el valor simbólico o psicológico del hecho de fumar para crear una imagen de intelectualidad, precocidad, sensualidad o sofisticación.
2. *Ritual*. La forma de encender el cigarro, la sensación de hacer aros con el humo, el gusto táctil de tomar la cajetilla, la forma de tomar el cigarro, el olor y el sabor, todo eso les procura sensaciones placenteras.
3. *Placer*. Es el motivo más común. Fuman en periodos de descanso y relajamiento. Consumen menos de veinte cigarros al día.
4. *Relajación*. Fuman en estado de tensión y ansiedad. Logran relajarse dando bocanadas muy continuas, es la cantidad de aire y el ritmo de la respiración lo que hace un efecto tranquilizador, no la nicotina.
5. *Estimulación*. Cuando están ocupadas y activas, por lo general en tareas monótonas, estas personas fuman para evitar la fatiga. Las inhalaciones de cada bocanada son menos continuas, ya que la nicotina es un estimulante.
6. *Adicción a la nicotina*. A los veinte o 30 minutos de no fumar, experimentan síntomas de depresión,

irritabilidad, etcétera. Su organismo ya se acostumbró y demanda cierta cantidad de droga. Fuman más de veinte cigarros al día.

7. *El automático.* Fuman un cigarro tras otro. Éste es un fumador voraz que se encuentra a sí mismo prendiendo un cigarro con el fuego del anterior. Fuma entre tres y cinco cajetillas diarias.

Si estás dentro de alguna de estas categorías, ojalá pronto dejes de fumar. Mientras tanto, es un buen detalle de cortesía preguntar si no es molesto prender un cigarro. En caso de que así sea, es al fumador al que le toca ceder. Si no ves ceniceros alrededor, mejor ni preguntes. No fumes en la mesa mientras alguien siga comiendo, y tampoco cuando haya un bebé o un niño pequeño en el cuarto. Cuida tus cenizas y exhala el humo en dirección opuesta a las personas.

He aquí algunas herramientas que facilitan dejar de fumar:

- Deshazte de todos los cigarros, cerillos, ceniceros y encendedores.
- Piensa en las sensaciones negativas que te daba fumar (dificultad para respirar al subir las escaleras, por ejemplo).
- Respira profundamente cada vez que sientas deseos de fumar.
- Haz ejercicio.
- Comprométete públicamente con tus amigos y compañeros, comunicándoles tu deseo de dejar de fumar.

- Asiste a lugares donde esté prohibido fumar: cine, teatros, museos, etcétera.
- Mantén tu mente y tus manos ocupadas. Lee.
- Cepilla tus dientes con frecuencia.
- Toma jugos de cítricos.
- Evita temporalmente reuniones sociales que te inciten a fumar.

Si de jóvenes fuéramos conscientes de que miles de personas mueren a diario por enfermedades relacionadas con el tabaco, y de que el humo del mismo contiene 400 sustancias tóxicas, quizá no insistiríamos tanto en aprender a fumar.

LOS PUROS

Los puros son siempre acompañados de buenos momentos: alegrías, satisfacciones, celebraciones, encontrarse con los amigos, una tarde de toros, después de una buena comida, y sobre todo cuando se es papá por primera vez.

Hoy en día están retomando nuevamente la importancia que en un tiempo tuvieron, pues una nueva generación de actores, ejecutivos de negocios, políticos y celebridades en el mundo deportivo está restaurando su imagen positiva. El mensaje para quienes lo disfrutan es muy sencillo: un puro es de los placeres más grandes de la vida. Fumarlo es darse un tiempo para uno mismo.

Los puros son un producto artesanal frecuentemente comparado con el vino (aunque se salga de proporción), ya que el aroma y sabor dependen directamente del tipo, tamaño y calidad de las hojas con las que se elaboró.

La planta del tabaco consta de siete partes: todas las hojas de estas partes tienen distinto sabor y color, siendo las más finas las hojas de en medio, ya que las de arriba son muy grasosas por el exceso de sol, y las de abajo tienen muy poco sabor. El arte de hacer un buen puro es la mezcla de estas hojas.

La elaboración de un buen habano es verdaderamente laboriosa, ya que toma no menos de 222 diferentes etapas desde su plantación hasta la distribución. Existen 42 tamaños de puros hechos a mano y son clasificados en 65 diferentes tonos. Son mujeres en su mayoría quienes elaboran el torcido de los puros en los países latinos como Cuba, Honduras, República Dominicana y México; por tradición hay alguien que les cuenta cuentos e historias mientras los hacen para quitarle lo tedioso al trabajo. Los puros son empacados en cajas de cedro que terminan preservando e infundiendo su sabor en ellos. Además, se ha comprobado que fumar puros es mucho menos dañino que fumar cigarros, ya que no llevan nada químico, y no se le debe "dar el golpe" al fumarlo.

Algunos detalles sobre lo que es apropiado hacer con un puro, según Anwer Bati y Simone Chase en su libro *The cigar companion*:

• Cuando compres un puro, es correcto presionarlo un poco para comprobar su frescura, pero no lo hagas demasiado, ya que se puede romper. Lo que no se debe hacer, según los expertos, es olerlo en la tienda, como tampoco calentar el puro a lo largo antes de fumarlo. Esto se hacía hace cien años para quemarle la goma (de mal sabor) con que pegaban los puros sevillanos.

- A los puros hechos a mano hay que cortarles la punta con una tijera especial o con una guillotina antes de fumarlos. Lo importante es que hay que hacerlo parejo.

- Prenderlos con un cerillo de madera o con encendedor de gas butano; nunca con encendedor de gasolina.

- Si se debe dejar la etiqueta o "anillo" del puro para fumarse o no, es un punto que se ha debatido mucho. Los ingleses piensan que es ostentoso dejársela, que no es de clase. Sin embargo, el resto, los europeos, latinos y estadounidenses, piensan que se debe dejar, además de que proporciona un tema de conversación. "Oye, estás fumando un…", sólo que si decides quitárselo, el puro debe estar prendido para que con el calor se facilite desprender el anillo sin dañar la hoja exterior.

- Fumar un puro antes de la comida no es lo más adecuado, ya que te quitará el apetito y no distinguirás los sabores.

- Sólo es apropiado prenderlo ya que todo el mundo terminó de cenar y se está tomando el café o una copa como *cognac*, brandy, whisky o vino tinto.

- Es muy prudente pedir permiso a los comensales para prenderlo.

- Si uno es el anfitrión, se sugiere invitar a los señores a fumarse el puro en la sala o terraza.

- No fumes muy rápido un puro, ya que se quemará pronto y el humo se tornará caliente, lo cual proporciona un mal sabor. Una fumada por minuto es suficiente para mantenerlo encendido.
- El puro, al contrario del cigarro, no debe golpearse para tirar su ceniza. Ésta caerá sola. Tampoco hay que jugar al arquitecto con ella ya que si te esperas demasiado antes de sacudirla en el cenicero, se te caerá en el pantalón o en el mantel.
- Nunca presiones la colilla del puro sobre el cenicero, porque causará mal olor en el ambiente; sólo déjalo sobre el cenicero y solita se apaga.
- Al guardar los puros, lo ideal es en una caja especial que conserve la humedad; si tienes de varios tipos no los guardes juntos, ya que el sabor se contagia de unos a otros; hay que dividirlos en compartimientos. Si no tienes la caja especial de madera, basta con humedecer la parte de abajo de la caja en la que vienen y meterla dentro de una bolsa de plástico en el lugar más fresco de tu casa.

Fumar un puro es parte del ritual del arte del buen vivir. Si quieres incorporarte a disfrutar de un buen puro, empieza con los más delgados, que son más ligeros, y poco a poco ve aumentando de grosor ya que entre más gruesos son, más cuerpo y sabor tienen.

Uno de los amantes de fumar puro era Mark Twain, el escritor estadounidense, quien decía: "Si en el Cielo no puedo fumar un puro, mejor no voy."

¿Se dará propina o no se dará? ¿Cuánto será bueno dar? Creo que a todos nos han surgido estas dudas varias veces.

La propina no es más que una forma material de decirle a alguien: "Gracias, realizaste muy bien tu trabajo", "Me di cuenta de que hiciste algo extra por mí, y te retribuyo."

Sin embargo, sobre la propina, no hay ninguna regla escrita, ni cantidades exactas, pero sí hay en general algunas recomendaciones.

- La mayoría de los taxistas, meseros, peinadores, los jóvenes que nos ayudan a empacar en el súper, los que nos ayudan a estacionarnos, etcétera, dependen totalmente de la propina porque a veces ni salarios tienen.
- La propina debe ser digna, y debemos darla de una manera atenta y respetuosa.
- Si damos una buena propina, normalmente nos garantiza que recibiremos un buen servicio en el futuro; sin embargo, es ridículo exagerar en la propina. En el extranjero, los mexicanos tenemos fama de espléndidos, pero algunas veces quien la recibe hasta se ríe de nosotros.
- Si un capitán nos dio una buena mesa o se trata de una propina más alta, es mejor dejar la propina en billete y no en monedas. Si sólo vamos a dar el poco cambio que nos queda, es mejor no dar nada porque es ofensivo.

- Es importante, al dar la propina, ver a los ojos de la persona y decirle unas palabras amables como "qué bien me atendió", o "qué amable fue usted", ya que esto es tan o más importante que la propina en sí, y se acordará de ellas mucho tiempo después de que se gastó el dinero.

Cuándo no dar propina

- No hay propina obligatoria; la propina la damos para compensar un buen servicio. Si un mesero se porta grosero con nosotros, nada nos obliga a hacerlo.
- Si el taxista no trae taxímetro y él calculó, generalmente no se le tiene que dar, pues seguramente ya la consideró. O si nos llevó por el camino largo, pues tampoco.
- Cuando nos cortamos el cabello con el dueño del salón, no es necesario dejarle propina.

Además de la forma tangible de agradecer algo… hay formas intangibles quizá más valiosas, de agradecer a alguien un favor, o un servicio, que es la propina espiritual.

Con lo acelerado que vivimos, es fácil que caigamos en la dinámica de sentirnos merecedores de un favor, o de un servicio, y pasemos por alto el simple y sencillo acto de agradecer.

Sin embargo, si nos volvemos indiferentes a captar el esmero o la atención de alguien, sobre todo de nuestros seres más cercanos, seguramente estamos contribuyendo a que se desmotiven y dejen de intentar hacer las cosas bien.

La mayor parte de las veces no es con mala intención, simplemente se nos olvida; sin embargo, aunque sea un año tarde, la gente sigue esperando que se le agradezca, ya sea con unas flores, una nota, una llamada telefónica, una mirada, un apretón de manos, etcétera. Y entre más sea nuestra tardanza, más efusivas deben ser las gracias.

Hay situaciones, por ejemplo, en que no se puede agradecer con nada. ¿Cómo agradecer a un médico que te saque adelante a un hijo? En un caso así, ¿sabes qué es lo más valioso que podemos dar? Unas cuántas líneas que vengan del corazón.

Agradecer es una virtud que todos debemos hacer nuestra. Procuremos no sentirnos merecedores sino ser agradecidos siempre.

El agradecimiento figura entre las virtudes mayores y más dulces que pueda poseer el hombre de este mundo.

GIROLAMO SAVONAROLA

Protocolo social

UNA INVITACIÓN

La hospitalidad es una forma de oración.

EL TALMUD

Podría asegurar que a la mayoría de las personas nos gusta recibir invitaciones, nos hacen sentir importantes.

Invitaciones a un coctel, a una cena formal o a tomar un café con amigos, de alguna manera nos reafirman el sentido de pertenencia y esa urgencia de sentirnos aceptados y queridos por los demás.

Cuando alguien nos invita a su casa, por lo general tendrá mucho trabajo y como invitados también tenemos una responsabilidad: contribuir positivamente al éxito de la reunión.

Cuando nos inviten

Siempre hay que confirmar. Ya sea que vayamos a asistir o no, los anfitriones nos agradecerán infinitamente que llamemos por teléfono. Para ellos es muy importante saber cuántas personas asistirán a la reunión.

Nunca debemos preguntar: "¿Quién más va a ir?", porque damos la impresión de que es lo que más nos importa.

Tampoco hay que preguntar: "¿Puedo llevar a mis hijos?" Si la persona no lo especificó, es lógico que no son requeridos y pone en un enorme aprieto a los anfitriones.

Si tenemos alguna duda acerca de la forma en que debemos ir vestidos, podemos llamar con toda confianza y preguntar, sobre todo si el evento es en una ciudad que no es la nuestra y desconocemos el protocolo.

Es una cortesía ser puntuales, aunque debemos verificar las costumbres de cada lugar, ya que aquí, en la ciudad de México, si nos citan a una cena a las 8:00 pm. significa que debemos llegar a las 9:00 pm.

Al llegar

- Cuando lleguemos es importante reflejar que estamos contentos de estar ahí y hacer uno que otro comentario amable, pero no en forma exagerada. Si comentamos 200 veces que todo nos parece "divino" o "maravilloso", la casa, las fotos de sus hijos, el vestido de la anfitriona o el color del sillón, puede sonar falso o parecer que no nos invitan muy seguido a otras casas.

- Evitemos aceptar una bebida antes de haber encontrado a los anfitriones para saludarlos, aunque ellos deben estar en la puerta para recibir a sus invitados. De no ser así, simplemente no es cortés, ¿Te imaginas encontrarlos con copa ya en la mano? Como que no.

- Siempre tengamos alguna atención con quienes nos invitan, ya sea que enviemos flores, con anticipación, llevemos chocolates, una botella de vino o un libro para mostrar nuestro agradecimiento.
- Cuando la señora de la casa dice: "Por favor, pasemos al comedor", no nos quedemos horas platicando como si nadie nos hubiera llamado, pues la cena se enfría, los tiempos en la cocina se atrasan y la pobre anfitriona sufre.

En la mesa

Si la cena es formal hay que dejar las copas sin terminar en la sala, ya que el vino es lo importante en la comida. Sólo lo podemos hacer cuando estamos informalmente con los amigos.

Lo correcto es que los hombres se queden parados hasta que la anfitriona se siente, y el más próximo a ella le debe ayudar con su silla.

En la mesa no sólo nos dediquemos a comer: platiquemos de cosas agradables, simpáticas y evitemos los temas negativos como asaltos, terrorismo o enfermedades. Recordemos que para toda la gente, la persona más importante es uno mismo, así que mostremos interés por lo que nuestro vecino de mesa hace en la vida, por lo que piensa, por lo que le gusta, etcétera.

- No acaparemos sólo a una persona. Es muy importante platicar con ambos vecinos. Un amigo conocedor del protocolo internacional me platicó que cuando la reina Isabel se sienta a la mesa, se le advierte a cada vecino que durante el primer plato platicará con el de la derecha y en el segundo con el de la izquierda. Así que ya sabes.
- Cuando terminemos de cenar es mejor esperar unos 45 minutos antes de despedirnos, de otra manera damos la impresión de que no estuvimos a gusto.
- La buena impresión de un invitado se puede ir abajo si nos quedamos horas platicando a la salida. El pobre anfitrión no puede estar ni con el resto de los invitados ni, en última instancia, en su cama.

Si queremos seguir recibiendo invitaciones es importante que observemos estos pequeños detalles, ya que como dice el proverbio persa: "Un invitado amable es dos veces bienvenido."

ALGUNOS "SIEMPRE" Y ALGUNOS "NUNCA" EN LA VIDA COTIDIANA

> *El silencio no es tacto, y es el tacto lo que es oro, no el silencio.*
>
> SAMUEL BUTTLER

La interacción con las demás personas es un elemento indispensable en la vida (a menos que decidamos convertirnos en ermitaños). Interactuamos todo el día y en todos los lugares, en la gasolinera, en el taxi, con la familia, con el médico o con el empleado de la tienda.

Ser amables y educados con todos significa tener consideración, respeto y, por qué no, amor por el prójimo. Cuando somos así (aun con el desconocido en el teléfono), ese alguien también será educado y amable con nosotros. Como resultado, todos nos sentimos bien con nosotros mismos, contagiándonos unos a otros. Ser cortés debe ser una actitud permanente y no sólo cuando nos convenga. Por lo tanto, hoy quiero recordar contigo algunos "siempre" y algunos "nunca" en esto de saber convivir y hacer sentir bien al otro:

Nunca

- Hagamos preguntas indiscretas como: "¿Cuánto ganas?", "¿Cuánto te costó?", "¿Qué edad tienes?", "¿Te operaste?"
- Consultar profesionalmente al médico, al abogado, al fisioterapeuta o al inversionista en una reunión social (verdaderamente les molesta).

- Al conversar no hay que preguntar: "¿Me entiendes?" Es mejor decir: "¿Me explico?"
- Jamás interrumpamos otras conversaciones.
- Los niños en las reuniones de adultos nunca son bienvenidos, así que mejor no los lleves.
- Nunca toquemos el timbre con insistencia.
- Aunque adores a tu gato o a tu perro, es mejor que no estén en la sala con las visitas. A ellas quizá no les parezcan tan agradables.
- Nunca debemos introducir nuestra botana mordida en la salsa que comparten todos.
- Llamar al mesero o al capitán tronando los dedos; es de poca sensibilidad y educación.
- No invitemos a una persona frente a otra que no pensamos incluir.
- Si alguien se tropieza, se equivoca o al salir choca contra un cristal, nunca nos burlemos. ¡Se siente horrible!
- Cancelemos una cita diez minutos antes de lo acordado, y menos aún dejemos plantado a alguien (eso es imperdonable).

Siempre

- Cuando nos inviten a una casa, llevar un obsequio: pastel, botella, flores o algo así. Además, es importante agradecer la invitación al día siguiente, ya sea llamando por teléfono o enviando una tarjeta.
- Un hombre se debe poner de pie al saludar. La mujer no, a menos que quien se le acerque sea de la tercera edad o sea una mujer con un embarazo avanzado.

- Que presentes a una persona que esté de pie, también debes pararte, no importa si eres hombre o mujer, y menciona primero el nombre de la persona de mayor edad, rango o importancia.
- Si fumas, ofrece cigarros a los demás antes de encender el propio.
- Busquemos temas que puedan ser de interés para las personas con quienes platicamos y evitemos acaparar la atención todo el tiempo.
- Al conversar es importante incluir en la mirada a todos los presentes en el grupo.
- Hay que escuchar atentamente lo que tiene que decir quien está platicando con nosotros (no nada más poner cara de escucha).
- Defiende a las personas criticadas injustamente en la conversación (eso habla muy bien de ti).
- En el cine, hay que recoger nuestra caja de palomitas o nuestro envase de refresco vacío y tirarlos en el bote de basura a la salida.
- En el elevador, dejemos salir a las personas antes de entrar.
- En un restaurante, la mujer que acompaña a un hombre le puede pedir las cosas a él, para que posteriormente él las pida al mesero (los hace sentirse muy caballerosos).

Muchas veces nos pasamos filosofando sobre grandes escenarios y perdemos de vista los pequeños detalles cotidianos. Sin embargo, son estos los que provocan la pérdida de respeto hacia una persona, o bien admiración por la sensibilidad y educación. Seamos considerados con los demás.

El aprecio hacia uno mismo se llama
orgullo.

ARTHUR SCHOPENHAUER

"Jorge, qué bonita corbata." "¿Ésta? No, si es muy vieja y me costó baratísima." ¿Por qué tendemos a contestar así un cumplido? O si alguien te dice: "Paty, qué bien hiciste la presentación", tú respondes: "No lo hice nada bien, estaba tan asustada que hablé rapidísimo y a lo mejor nadie me entendió." Éstas son maneras muy desafortunadas de actuar ante un cumplido. Jorge, al contestar así, lo que está diciendo a su interlocutor es que no tiene la menor idea de la moda, y Paty le hace entender a la otra persona que está totalmente equivocada.

Un cumplido es un regalo que alguien nos ofrece. Es una manera de decir que valoran nuestra amistad, nuestra compañía, nuestro desempeño, o simplemente de decirnos lo bien que nos vemos.

Por lo general tendemos a aparentar una falsa modestia. Cuando rechazamos un halago, menospreciamos sin querer a la persona que nos está haciendo ese reconocimiento. Esto ocasiona que los demás se arrepientan de habernos dicho algo amable.

Estoy segura de que si a cualquiera de nosotros nos dan un regalo nunca lo rechazaríamos. Al no aceptar el cumplido, o al cuestionarlo, esto es precisamente lo que hacemos.

A todos nos gusta ser reconocidos. Sin embargo, ¿por qué nos cuesta tanto trabajo aceptar un halago sobre nuestro trabajo, nuestra apariencia, nuestras cosas? Cuando alguien nos hace un cumplido no sabemos qué contestar, nos sentimos incómodos y tendemos a valorar en poco lo apreciado, lo cual puede reflejar una baja autoestima. Cuando recibimos un regalo no hay que decir: "No te hubieras molestado"; cuando nos hacen un cumplido, podemos contestar con entusiasmo: "¡Mil gracias, me halaga mucho que me lo digas!", resulta mucho mejor y hacemos sentir importante a la persona que nos halagó.

Agradezcamos siempre. Así que acepta que hiciste bien algo o que se te ve bien el nuevo peinado. Haz el esfuerzo de contestar simplemente: "Gracias por notarlo y gracias por decírmelo". Si no estamos de acuerdo del todo, podemos modificar nuestra respuesta, sin embargo siempre hay que agradecer el cumplido.

¿Cómo decir un cumplido?

Todos tenemos el poder de hacer sentir bien a alguien. Es muy sencillo. Una frase de tres o cuatro palabras es suficiente: "Qué bien lo hiciste", "Qué bien te ves" y el efecto en la autoestima de la otra persona es maravilloso. A veces sólo lo pensamos, ¡exprésalo en voz alta! Si admiramos algo y no lo decimos, se queda olvidado y vacío en nuestra mente y no beneficia a nadie.

Seamos sinceros. Si queremos hacer sentir bien a la otra persona, digámosle desde el corazón lo que pensamos, y ello se recibirá con el corazón.

En algunas situaciones queremos que alguien se sienta bien, sin embargo no es fácil hacerle un cumplido.

Por ejemplo, cuando tu jefe y su esposa te invitan a su nueva casa y resulta que es la pesadilla de cualquier decorador. En lugar de mentir, trata de encontrar algo que sí te parezca bonito, como el espejo del baño o los muebles de la cocina. Sin decir mentiras, podemos hacer que las personas se sientan bien.

Cuando el halago es falso o tiene el propósito de manipular, el tono de voz, la mirada o la sonrisa delatan la hipocresía, lo cual trabaja en contra de la persona que trata de halagar. Seamos sinceros.

Hay personas que, sin querer, dicen un cumplido con doble filo, y el efecto se nulifica. Por ejemplo: "¡Qué bonitas pestañas! ¿Son postizas?" o "¡Qué buen trabajo! ¿Tú lo hiciste?" "Qué rica cena, ¿la mandaste a hacer?" O bien, cuando nos dicen: "Has adelgazado, pero todavía te falta…" En situaciones así, no sabemos si agradecer, reclamar o llorar.

Un buen cumplido debe ser oportuno y decirse con énfasis, y según la ocasión hacerse tanto en público como en privado. Si le vas a decir a alguien que quedó bien después de su restiramiento facial, le gustará oírlo en privado. Pero si vas a reconocer su desempeño en una tarea, hazlo en público para que todos los compañeros lo oigan.

¡Qué bien nos sentimos cuando alguien nos dice un cumplido! Nuestra cara se ilumina, aparece una sonrisa y nuestro comportamiento cambia.

Recordemos que el hombre, por hambre mata, y por un reconocimiento muere.

Cuarta parte

Secretos para el éxito

PARA VERSE BIEN, HAY QUE SENTIRSE BIEN

> *Aquellos que piensan que no tienen tiempo para el ejercicio, tarde o temprano van a encontrar tiempo para la enfermedad.*
>
> EDWARD STANLEY

Vernos bien, sentirnos atractivos, caminar erguidos, no sólo es asunto del cuerpo. Es resultado de sentirnos equilibrados internamente, en mente y espíritu, con una fuerza y una alegría que nos permite resistir las demandas de la vida sin sentirnos avasallados. Tener salud es más que la ausencia de enfermedad.

El doctor Andrew Weil, autor del libro *8 semanas para una salud óptima*, señala que la salud es el resultado de todo, y subraya que existen en ella los tres planos: físico, mental y espiritual.

Los médicos chinos dicen que "Toda enfermedad visible en el cuerpo, es precedida por una enfermedad invisible en el espíritu."

¿De qué sirve hacer ejercicio, tomar vitaminas y respirar bien si por dentro estamos llenos de rencores y egoísmo?

Actitudes que ayudan al espíritu, la mente y el cuerpo

- Dedica parte de tu tiempo a ayudar a alguien. Hacer algún tipo de servicio social, o invertir parte de nuestro tiempo y energía para ayudar a los demás, no sólo permitirá a otros a sentirse bien sino que aumentará nuestra propia paz y alegría interior y, por lo tanto, mejorará nuestra salud. Si sólo perseguimos intereses personales, sin importarnos las necesidades del otro, no sólo terminaremos dañando a los demás sino también a nosotros mismos en primer lugar.

- Pasa más tiempo con amigos y con personas que te hagan sentirte más vivo, alegre y optimista. Es importante sentirnos conectados, y los seres humanos somos altamente sociales. Nuestro ser espiritual hace resonancia con otros; si la interacción es positiva, el contacto humano es un sanador muy poderoso, capaz de neutralizar muchos males en el plano material.

- Haz dieta de noticias. Escuchar noticias compulsivamente nos causa ansiedad. Evita leer, ver o escuchar noticias por lo menos un día a la semana. Así como cuidamos los alimentos del cuerpo, hay que cuidar los de la mente. Trata de hacer esto y te sentirás menos tenso y de mejor humor.

- Pon flores naturales donde las puedas disfrutar. Parece que no tiene ninguna importancia, pero recuerda lo que sientes al entrar a un sitio donde se han dispuesto flores naturales y a otro sin ellas, o son de seda o plástico (lo que es horrible). Verás cómo sin darte cuenta, las flores te hacen sentirte bien por el placer que proporcionan, ya que son una manera de disfrutar la maravilla de la naturaleza aun estando dentro de una ciudad de concreto. Asimismo, camina por un parque, por el campo. Entre más incorpores la naturaleza a tu vida, más contento y saludable te sentirás.

- Escucha música que inspire y eleve el espíritu. La música tiene un poder especial, ya que influye en la conciencia. Muchas culturas reconocen este poder y utilizan la música en rituales y ceremonias. En una película, es la música la que dirige nuestras emociones, no las imágenes. La música nos pone en contacto con nosotros mismos y con lo sobrenatural.

Aspectos físicos

- Respira. Afirma el doctor Weil: "Si pudiera decir a las persona que hicieran una sola cosa para mejorar su salud, no dudaría en responder: mejora tu respiración."

  Se estudiaron los efectos del oxígeno en las células y se descubrió que células sanas y normales se convierten en malignas simplemente al reducirles el oxígeno. Por consiguiente, la cantidad de oxígeno que les demos afecta de manera directa e importante la calidad de nuestras vidas. Por esa razón, todos los médicos recomiendan hacer ejercicio aeróbico.

  Respirar es el eslabón entre el cuerpo y la mente. Es la llave maestra para controlar las emociones. Además, respirar profundamente nos ayuda a eliminar tensiones, ansiedad y, sobre todo, dolor.

  Al inspirar visualiza que estás recibiendo partículas blancas de oxígeno puro, y al exhalar imagina todas las partículas negras, ósea las toxinas, problemas y preo-cupaciones que estás expulsando de tu cuerpo.

- Toma vitaminas. Además recuerda que es de suma importancia incorporar a tu dieta lo siguiente: uno o dos gramos de vitamina C tres veces al día; comer mucho brócoli, pescado, ajo y alimentos que tienen muchas propiedades terapéuticas. El ajo es antiséptico, es un poderoso antibiótico y anticancerígeno. También se ha descubierto que el jengibre tiene más de 400 componentes buenos para la salud. Así que cuando vayas a comer sushi, aprovecha el jengibre con el que siempre acompañan sus platos. Éste, como muchos otros sabores, hay que aprender a disfrutarlo.

Como vemos, además del ejercicio y de comer bien, hay muchas otras cosas que nos dan salud. Recordemos que en esto, como en todo, para cada esfuerzo disciplinado hay una recompensa multiplicada.

LA AUTODISCIPLINA

Las grandes cosas no se hacen por impulso, sino por una serie de cosas que se juntan, entre ellas la voluntad.

VINCENT VAN GOGH

"Ahora sí voy a hacer ejercicio", "Voy a bajar de peso", "Voy a dejar de fumar." ¿Te has dicho alguna vez algo de esto? ¿Te es familiar que al poco tiempo de haberte hecho el propósito, el ímpetu se desvanece? ¿Tienes la sensación de haberte hecho el propósito y no cumplirlo sólo contribuyó a que te sintieras peor contigo mismo?

Desafortunadamente, cualquiera de estos esfuerzos no se logran sin un ingrediente que se llama autodisciplina, que quiere decir ser discípulo de uno mismo, ser nuestro propio maestro, entrenador, pero sobre todo, nuestro propio perseguidor. Es un tipo de relación extraña que establecemos con nosotros mismos, paradójicamente, que a la mayoría de las personas nos cuesta mucho trabajo establecer.

Además, la falta de autodisciplina causa, en el fondo, mucho sufrimiento porque cuando no se logra controlar un temperamento, un apetito, un impulso o una pasión sobrevienen el arrepentimiento, la depresión y la culpa. Y ésa sí que duele. Cuando no logramos someternos nos caemos mal, nos chocamos, nos deprimimos, sufrimos.

¿Qué pasa si a diario ejercemos un poco nuestra voluntad en detalles como levantarnos inmediatamente después de que suene el despertador para salir una hora antes de lo acostumbrado y tener la oportunidad de hacer ejercicio de acuerdo con nuestros propósitos? En el momento, por unos minutos, sostenemos una lucha mental espantosa entre lo que queremos y lo que debemos hacer, entre retirar rápidamente las sábanas y levantarnos como resorte o envolvernos en ellas e ignorar el reloj. ¡Para mí es el minuto heroico del día! Coincidirás conmigo en que hay días en que verdaderamente nos cuesta mucho trabajo levantarnos. Pero hay que hacerlo ¡sin pensar!

Si sucumbimos al placer momentáneo de quedarnos en la cama y consentirnos, en el momento es delicioso pero, ¿cómo nos sentiríamos física y mentalmente durante el día? ¡Muy mal!

Todos hemos comprobado que, en la medida que sometemos nuestra voluntad, en la medida que no permitimos que la inercia de nuestro cuerpo domine la mente, en la medida que controlamos nuestros instintos, en esa misma proporción nos invade una satisfacción maravillosa, un sentido de bienestar con nosotros mismos que no tiene nada que ver con un placer momentáneo. Una vez escuché a un amigo decir: "El dolor del sometimiento se mide en gramos, y el dolor del arrepentimiento se mide en toneladas." ¡Qué cierto es!

Al ejercer diariamente nuestra voluntad en pequeñas cosas estamos librando secretas victorias personales que nos entran y nos preparan para librar grandes batallas. Con el tiempo, además, vamos creando hábitos que se van convirtiendo en virtudes, las cuales a su vez nos hacen mejores personas. Stephen Covey dice una frase lapidara: "Sólo quien logra una victoria privada podrá lograr una victoria pública." Creo que eso es verdad.

En los últimos años se ha definido lo que se necesita para proyectar éxito. Se ha llegado a la conclusión de que no sólo se requiere estar preparados, vestirnos bien y conducirnos de manera apropiada, sino que además necesitamos vernos sanos.

Estar en forma se ha convertido en una metáfora del control que uno ejerce sobre sí mismo. Si una persona ejerce el control de sí misma, da la impresión de que puede estar en control de muchas cosas. Estarás de acuerdo conmigo en que las personas que están en forma proyectan disciplina, tenacidad, voluntad y fuerza de carácter.

La recompensa de la autodisciplina es muy satisfactoria. Un cuerpo atractivo, delgado y en forma, funciona como un imán que atrae a los demás, provoca admiración y, sobre todo, eleva nuestra confianza. Acuérdate de que por cada kilo de peso que bajamos, sube un kilo de peso nuestra autoesima.

Los cuerpos erguidos, armónicos, flexibles, que van hacia delante, son el resultado de la autorrealización y del amor por uno mismo; muestran el deseo de llegar a las alturas de los logros humanos.

El cuerpo es un compañero fiel con el que convivimos toda la vida, y nos va a acompañar los siguientes 30, 50 o 60 años. ¡Démosle atención y cuidado!

Así que, en lugar de hacernos buenos propósitos sin cumplirlos, esmerémonos por realizarlos de verdad. Vale la pena.

La práctica es una medicina difícil de tragar, porque para ello necesitamos voluntad para cambiar y autodisciplina. Sin embargo, la autodisciplina proporciona gran placer, ya que nos muestra una de las principales vías para sentirnos bien con nosotros mismos.

> *Prueba otra vez. Fracasa otra vez.*
> *Fracasa mejor.*
>
> SAMUEL BECKETT

¿Sabías que la maestra de Beethoven solía decirle que no tenía esperanzas como compositor? ¿Que a Walt Disney lo despidieron de un periódico por carecer de ideas, y que estuvo en bancarrota varias veces antes de construir Disneylandia?

¿Sabías que el maestro de Enrico Caruso alguna vez le dijo que no tenía voz y que nunca llegaría a ser un buen cantante? ¿O que dieciocho casas editoriales rechazaron publicar el libro de Richard Bach, *Juan Salvador Gaviota*, antes de que se publicara en 1970, y que hasta la fecha se han vendido siete millones de ejemplares tan sólo en Estados Unidos?

¿Cuál es la actitud de los triunfadores? Aprenden de sus fracasos y se recuperan de ellos con mayores oportunidades de éxito.

"El éxito depende de lo que haces en el tercer y cuarto intentos", reza un proverbio japonés.

Todos hemos experimentado el fracaso y el dolor que causa en algún momento de nuestras vidas. Estas experiencias nos pueden hacer extremadamente sensibles y temerosos de volver a sentirlo. Por lo tanto, tendemos a evitar enfrentarnos de nuevo a situaciones similares. Incluso se llega a veces a no querer correr ningún tipo de riesgo, a no aceptar ningún reto.

Sin embargo, dime: ¿quién no ha fracasado alguna vez en la vida? Yo creo que nadie. Entre más exitosa es una persona, más alto es y ha sido su riesgo de fracasar.

Es como si un niño chiquito al aprender a caminar dijera: "Con tantas caídas prefiero quedarme gateando." ¡Te imaginas!

En algún libro en que se habla sobre el poder de la mente, hay un pasaje que me pareció muy inteligente y del que frecuentemente me acuerdo, quizá por la sencillez de su descripción. Decía que tratáramos de imaginar que tenemos dentro de la mente dos duendes. En el lado derecho tenemos al que se llama don Positivo, que es muy entusiasta y amigable. Cuando le permitimos salir nos llena la mente de optimismo, esperanza, autoestima, buen humor, de frases como: "Sí puedo", "Lo hago muy bien", etcétera.

Y por supuesto, en el lado izquierdo vive don Negativo. Él es mucho más poderoso y fuerte, le encanta salir como ráfaga ante cualquier provocación. Es un señor malencarado, dominante, pesimista, que comunica sentimientos de inseguridad, de duda, miedos, agresiones, envidias, etcétera.

Está en nosotros decidir a quién le abrimos la puerta. Cerremos con doble llave la puerta del negativismo y no permitamos que nos domine. Qué cierto es que para una persona positiva no existen experiencias negativas.

Quitémonos esos miedos de la mente, que nos sabotean las oportunidades de triunfo, como el miedo al rechazo, a no poder, a perder el control, miedo al qué dirán, etcétera.

Cada uno de nosotros es como un gran transatlántico, construido con todos los materiales y la tecnología como para cruzar los océanos, y que muchas veces se echa a perder en la orilla, simplemente porque no nos atrevimos a zarpar. No olvidemos que la fortuna favorece a los valientes.

Hay que correr el riesgo, vencer el miedo y emprender nuevas cosas. Busquemos hacer pequeños y grandes negocios, echemos a andar nuestra imaginación para crear, para cambiar, para iniciar cosas, para arriesgar, para jugárnosla.

Dice un proverbio japonés: "Si te equivocaste, admítelo. Es una manera humilde de decir que ahora eres más inteligente".

MOMENTOS FELICES

Para qué vivimos si no es para hacerles la vida menos difícil a los demás.

GEORGE ELLIOT

Hay veces que sentimos que nuestra paciencia ha disminuido, y que nuestra creatividad desaparece: el mal humor o la fatiga nos acompañan durante todo el día, y nuestra actitud frente a los problemas se nota vencida. ¡Es tiempo de tomar unas vacaciones!

No importa si puedes salir de tu ciudad o no, lo importante para descansar es simplemente cambiar de rutina y disponerse al gozo. Si te vas a quedar en casa, propónte no pensar en nada relacionado con el trabajo, aprovecha para leer ese libro que alguna vez compraste y permanece guardado en el librero, por nunca tener tiempo para leerlo. Levántate tarde, aprovecha para escuchar la música que a ti te gusta, ve al cine con tu familia, canta, come rico, duerme la siesta, haz cosas que por lo general nunca haces.

¿Te has detenido a pensar cuál es la característica constante de esos momentos de felicidad? Sentimos que vibramos con la vida, como si formáramos parte de un todo. Nuestra mente se inunda de una misteriosa sensación de felicidad y plenitud: nos sentimos eufóricos.

La publicidad a veces nos hace creer que la felicidad está relacionada con la compra de cosas materiales o el consumo desenfrenado de todo lo que nos ofrecen. Sin embargo, ser feliz es una cuestión de equilibrio, de estar en paz con nosotros mismos, de apreciar lo que la vida nos da de manera gratuita.

Las vacaciones son momentos ideales para disfrutar de todo aquello que nos hace sentir plenos. Cuando estamos relajados, tranquilos y sin preocupaciones, los sentidos se agudizan. Por ejemplo, "escuchamos" sonidos y "observamos" detalles que normalmente se nos escapan por el ritmo de vida que llevamos.

Si eres de los afortunados que van a ir a la playa, podrás disfrutar, ver y sentir el mar, gozar de los cálidos atardeceres y desde una hamaca, sentir el aire suave de la tarde. Si puedes ir al campo, podrás aspirar el aroma de la hierba o el de la tierra mojada, así como escuchar los grillos por la noche. Éstos son momentos de dicha, de felicidad serena, en la cual una maravillosa sensación de alegría parece subir por nuestra espalda y nos sumerge en un gozo suave y delicado.

En nuestras vacaciones, apreciemos lo que quizá siempre hemos tenido enfrente de nosotros y sólo hemos visto mas no observado, o quizá lo hemos oído pero no escuchado.

Podemos estar rodeados de belleza y comodidades, pero si mentalmente no nos disponemos a disfrutar de la vida, de nada sirve. Lo importante es la actitud que tomemos en esos días de descanso.

Tomemos en cuenta que no es imposible que de un día para otro nos sintamos relajados. En ocasiones nuestro cuerpo tarda en perder tensión, sobre todo después de un periodo largo de presiones. Hay que darnos el tiempo para adaptarnos a la nueva situación, por lo general uno, dos o tres días.

Quitémonos esa piel de elefante que se nos forma con la cotidianidad y el trabajo, que nos aleja de disfrutar las pequeñas grandes cosas de la vida: escucha a tus hijos. Platica con ellos de algún tema un poco más profundo, reencuéntrate con tu pareja, mira el cielo, ríete con tus amigos.

Darle vacaciones a nuestro cuerpo, y sobre todo a nuestra mente, es imprescindible para mantenernos sanos, equilibrados y estrechar lazos familiares. Así que, ¡disfruta de tus merecidas vacaciones!

UNA CARCAJADA

La risa es lo más cercano a la gracia de Dios.

KARL BARTH

Es mejor morirse de risa que vivir aterrado por miedo al ridículo. Sólo es cuestión de probar cómo nos sentimos cuando reímos a carcajada limpia, sobre todo cuando sabemos reírnos de nosotros mismos. La risa es el camino más corto entre dos personas, las acerca. Es la manera de tocar al otro sin hacerlo. Es lo que de manera inmediata hace ver atractivas a las personas.

Si trabajas durante horas interminables, te pasas el día agobiado por los pendientes y además sufres de gastritis, te urge agregar a tu agenda un poco de sentido del humor. La risa y el sentido de encontrarle lo divertido a los problemas, provoca que las personas hagan salir lo mejor de sí mismas.

"La risa nos hace fuertes", dice el psicólogo José Elías al periódico *El país*. Elías aplica la terapia de la risa o geloterapia en Madrid. Al reír nos situamos por encima de los problemas, los sometemos y estamos en condiciones de encararlos. Además, la risa es un excelente antídoto contra el dolor y la obsesión: es imposible pensar y reír a la vez.

Elías recomienda un mínimo de tres dosis de risa al día, de un minuto de duración. "Está demostrado que la risa es un anestésico frente al dolor, de umbral bajo, cierto, pero eficaz."

Según Elías, el efecto benéfico sobre el organismo y la mente de ese minuto cómico perdura entre dosis y dosis. Esto favorece que las personas se encuentren en óptimas condiciones físicas y anímicas para afrontar la vida. Además todos sonreímos en el mismo idioma. En los momentos de adversidad, el reírnos de los problemas los hace más tolerables.

Según las investigaciones, un niño ríe unas 300 veces al día. Sin embargo, el adulto más risueño no suele sonreír más de cien veces al día y hay quienes no pasan de quince, si es que llegan a ese número. ¿Por qué es esto?

Quizá nos tomamos demasiado en serio la vida, quizá nos da miedo bajar la guardia porque erróneamente pensamos que "aligerar" las cosas con sentido del humor nos hará vernos poco importantes o poco profesionales. Tal vez la necesidad de competir, de lidiar con los problemas, de llegar a la meta, va poco a poco silenciando el sonido de la risa en las calles, en las casas y oficinas. O, como dice Elías: "Pecamos en exceso de autoimportancia, que es la mentalidad más enferma que puede tener una persona. Si te tomas demasiado en serio, ya no eres serio, sino ridículo, y encima ya no eres digno, sino desgraciado."

En el libro *El poder curativo de la risa*, de Raimond Moody, se cita un caso que se considera precursor de la terapia de la risa para recuperar la salud. Se trata del periodista estadounidense especializado en salud, Norman Cousins, a quien en 1976 le diagnosticaron una enfermedad degenerativa de las articulaciones que le provocaba parálisis y grandes dolores.

Los médicos no le dieron esperanzas. Su mal sólo podía empeorar. No obstante, en un acto de rebeldía, Cousins decidió automedicarse. Se prescribió a sí mismo un tratamiento basado en películas de Charles Chaplin y de los hermanos Marx, y fue anotando sus progresos.

Después de cada sesión lograba al menos disfrutar de dos horas sin dolores. Meses más tarde, los mismos médicos que lo habían desahuciado tuvieron que rendirse ante la evidencia: la enfermedad de Cousins estaba francamente retirada.

Una buena carcajada hace que se muevan 400 músculos de todo el cuerpo, y todo eso quema calorías, al grado de producirnos a veces cansancio físico y hasta dolor de estómago.

Los beneficios de la risa, según los especialistas, son los siguientes: puede cuadruplicar la capacidad pulmonar, acelerar el ritmo cardiaco, estimular la circulación, activar los músculos de movimiento involuntarios, oxigenar el organismo, liberar todo tipo de hormonas y sustancias que fortalecen el sistema inmunológico del cuerpo. La risa reduce la tensión negativa y la reemplaza por un sentido de bienestar.

En concreto, la risa alarga la vida.

Asimismo, los especialistas afirman que cinco minutos de risa equivalen a 45 minutos de ejercicio aeróbico, mientras que una hora de tensión, de estrés, equivale a cinco horas de trabajo físico intenso y no gratificante. Las personas que ríen poco o carecen de sentido del humor son más propensas a padecer enfermedades graves como el cáncer.

Después de saber todas estas bondades que nos otorga en forma gratuita la risa, estoy convencida de que es mejor morirse de la risa que vivir aterrado por el miedo al ridículo. Además, como dice el proverbio americano: "Reírse de otros es común, reírse de uno mismo es esencial."

Conclusión

Ahora, querido lector, después de este recorrido juntos por el mundo de la comunicación no verbal, mi deseo es que hayas encontrado consejos y técnicas valiosas para comunicarte con eficiencia, verte mejor y actuar con seguridad. Cuando deseamos convertirnos en personas de éxito, lo primero que tenemos que hacer es actuar como si ya lo fuéramos y, poco a poco, nos iremos impregnando hasta lo más profundo de nuestro ser de ese anhelo. Este proceso quizá pueda llevarnos toda la vida, no obstante, si ponemos en práctica cualquiera de las estrategias expuestas aquí, el cambio se hará sentir de inmediato, y nuestro autoconcepto y nuestra vida mejorará.

Lo importante es observar, aprender y atrevernos a experimentar. Te invito a que compruebes todo lo que vimos en estas páginas en tu entorno. ¡Te aseguro que te sorprenderás! Asimismo, practica y aprecia cómo responde la gente cuando tenemos una comunicación clara y bien dirigida, es decir, cuando logramos integrar plenamente nuestro lenguaje verbal y no verbal, y dejamos aflorar lo que realmente somos y queremos de nuestro esfuerzo. Lo importante es mantenerse firme hasta percibir con claridad que nuestro estilo de vida es lo que nos propusimos alcanzar. Así como algunas veces hemos vivido el fracaso, también hemos sentido la alegría de haber logrado una meta, y ese placer nos lleva a querer repetir la experiencia.

"Un viaje de mil kilómetros comienza con el primer paso", y me encantaría seguir siendo tu acompañante. ¡Buena suerte!

Bibliografía

AILES, ROGER, *You are the message*, Doubleday, Nueva York, 1989.

ANDERSON, WALTER, *The confidence course: seven steps to self-fulfillment*, HarperCollins, Nueva York, 1997.

BALDRIGE, LETITIA, *Letitia Baldrige's complete guide to the new manners for the 90's*, Rawson Associates, Nueva York, 1990.

BENTON, DEBRA A., *Lions don't need to roar: using the leadership power of professional presence to stand out, fit in and move ahead*, Warner Books, Nueva York, 1992.

BIXLER, SUSAN, *The professional image: the total program for marketing yourself visually*, Putnam, Nueva York, 1984.

BOWER, SHARON ANTHONY, *Asserting yourself: a practical guide for positive change*, Addison-Wesley, Reading, Mass., 1976.

BROOKS, MICHAEL, *Instant rapport*, Warner Books, Nueva York, 1989.

BURLEY-ALLEN, MADELYN, *Listening the forgotten skill*, John Wiley & Sons, Nueva York, 1995.

DAVIES, PHILIPPA, *Total confidence: a complete guide to self assurance and personal success*, Piatkus Books, Londres, 1995.

DAWSON, ROGER, *Secrets of power persuasion*, Prentice Hall, Englewood Cliffs, Nueva Jersey, 1992.

FLUSSER, ALAN J., *Clothes and the man: the principles of fine men's dress*, Villard Books, Nueva York, 1985.

FRANKL, VIKTOR, *La psicoterapia al alcance de todos*, Herder, Barcelona, 1992.

GIRARD, JOE, *How to sell yourself*, Warner Books, Nueva York, 1981.

HALL, EDWARD T., *La dimensión oculta*, Siglo XXI, México, 1972

_____, *El lenguaje silencioso*, Alianza Editorial, Madrid, 1989.

HOLDER, ROBERT, *You can analyze handwriting: a practical tool for self-knowledge and personal power*, Prentice Hall, Englewood Cliffs, Nueva Jersey, 1958.

KLENSCH, ELSA, *Style*, Berkeley Pub. Group, Nueva York, 1995.

LAVINGTON, CAMILE, *Your've only got three seconds: how to make the right impression in your business and social life*, Doubleday, Nueva York, 1997.

LEVITT, MORTIMER, *The executive look: how to get it – how to keep it*, Atheneum, Nueva York, 1981.

MANDOKI, KATYA, *Prosaica*, Grijalbo, México, 1994.

MARTÍN DESCALZO, JOSÉ LUIS, *Razones para vivir*, Sociedad de Educación Atenas, Madrid, 1991.

MARTINET, JEANNE, *The art of mingling: easy, fun, and proven techniques for mastering any room*, St. Martin's Press, Nueva York, 1992.

_____, *The faux pas survival guide: the fine art of removing your foot from your mouth*, St. Martin's Griffin, Nueva York, 1996.

MCKAY, MATTEW, MARTHA DAVIS y PATRICK FANNING, *Messages: the communication skills book*, New Harbinger Publications, Oakland, 1995.

NIERENBERG, GERARD I. y HENRY H. CALERO, *How to read a person like a book*, Simon & Shuster, Nueva York, 1986.

PANTÉ, ROBERT, *Dressing to win: how to have more money, romance, and power in your life!*, Doubleday, Nueva York, 1984.

PANZER MARTIN, *How to develope a winning personality*, Melvine Powers, Toronto, 1963.

POWELL, S. J., JOHN, *¿Por qué temo decirte quién soy?*, Sal Terrae, Santander, 1996.

_____, *¿Por qué tengo miedo de amar?*, Diana, México, 1991.

POST, PEGGY, *Emily Post's Etiquette*, HarperCollins, Nueva York, 1997.

ROBBINS, ANTHONY, *A waken the giant within: how to take immediate control of your mental, emotional, physical & financial destiny!*, Simon & Schuster, Nueva York, 1993.

SHERLOCK, CHRISTINE y MARY SPILLANE, *Color me beautiful's looking your best: color, makeup, and style*, Madison Books, Lanham, 1995.

SPEAR, WILLIAM, *Feng Shui*, Océano, México, 1997.

STEWART, MARAJABELLE YOUNG y MARIAN FAUX, *Executive etiquette in the new workplace*, St. Martin's Press, Nueva York, 1994.

TUCKERMAN, NANCY y NANCY DUNNAN, *The Amy Vanderbilt complete book of etiquette*, Doubleday, Nueva York, 1995.

TWITTY-VILLANI, TERI, *Appearences speak louder than words*, Voyageur Press, Stillwater (MN), 1992.

WAINWRIGHT, GORDON R., *Body language*, NTC Publishing Group, Lincolnwood, Ill., 1993.

WEIL, ANDREW, M. D., *Eight weeks to optimum health: a proven program for taking full advantage of your body's natural healing power*, Alfred A. Knopf, Nueva York, 1997.

Índice analítico